Friedrich Schäfer

Wirtschafts- und Finanzgeschichte der Reichsstadt Überlingen am

Bodensee

In den Jahren 1550 - 1628 ....

Friedrich Schäfer

Wirtschafts- und Finanzgeschichte der Reichsstadt Überlingen am Bodensee
In den Jahren 1550 - 1628 ....

ISBN/EAN: 9783337248796

Hergestellt in Europa, USA, Kanada, Australien, Japan

Cover: Foto ©ninafisch / pixelio.de

Weitere Bücher finden Sie auf **www.hansebooks.com**

Wirtschafts- und Finanzgeschichte

der Reichsstadt

Überlingen am Bodensee

in

den Jahren 1550—1628

nebst einem

einleitenden Abriss der Überlinger Verfassungsgeschichte.

Von

Friedrich Schäfer,
Doctor der Staatswissenschaften.

Breslau.
Verlag von Wilhelm Koebner.
(Inhaber: M. & H. Marcus.)
1893.

Seinem verehrten Lehrer,

Herrn Professor Dr. Eugen von Philippovich,

in aufrichtigster Hochachtung und Dankbarkeit

gewidmet.

Vorwort.

Nachstehende Abhandlung hat zum Zweck, eine „Wirtschafts- und Finanzgeschichte der Reichsstadt Überlingen am Bodensee in den Zeiten des 30jährigen Krieges" einzuleiten. Desshalb wurden hier in einem I. Capitel die einschlägigen verfassungsgeschichtlichen Fragen und was aus der mittelalterlichen Wirtschafts- und Finanzgeschichte Überlingens eruirbar war, einleitend behandelt und in einem II. und III. Capitel die hauptsächlichsten Grundlagen der Überlinger Privatwirtschaften und der Stadthaushalt, seine Quellen und sein Ertrag, in thunlichst ausführlicher Weise dargestellt. Das Ganze schliesst eine Kritik der städtischen Finanzverwaltung.

Damit sollte die Basis gewonnen werden, von der aus sich in einer späteren Arbeit, (für die die Archivmaterialien gesammelt und die statistischen Berechnungen in der Hauptsache gemacht sind), die so viel beklagten „Gräuel des 30jährigen Krieges", in specie die elementaren Veränderungen, die dieser in den materiellen Existenzbedingungen der Überlinger Familienwirtschaften und im öffentlichen Haushalt herbeiführte, soweit möglich mit der Exactheit mathematischer Beweisführung aufzeigen liessen.

Dass hiezu gerade die Stadt Überlingen am Bodensee gewählt wurde, hatte seinen Grund einerseits in dem Wunsche des Verf., den Stoff seiner Arbeiten der Geschichte seines engeren, badischen Vaterlandes zu entnehmen, und andererseits darin, dass in Überlingen sich ein im Auftrage der badischen historischen Commission vor wenigen Jahren neugeordnetes Archiv vorfand, wodurch die Arbeit wesentlich erleichtert, wenn nicht überhaupt erst möglich wurde. Auch schien es sachlich bei einer derartigen Untersuchung angezeigt, zunächst mit den einfacheren Formen städtischen Lebens, wie sie Überlingen darbot, zu beginnen, und ausserdem kann die Stadt Überlingen als typische

Repräsentantin gelten für die grosse Menge kleinerer Reichsstädte, deren Stadtcharakter weniger in ihren Wirtschaftsverhältnissen, als in ihrer politisch-rechtlichen Sonderentwicklung zum Ausbau kam.

Über die methodischen Grundsätze, die den Verf. geleitet haben, ist am betreffenden Ort im Text oder in Anmerkungen jeweils das Nötige ausgeführt. Hier sei nur bemerkt, dass die Fussnoten des I. Capitels in knappster Form die Beweisführung für die im Texte vertretenen Ansichten enthalten, so zwar, dass die Schlussfolgerungen des Verf., ohne dass diese selbst in extenso vorgelegt würden, quellenmässig doch mit Leichtigkeit nachzuprüfen sind. Da speciell auf dem Gebiete der älteren Überlinger Geschichte und Verfassungsgeschichte sich schlechterdings nichts vorgearbeitet fand, was auf wissenschaftlichen Wert hätte Anspruch machen können,[1]) so musste der Verf. hiebei sich häufig mit vorläufigen, manchmal hypothetischen Resultaten begnügen.

Und gleich ungünstig lagen die Dinge auf dem finanzwirtschaftlichen Gebiet, nur dass hier zum wenigsten eine reichere und einheitlichere Überlieferung zu Gebote stund, die allerdings nur vereinzelt über die Mitte des 16ten Jahrhunderts zurückreicht. Lediglich mit Rücksicht auf diesen letzteren Punkt wurde der Rahmen der finanz- und wirtschaftsgeschichtlichen Untersuchungsperiode rückwärts mit dem Jahr 1550 begrenzt; vorwärts geht die Darstellung bis 1628, d. i. bis zum Eintritt Überlingens in eigentlich kriegerische Verwicklungen.

Benutzt sind für die Arbeit fast ausschliesslich Archivquellen, in erster Linie die städtischen Archive: das Überlinger Stadtarchiv (citirt Arch.) und das Spitalarchiv. Ferner die Chroniken der städtischen Leopold-Sophienbibliothek und ausserdem ein für Überlingens Geschichte wertvolles Mscr. des Königl. Bayr. Allgemeinen Reichsarchivs in München.

Die Archivnummern des Stadtarchivs wurden in der Art gekürzt, dass die erste Zahl jeweils den Archivkasten, die

---

[1]) Abgesehen, selbstverständlich, von den interessanten geschlechter- und häusergeschichtlichen Arbeiten H. Sevins und einer gehaltreichen kriegsgeschichtlichen Abhandlung L. Muchows, denen aber für des Verf. Zwecke nur einzelne Notizen entlehnt werden konnten.

zweite die Lade, die dritte die betreffende Fascikelnummer bedeutet; für die Urkunden des Spitalamts kamen nur Lade und Fascikelnummer in Betracht. Wo keine Auszeichnungen angegeben wurden, wie bei Rats- und Missivprotocollen, sind die citirten Archivalien in Schränken oder sonst im Rathause zu Überlingen verwahrt.

Endlich erübrigt dem Verf. noch die angenehme Pflicht, allen, die bei seiner Arbeit ihm mit Rat und Hilfe zur Seite stunden, vornehmlich seinem hochverehrten Lehrer, Herrn Professor Dr. Eugen von Philippovich zu Freiburg i. Br., und Herrn Bürgermeister Maurus Betz in Überlingen, der in zuvorkommendster Weise ihm die städtischen Archive zugänglich machte, auch an dieser Stelle aufrichtigen Dank auszusprechen.

Ichenheim a. Rhein, Weihnachten 1891.

Der Verfasser.

Inhalt.

Vorwort pag. VII—IX.

I. Capitel. *Verfassungs- und wirtschaftsgeschichtliche Einleitung.*

1. **Die Urgeschichte Überlingens bis 1191.**
   Überlingen ein königlicher Fronhof. Die Marktgründung, die Urkolonisten, das Patriziat, die Hintersassen Überlingens. pag. 1—5.
2. **Die Grundherrschaft der Staufer in Überlingen 1191—1268.**
   Der Amman. Name, Ernennung, Amtsdauer, Besoldung desselben. Seine Befugnisse als Marktrichter und Landvogt. Die Gerichtsgemeinde. Der Stadtrat. Zeit und Ort der Gerichtssitzungen. Der Amman als Finanzbeamter. pag. 5—10.
3. **Überlingen als Reichsstadt mit gemischter, zünftigpatrizischer Verfassung. 1268—1552.**
   Die Entwicklung der Reichsunmittelbarkeit. Der Amman auf die Justizverwaltung beschränkt. Die Entstehung des Bürgermeisteramtes. Die Erwerbung des Ammanamtes. Überlingen autonom. pag. 10—14. Die Zunftverfassung Überlingens. Die politisch-rechtliche Stellung der Bürger, Gäste und Juden. Die Zünfte. Die Geschlechtergesellschaft. Der junge und der alte (kleine und grosse) Rat. Das Stadtgericht. Das Wahlverfahren. pag. 14—18. Verfassungsänderungen des 15. Jahrhunderts. Das Unterstadtgericht. Das Maiengericht. Das Oberstadtgericht. Die Schadenstrafer. Das Landgericht. Die Zusammensetzung der Ratskörper. Der Wahlmodus. pag. 18—23. Die Verwaltung. Die Befugnisse des grossen Rates. Die Amtsthätigkeit des kleinen Rates. Die Erteilung, Aufenthaltung und Aufgabe des Bürgerrechts. Das Satzbürgerrecht. Die städtische Finanzverwaltung. Die Spitalverwaltung. Die Verwaltung der Landschaft. pag. 24—29.
4. **Die Verfassungsänderung Karls V. und die Restitution der alten Verfassung. 1552—1563.**
   Beginn derselben. Der kleine Rat, der geheime Rat, der grosse Rat, die Gerichte. Die Aufhebung der Zünfte. pag. 29—31. Die Restitution der alten Verfassung. Zusammenschliessendes. pag. 31—33.
5. **Wirtschaftsgeschichtliches aus dem mittelalterlichen Überlingen.**
   Der allgemeine Charakter des Überlinger Wirtschaftslebens. Der Weinbau, Markt, Fruchthandel. Das Bäckerei- und Müllereigewerbe.

Die Zünfte, ihre Organisation und Entwicklung bis 1552. Die ksl. karolingische Gewerbeordnung. Die numerische Stärke und wirtschaftliche Bedeutung der Zünfte. pag. 33—39. Der Stand der städtischen Finanzen. Die Erwerbung der Rietmühlen, der Vogteien. Das Hospital. Die Einwohnerzahl Überlingens. pag. 39—44.

II. Capitel. Die Erwerbsquellen der Überlinger Bürgerschaft und ihre Bedeutung für den privaten Haushalt.

1. Der Weinbau.
Diesbezügliche Verwaltungsmassregeln. Die Qualität der Weine. Der Umfang des Rebareals. Sein Ertrag. Die erzielten Preise. Rentenberechnungen. pag. 45—56. Der marktmässige Weinverkauf. Der Ausschank vom Zapfen. Der Haustrunk. Der Weinbau im Keller. Seine Rentabilität. pag. 56—61. Auf den Weinhandel bezügliche marktpolizeiliche Vorschriften. pag. 61—63.

2. Die Gewerbe.
Ihre Bedeutungslosigkeit. Ihr mutmasslicher Ertrag. pag. 63—66.

3. Der Markt.
Die Aufgaben desselben. Die örtlichen und rechtlichen Bedingungen des Überlinger Marktlebens. Der Fruchthandel. Die Marktgesetzgebung. pag. 66—74.

4. Die Besoldungseinkommen.
Die Beamtenclassen. Die Besoldungssätze. Ihre Bedeutung für die Überlinger Privatwirtschaften. pag. 74—77.

5. Der private Creditverkehr.
Die Geldleihe auf Wein. Der hypothekarische Credit. pag. 77—79.

6. Das Spital.
Das Spitalvermögen. Die Spitaleinkünfte. Die Spitalinsassen. Die Spitalzucht. pag. 79—82.

7. Die Bürgervermögen.
Die Armenclasse. Der Mittelstand. Die Wohlhabenden und Reichen. Die Vermögen der Gewerbetreibenden. Die Verteilung der Vermögen. pag. 82—93.

III. Capitel. Der Überlinger Stadthaushalt.

1. Die privatwirtschaftlichen Einnahmequellen.
Der städtische Grundbesitz. Die Vogteien. Der Waldhof. Umfang und Ertrag derselben. pag. 94—98. Der städtische Salzhandel. pag. 99—102. Der städtische Weinhandel. pag. 102—106. Die Fischzucht. pag. 106—107. Die privatwirtschaftlichen Creditgeschäfte Überlingens. pag. 107—109.

2. Die gemeinwirtschaftlichen Einnahmequellen.
Die städtischen Kornlauben, das Kalkhaus, der Marstall, das Zeughaus. Aufgaben und Ertrag derselben. pag. 109—113. Die Nutzungsgebühren der städtischen Zimmerhütten, Bauchkessel und Brennöfen. pag. 113—114. Die Gebühren der Gewerbepolizei. Die Bürgeraufnahme- und die Strafgelder. pag. 114—119.

Die Steuerwirtschaft Überlingens. Allgemeines. pag. 119.
Die Jahressteuer. Historisches. Das Steuergesetz von 1560.
Steuerprivilegien. Die Steuer der Ausmärker, der Priesterschaft, der
Geschlechtergesellschaft, des Spitals, der Waisen. pag. 119—126.
Steuerveranlagung und -Einziehung. Der Steuerertrag. pag. 126 bis
132. Die Anlag oder Landschaftssteuer. Historisches. Das Steuergebiet. Die Anlageordnung von 1607. Die Steuerveranlagung und
-Einziehung. Der Anlagertrag. pag. 132—138. Ausserordentliche
Steuern. pag. 138—139. Zusammenfassende Kritik der Jahressteuer
und Anlag. pag. 139—144. Der Abzug oder die Nachsteuer. Historisches. Der Abzug als Erbschafts- und Immobiliarverkehrssteuer.
Abzugordnung von 1584. Sein Ertrag. pag. 144—147.

Das Weinungeld. Historisches. Die Ungeldordnung von 1594.
Controlle, Einzug und Ertrag des Ungeldes. pag 147—149. Die
Zölle. Historisches. Das Zollgebiet. Der Transitzoll. Der Einfuhrzoll auf Getreide, Wein, Salz, Eisen, Thiere. Das Grödtgeld.
Historisches. Grödtgeldsätze. Schutzzöllnerische Bestrebungen. Der
Getreideausfuhrzoll. Erhebung und Ertrag der Zölle. pag. 150 bis
157.

Der öffentliche Credit. Seine Kosten, sein Ertrag. Die
Anleihezwecke. pag. 157—162.

3. Die städtische Finanzverwaltung.

Die Schuldenverwaltung. Verwaltungsgrundsätze. Kritik derselben.
pag. 162—171.

Schluss.

Die Ergebnisse der Arbeit. pag. 171—174.

Anlage I. Vermögens- und Wohlstandstabelle des Jahres 1608 mit Bemerkungen. pag. 175—185.

Anlage II. Étattabellen der Jahre 1608—1616 und 1620—1626 mit Bemerkungen. pag. 187—196.

I. Capitel.
Verfassungs- und wirtschaftsgeschichtliche Einleitung.

Die Geschichte der Stadt Überlingen am Bodensee reicht hinauf in das Zeitalter Karls des Grossen, sie hebt urkundlich mit dem Jahre 770 an. Damals war Überlingen ein **königlicher Fronhof**,[1]) eine königliche Domäne, (vielleicht in administrativer Abhängigkeit von der benachbarten Kaiserpfalz Bodman), und hatte als solche die durch das Karolingische capitulare de villis imperialibus hinlänglich bekannte hofrechtliche Villenverfassung. Dann verschwindet der Königshof Überlingen wieder aus der Geschichte bis zum Jahre 1191, durch volle 400 Jahre sind uns die Schicksale Überlingens unbekannt.[2])

---

[1]) Eine Urkunde der Abtei St. Gallen vom 9. August 770 führt Überlingen als Ausstellungsort: actum **Iburinga** villa publica (Urk. B. d. Abtei St. Gallen I, 56) und ebenso erwähnt die um 771 niedergeschriebene Vita S. Galli (Wattenbach, Deutschl. Gesch. Quellen im Mittelalter I, 114) eine villa Iburninga (Mon. Germ. S. S. II, 10). Der Zusatz **publica** in der Urk. v. 770 beweist die Zugehörigkeit Überlingens zum königlichen Fiscus. cfr. du Cange, Gloss. med. et. inf. lat. s. v. villae publicae, quae ad fiscum regium pertinent.

[2]) Aus Mangel älterer Urkunden, die bei einem Stadtbrand a. 1279 zu Grund gingen. (cfr. X. Staiger: Die Stadt Überlingen a. Bodensee 1859 pag. 118). Die Vermutung Staigers: grössere Partien des städtischen Archivs seien damals nach St. Gallen geflüchtet worden, wo sie heute noch aufbewahrt würden, ist, wie Herr Dr. G. Scherrer, Stiftsarchivar in St. Gallen, die Güte hatte mir sub 27. Okt. 1888 mitzuteilen, unrichtig. Ebenso entbehrt die weitere Behauptung Staigers l. c. pag. 122: Überlingen sei ursprünglich im Besitze der Welfen gewesen und von diesen durch Erbvertrag an die Staufer gekommen, jeglichen Beweises.

Erst mit Ausgang des 12. Jahrhunderts betreten wir einigermassen sichern Boden. Vom Jahr 1191[1]) ab erscheint die **Grundherrschaft der Staufer** in Überlingen urkundlich gesichert,[2]) und ebenso zweifellos geht aus derselben Urkunde bereits für jene Zeit der **Stadtcharakter** Überlingens hervor. Der Königshof hatte sich also — und dies ist wohl das wichtigste Factum aus der im übrigen dunkeln Vorgeschichte Überlingens — im Laufe der Jahrhunderte, vermutlich im 12ten Jahrhundert, zu einem städtischen Gemeinwesen, zur Stadt Überlingen erweitert.

Diesen **Stadtentwicklungsprocess** haben wir uns ähnlich wie beim Radolfszeller Stadtrecht zu denken, über dessen Einzelheiten eine neuerdings entdeckte Urkunde[3]) sehr instructiven Aufschluss giebt.

Die alte Hofansiedelung Überlingen, die villa Iburinga lag etwa auf demselben Platz, wo heute das Dorf[4]) Überlingen steht, also nördlich von der Stadt, die am Seeufer sich ausdehnt, landeinwärts den Abhang hinauf, dem Weiler Aufkirch zu.

Unterhalb derselben breitete sich ursprünglich herrschaftliches Bauland, das sog. Salland bis an den See aus.

Daraus wurde, wahrscheinlich im 12. Jahrhundert, zum Zwecke der **Marktgründung** nach Einholung der königlichen Erlaubnis (sofern die Marktgründung nicht von den Stauferkaisern

---

[1]) cfr. Zeitschr. f. d. Gesch. d. Oberrheins (in der Folge Oberrh. Z. citirt) Bd. 35 pag. 68 und 69. Urk. (ohne nähere Datirung) vom Jahr 1191. Dieselbe erwähnt in ihrer Zeugenreihe einen **minister ducis**, d. i. einen Amman Herzog Friedrichs von Schwaben, auf den im Text der Urk. als illustris dux Suevio Bezug genommen wird. Die Existenz eines Ammans, „des den älteren Städten charakteristischen Vorstandes", (cfr. F. L. Baumann Gesch. d. Allgäus I, 318), verbürgt den Stadtcharakter Überlingens.

[2]) Wobei aber die Frage, ob Überlingen zum Haus- oder Krongut der Staufer gehörte, die von dem Nachweis des Rechtstitels unter welchem die Staufer Überlingen angetreten haben, abhängt, vorerst unentschieden bleiben muss; was übrigens verfassungsgeschichtlich auch belanglos sein dürfte, da ein principieller Unterschied in der Verwaltung von staufischem Kron- und Hausgut u. W. nirgends nachgewiesen wurde.

[3]) Publicirt und erklärt von A. Schulte, Oberrh. Z. Bd. 44. pag. 141 ff.

[4]) H. Sevin. Ueberl. Häuserbuch 1890 pag. 119.

selbst ausging) ein bestimmtes Gelände — das Weichbild der heutigen Stadt Überlingen — ausgeschieden, um den neuanzusiedelnden Marktcolonisten als Marktplatz und Hofstätten zu dienen.[1])

Die Urkolonisten des Marktplatzes oder der Stadt Überlingen, unter denen natürlich der mittelalterliche Handelsmann κατ'ἐξοχήν, der Jude,[2]) nicht fehlte, rekrutirten sich, wie die späteren Patriziernamen zeigen,[3]) aus den Bewohnern der benachbarten Dörfer und Flecken. Auch eilten die Klöster der Umgegend, allen voran die Cistercienserabtei Salem und das Kloster Wald[4]), an dem gewinnverheissenden Marktunternehmen sich zu beteiligen. Sie erhielten gegen einen jährlichen Zins[5]) (zur Anerkennung der Obereigentumsrechte des Marktherrn) bestimmte Grundstücke, „Hofstätten", als freies und

---

[1]) Dieser Vorgang, die Güterleihe zu Marktrecht benannt, war das zweite Moment in der Entwicklungsgeschichte eines Marktes. Die Güterleihe war die ökonomische Voraussetzung für das Zustandekommen desselben. Nachdem die rechtliche Vorbedingung erfüllt, die königliche Erlaubnis zur Marktgründung eingeholt, kam es an zweiter Stelle vornehmlich darauf an, Kaufleute und Handeltreibende zu dauernder Niederlassung an dem neucreirten Marktplatz zu bewegen, und hiefür bot die Güterleihe d. h. die Hingabe herrschaftlicher Grundstücke als Bau- und Wohnplätze ohne Entgeld oder gegen mässigen Zins an die neuanzulockenden Kolonisten das bequemste und wirksamste Mittel. Diese Thatsache ist so allgemein bekannt und anerkannt, dass wir uns ohne weitere Beweisführung hier damit begnügen können, sie als Thatsache auch für Überlingen — nachdem die Existenz des Überlinger Marktrechtes festgestellt cfr. pag. 4. Anm. 1. — zu constatiren.

[2]) Als cives de Ubirlingin werden Juden namhaft gemacht: Oberrh. Z. Bd. 35 pag. 326. Urk. d. a. 1253, Spitalarchiv Lade XL No. 811 Urk. d. d. 13. Juli 1259. cfr. auch Sevin Häuserb. pag. 7 und das Folgende pag. 15.

[3]) cfr. Georg Hahn Überl. Geschlechterbuch d. a. 1225—1595 ed. H. Sevin Überl. 1889. cfr. z. B. die von Irrmensee, von Nuviron d. i. von Ilmensee, von Neufrach, Orte im Bez.-Amt Überlingen, die von Regnoltschweyler, von Malspüren, von Nesselwangen, von Aygelttingen, Orte des Bez.-Amts Stockach u. s. w.

[4]) cfr. Oberrh. Z. Bd. 35 pag. 243, Sevin Häuserb. pag. 46 Urkk. d. J. 1240 u. 1241.

[5]) Noch a. 1333 war es gestattet, diejenigen „hofstet", die jemand verleihen wolle „ze hüsern", mit einem „zins ze marktreht" zu beschweren, cfr. Oberrh. Z Bd. 29 pag. 315.

lediges Eigen[1]) angewiesen und übernahmen dafür einzig die Verpflichtung zum marktmässigen Handelsbetrieb. Dabei waren dem Marktherrn die persönlichen Verhältnisse seiner Kolonisten, die Frage ob dieselben frei, hörig oder leibeigen, vollkommen gleichgültig.[2]) Wer Teil nahm an der Marktkolonie wurde, soweit das steuerbare Marktrechtsgut reichte,[3]) d. h. innerhalb der Grenzen des Marktbezirkes in seinem Eigentum geschützt und konnte persönlich nur auf Grund eines bestimmten Gerichtsverfahrens abgefordert werden.[4])

Die ganze Kolonie, die neugegründete Stadt Überlingen, unterstund von vornherein einem speciellen, gegen das Hofrecht Front machenden neuen Rechte, dem sogenannten „Marchtreht", aus dem nachmals das Stadtrecht hervorging. Daneben mag der alte Königshof und sein Hofrecht noch lange Zeit, möglicherweise bis zur Reichsunmittelbarkeit Überlingens gesondert fortbestanden haben, die hofhörigen Insassen der villa, des Dorfes, und die Bürger der civitas, der Stadt Überlingen, konnten noch geraume Zeit nach der Marktgründung zwei nach Recht und Sitte völlig getrennte Gemeindekörper bilden.

---

[1]) In der Zeit von 1217—1226 verkauft ein gewisser Ulr. Kellner von Überlingen einen Weinberg in der Nähe der Kapelle des h. Gallus (beim heutigen Gallerthurm) an das Kloster Weissenau, den er kraft Überlinger Marktrechts zu freiem und ledigem Eigen besessen hatte: jure, quod vulgo dicitur marchtreht, proprie possederat et quiete. Oberrh. Z. Bd. 29 pag. 68. Über die Begriffe proprie und proprietas cfr. O. Jaeger, die Rechtsverhältnisse des Grundbesitzes in der Stadt Strassburg während des Mittelalters 1888 pag. 17. und W. Arnold: Zur Gesch. d. Eigentums in den deutschen Städten 1861 pag. 14.

[2]) Den Eintritt unfreier Leute ins Überl. Bürgerrecht mag statt einzelner Namen (solche sind zu finden Oberrh. Z. Bd. 35 pag. 308 u. Bd. 37 pag. 190) ein Privileg K. Konrads IV. für Salem d. d. 6. Okt. 1241 beweisen, dessen Spitze sich, wie die Aufschrift auf der Rückseite des Privilegs zeigt, vornehmlich gegen Überlingen richtete: Cuonradus rex confirmat, quod cives in Uberlingin non recipiant homines nostros contra voluntatem nostram. Oberrh. Z. Bd. 35 pag. 234.

[3]) „swer sinem aigen herren dienot . . . mit dehainem gedinge . . den schirmet enhain burgreht, wan als verre dü stür gat." Satzung c. 1298. Oberrh. Z. Bd. 29. pag. 301. Über die ausschliessliche Steuerpflicht der Marktrechtsgüter cfr. G. v. Below: Zur Entstehung d. deutsch. Stadtverfassung in v. Sybel. Hist. Ztschr. Bd. 58 pag. 203 ff.

[4]) cfr. Oberrh. Z. Bd. 29 pag. 321.

Unter den neuen Ansiedlern dagegen verwischten sich allmälig alle Standesunterschiede. Die ursprünglich Unfreien wurden mit der Zeit, nach dem bekannten mittelalterlichen Rechtssatz: Stadtluft macht frei, ihrer persönlichen und dinglichen Fesseln ledig und alle zusammen — der anfänglich Leibeigene nicht minder als der von Haus aus freie Grundbesitzer — vertraten später im 13. Jahrhundert das Patriziat oder die Geschlechtergemeinde. Diese entwickelte sich, je mehr sie erstarkte und je reicher ihre Mitglieder durch den Markthandel wurden, zu einem immer exclusiveren Sonderstande, dessen Vorzugsstellung späteren Kolonisten gegenüber allein schon dadurch gesichert war, dass der gesammte verfügbare Grund und Boden allmälig in den Händen einer bestimmten Anzahl von Familien festzuliegen kam, sodass neue Einwanderer, falls sie das Bürgerrecht erwerben wollten, ihn den alteinsässigen Familien abkaufen, oder, wo sie das nicht konnten, als nichtbürgerliche Hintersassen bei den Patriziern in die Miethe ziehen mussten. Aus solchen Hintersassen, von denen wohl die meisten Handwerker waren, ging dann im Laufe der Zeit eine dritte Gemeinde neben der Geschlechter- und Hofgemeinde, ein Stand persönlich eventuell freier, aber politisch rechtloser Einwohner, hervor, die nachmals, Ende des 13. Jahrhunderts, zusammen mit den freigewordenen Dorfbewohnern die socialpolitische Revolution der Zunftkämpfe herbei- und durchführten.

An der Spitze der Stadt Überlingen, die bereits 1220[1]) durch Wall und Graben abgeschlossen war, während das Dorf, nur im Westen durch den uralten Blatterngraben geschützt, im Norden und Osten offen in die Feldmark hinauslag und erst im 16ten Jahrhundert vermittelst des äusseren Stadtgrabens (der heutigen städtischen Anlagen) in die Stadtbefestigung hineingezogen wurde,[2]) stund (nachweisbar von 1191 ab) als herzoglich-staufischer Stadtvorstand ein Amman oder Schultheiss, in den lat. Urkunden jener Tage bald minister, bald scultetus,

---

[1]) cfr. Oberrh Z. Bd. 35 pag. 158. Urk. v. 8. Aug. 1220. Dieselbe erwähnt ein Grundstück: situm extra fossatum in villa Überlingen.
[2]) Sevin Häuserb. pag. 2 u. 119.

ein Mal auch causidicus betitelt.[1]) Derselbe wurde von den staufischen Herzogen bezw. Königen ernannt, die aber für gewöhnlich ihre Stellvertreter in Schwaben, des Reiches Landvögte,[2]) damit beauftragten. Die Amtsdauer der Ammane war eine verschiedene, das Amt kein lebenslängliches.[3]) Ihre Besoldung resultirte hauptsächlich aus ihrem Benefiz, aus dem ständig mit dem Ammanamt verbundenen Königsgut, das sie selbst bewirtschaften oder verpachten konnten.[4]) Dieses Benefiz blieb als Königsgut, ebenso wie der Privatbesitz des Ammans steuerfrei, steuerpflichtig ward nur, was derselbe während seiner Amtsführung privatim etwa neuerwarb.[5]) Ausserdem dürften dem Amman von Anfang an gewisse Baareinnahmen an Bann- und Wettgeldern zugeflossen sein.[6])

Im 12. und 13. Jahrhundert, zu den Zeiten der staufischen Grundherrlichkeit Überlingens, war der Amman der einzige öffentliche Beamte in Überlingen, einen ihm vorgesetzten Stadtgrafen (einen praefectus urbis) hat es anscheinend nicht

---

[1]) Über die Personalidentität der Begriffe minister und scultetus cfr. Oberrh. Z. Bd. 35. pag. 231 Urk. d. a. 1239. in welcher der Überl. Schultheiss Werner eingangs der Urk. sich schultetus nennt, während die Umschrift des Siegels: s'(igillum) Wernheri ministri de Uberlingin lautet. Bezügl. d. Begriffes causidicus (Wirtemb. Urkb. III, 202 Urk. 28 Okt. 1226) cfr. das sog. älteste Strassburger Recht, § VII, welcher beginnt: de sculteto qui et causidicus dicitur. cfr. H. Gengler: Deutsche Stadtrechte d. Mittelalters 1866 pag. 473.

[2]) J. Teusch: Die Reichslandvogteien in Schwaben u. Elsass z. Ausgang des 13. Jahrh. 1880 pag. 43 u. 44.

[3]) Wie die Existenz von Alt-Ammanen, Alt-Schultheissen, darthut. cfr. Oberrh. Z. Bd. 35 pag. 237 Urk. d. a. 1240, deren Zeugenreihe einen antiquus scultetus de Uberlingen nennt. cfr. weiter l. c. Bd. 37 pag. 186 Urk. v. 14. Febr. 1271. Nachstehendes ist die mutmassliche Amtsdauer und Amtsfolge der Überl. Ammane bis 1267: 1191—1211 Ulrich v. Reischach, 1211—1226 Amman Arnold, 1226—1239 Amman Heinrich, 1239—1262 Amman Werner, 1262—1267 Conrad v. Isny. cfr. Oberrh. Z. Bd. 35 pag. 69; 22 pag. 16; 35 pag. 182, 231, 412; 37 pag. 186. Der erste Amman der Reichsstadt Überlingen hiess Werner l. c. 37 pag. 187.

[4]) Die Namen desjenigen Königsgutes, das von altersher in das Überl. Ammanamt gehörte, sind in dem Lehensrevers eines gewissen Hans Wyg v. 24. Nov. 1412 (Arch. I, 5.85.) erhalten. Darunter der heute als Aussichtspunkt bekannte „Eglispol" westlich von Überlingen.

[5]) Oberrh. Z. Bd. 29 pag. 308 Satzung c. 1298.

[6]) Wegelin: Hist. Ber. v. d. Landvogtei Schwaben 1755. pag. 19.

gegeben. Sein Amt war in erster Linie ein Marktrichteramt.
Als Marktrichter hatte der Amman zweifelsohne — obschon
gerade hierüber nichts Specielles überliefert ist — nach dem
damals in Überlingen geltenden öffentlichen Rechte, dem Marktrechte, in Marktangelegenheiten zu entscheiden, er hatte den
Marktgerichtssitzungen zu präsidiren, die, wie es in einem
Allensbacher Privileg von 1070 heisst: omnibus mercatoribus
ab antiquis temporibus sunt concessa.[1]) Ausserdem gehörte in
den Competenzkreis des Ammans die Gerichtsbarkeit über
Erb und Eigen, die nach gemeinem Landrecht dem Grafengericht ausbehalten war, und die sog. freiwillige Gerichtsbarkeit. Eine Reihe diesbezüglicher Fälle, alle coram sculteto
d. h. vor dem Schultheissengericht verhandelt, legen dafür
Zeugnis ab.[2]) Dazu wird die polizeiliche Strafgerichtsbarkeit, ohne welche eine richterliche Thätigkeit überhaupt
undenkbar ist, dem Überlinger Amman sowenig wie den Ammanen
anderer Städte gemangelt haben, er muss gleich seinen Collegen
in Speier und Strassburg[3]) z. B. pro furto, pro frevela, pro
geldschulda zu Geld- und Freiheitsstrafen haben verurteilen
können.

Etwas hypothetischer beantwortet sich die Frage nach der
peinlichen Gerichtsbarkeit, nach dem Blutbanne des Ammans.
Dieser lag für gewöhnlich nicht in seinen Händen. In manchen
Städten existirte dafür ein besonderer Beamter, häufig der in
Überlingen vermisste Stadtgraf; und wo dies nicht der Fall
war, blieb die hohe Gerichtsbarkeit, abgesehen vom Zugriff bei
handhafter That, der dem Amman unter allen Umständen oblag,
in der Regel dem Landgericht des betreffenden Gaues reservirt.

So wurde es anfänglich auch in Überlingen gehalten.
Der judex provincialis in pago Linzgoë, der Landrichter im
Linzgau, der sein echtes Ding zu Schattbuch am Fusse des

---

[1]) Oberrh. Z. Bd. 44 pag. 168 Privileg v. 2. Mai 1075.

[2]) z. B. ein Vergleichsabschluss über Waidegerechtigkt. d. d.
5. Mai 1241, zwei Streitschlichtungen betr. Eigentumsansprüche
an Liegenschaften v. Jahr 1253 u. 3. März 1268 u. eine ganze Reihe von
Vermögensübertragungen vor dem Schultheissengericht, z. B. vom 4. Okt.
1242, 9. Juli 1244, 30 Juni 1251 etc. cfr. Oberrh. Z. Bd. 35 pag. 243, 326;
37 pag. 154; 35 pag. 249, 255, 308.

[3]) cfr. Gengler l. c. pag. 453 u. 475.

Heiligenberges abhielt,[1]) verhandelte in peinlichen Fällen und bewirkte die Bestrafung malefizischer Personen. Aber bald machte sich das Bestreben, die peinliche Rechtspflege dauernd dem Aufgabenkreis des Ammans und seines Stadtgerichts einzuverleiben, energisch und, wie wir im Blick auf das Resultat desselben behaupten können, mit gutem Erfolge geltend.

Und dabei konnte die Stadt und ihr Amman schon recht frühzeitig auf ganz legalem Boden fussen. Hatte doch bereits im Jahr 1218[2]) eine Reichssentenz Kaiser Friedrichs II. alle Marktorte von den Landgerichten — und zwar ausdrücklich auch hinsichtlich der peinlichen Gerichtsbarkeit, der potestas puniendi maleficia — exempt erklärt und den Landgerichten nur die Urteilsvollstreckung ausbedungen. Auch kam Überlingen speciell der Umstand noch zu statten, dass sein Amman „procurationem habebat regis undique in terra ista"[3]) d. h. das Amt eines Unterlandvogts[4]) über einen (seinen Grenzen nach nicht näher bekannten) Landbezirk bei Überlingen bekleidete, in welcher Eigenschaft ihm ipso jure landrichterliche Befugnisse zustunden.[5]) Unter Assistenz all der übrigen Momente musste sich natürlich aus einer solchen Personalunion des Ammanamtes mit dem Landvogteiamt eine dauernde Verbindung beider Amtsgewalten um so rascher entwickeln, und es war mithin

---

[1]) Oberrh. Z. Bd. 22 pag. 25 und Spit.-Arch. X, 174, Urk. v. 9. Juli 1293.
[2]) Mon. Germ. L. L. II pag. 229.
[3]) cfr. Oberrh. Z. Bd. 29 pag. 59. Schiedsrichterlicher Urteilsspruch des Überl. Ammans Arnold zwischen Fremden kraft seiner Eigenschaft als Unterlandvogt aus dem Jahr 1219 oder 1220.
[4]) Das auch in andern Städten bisweilen mit dem Schultheissenamt verbunden war, cfr. Teusch l. c. pag. 18 u. 20. Nachweis für die Schultheissen von Hagenau in den J. 1227, 1237, 1238, 1262. Eine Erinnerung an die einstige Landvogteigewalt des Überlinger Ammanamtes fanden wir in dem Bericht eines bayrischen Commissärs (cfr. weiter unten) an Kurfürst Maximilian vom Jahr 1644, Abschnitt 3: auf seiner Landschaft habe Überlingen nur die niedere Gerichtsbarkeit, die hohe Gerichtsbarkeit stehe Heiligenberg zu. merum imperium habe man (nach Aussage des Kanzleiverwalters) „vor diesem liederlicher und vertrunkenerweise vergeben, dass man künftig noch wohl Fug dazu haben könnte".
[5]) Teusch l. c. pag. 57. Bestallungsurkunde eines Landvogts von Rud. v. Habsburg d. d. 17. Dezember 1280, deren Beweiskraft für ältere Zustände Teusch wohl mit Recht angenommen hat.

wohl nur die officielle Bestätigung thatsächlich längst zu Recht bestehender Verhältnisse, wenn Rudolf v. Habsburg die Exemption Überlingens vom Landgericht durch Privileg vom 30. Juni 1275 noch extra aussprach.[1])

In seiner richterlichen Thätigkeit wurde der Amman ursprünglich von der ganzen Gemeinde unterstützt, die als Gerichtsumstand ihm das Urteil finden half,[2]) die Zeugen in beliebiger Anzahl stellte,[3]) und bisweilen das Urteil neben dem Siegel des Ammans mit dem Stadtsiegel bekräftigte.[4]) Später übernahm diese Aufgabe der seit dem Jahr 1241[5]) auftauchende, aus 11 (consiliarii civitatis, nachmals consules genannten) Mitgliedern bestehende Stadtrat, zunächst nur subsidiär in einzelnen Fällen,[6]) aber doch je länger um so ausschliesslicher.[7]) Die Entstehungsgeschichte dieses Stadtrats liegt im Dunkeln. Derselbe kann aber nicht, wie beispielsweise der Stadtrat von Speier, Worms und Mainz, aus einem Schöffencollegium hervorgegangen sein, weil eigentliche scabini zur Stauferzeit in Überlingen nachweisbar niemals existirt haben, er wird vielmehr in seiner ersten Gestalt mehr nur als ein Beirat des Ammans in Verwaltungsangelegenheiten, besonders in Marktsachen

---

[1]) cfr. Gengler l. c. pag. 495.

[2]) Verhandelt wurde: praesente tota civitate oder coram nobis (ministro) et nostre civibus civitatis, und das Urteil gefällt: de consilio concivium nostrorum, qui super hoc, prout moris est, fuerant requisiti. cfr. Oberrh. Z. Bd. 35 pag. 242 Urk. d. d. 5. Mai 1241, l. c. Bd. 37 pag. 149 Urk. d. d. 24. Dez. 1267, l. c. Bd. 37 pag. 155 Urk. d. d. 3. Mai 1268.

[3]) Die Anzahl der Zeugen schwankte in den von uns durchgesehenen Urkk. zwischen 4 und 16. cfr. Oberrh. Z. Bd. 35—38, auf Überlingen bezügliche Urkk. des l. c. von F. v. Weech publicirten Salemer Urkundenbuchs.

[4]) cfr. Oberrh. Z. Bd. 35 pag. 255, 308, 310 Urk. d. d. 9. Juli 1244, 10. Juni 1250, 28. Okt. 1251. sigillum civitatis: ein Reichsadler im Dreieckschild mit der Umschrift s'universitatis in Uberlingen.

[5]) cfr. Oberrh. Z. Bd. 35 pag. 243 Urk. d. d. 5. Mai 1241.

[6]) cfr. z. B. den in obiger Urk. v 1241 cit. Vertrag zwischen der Gemeinde Überlingen einerseits und dem Kloster Salem andererseits, wobei die Überl. Gerichtsgemeinde selbst als Partei vor dem Schultheissengericht erschien und, ohne das Eintreten des Stadtrats, in eigener Sache hätte zu Gericht sitzen müssen.

[7]) cfr. die Urkk. vom 30. Juni 1250, von 1270, vom 27. Mai 1271, vom 31. Januar und 1. Juni 1281. Oberrh. Z. Bd. 35 pag. 308; 37 pag. 168 und 190; 38 pag. 119, 126.

aufzufassen sein, der erst mit der Zeit und dauernd erst
nach 1268 dazu den Charakter einer ständigen Schöffenbank
annahm.

Über Zeit und Ort der Gerichtssitzungen sodann ist
nur soviel bekannt, dass dieselben — was aus der Datirung der
Gerichtsurkunden hervorgeht — in der Regel geboten d. h.
ad hoc berufen und bald in der königlichen Burg,[1]) bald an
öffentlicher kaiserlicher Strasse[2]) (d. i. auf der Hofstatt,
dem heutigen Marktplatz Überlingens), bisweilen auch auf
dem Grund und Boden einer der beteiligten Parteien, abgehalten
wurden.[3])

Nebem seinem Richteramt war der Amman endlich noch
königlicher Finanzbeamter[4]) und als solcher mit der Ein-
ziehung und Ablieferung der königlichen Intraden, insbesondere
des „künkzinses",[5]) des von den Fiscalinen zu zahlenden
Königzinses, betraut.

Einen bedeutsamen Wendepunkt im Verfassungsleben Überlingens bezeichnet das Jahr 1268. Mit dem Tode Conradins
erlosch in diesem Jahr das Staufergeschlecht und damit auch
die Stauferherrschaft in Überlingen. Nunmehr fiel Überlingen
als herrenloses Gut an das Reich und blieb ohne bestimmten
Oberherrn, bis Rudolf v. Habsburg im Jahr 1273 der kaiserlosen
Zeit des Interregnums ein Ende machte und die Stadt sammt
dem städtischen Gebiet als „sin und des richs eygen"[6]) zu seinen
Handen nahm. Dadurch wurde Überlingen reichsunmittelbar,
d. h. fortan bildete die Stadt, unter Wegfall ihrer früheren

---

[1]) cfr. Oberrh. Z. Bd. 35 pag. 309 Urk. v. 30. Juni 1251: in domo
regis praesentibus . . .

[2]) cfr. l. c. Bd. 35 pag. 412 Urk. v. 1. Aug. 1262: acta sunt haec
apud Überlingen in strata publica. Arch. I, 40, 400 Urk. d. d. 12. Aug
1438 wird die öffentliche kaiserliche Strasse: in foro piscium d. i. am
Fischmarkt (an der Hofstatt, Sevin Häuserb. pag. 13) erwähnt.

[3]) cfr. l. c. Bd. 35. pag. 309 Urk. 30. Juni 1251: in domo monasterii
saepe scripti (de Salem) praesentibus . . .

[4]) cfr. Wegelin l. c. pag. 19.

[5]) Arch. I, 4, 54 u. 56. Urkk. vom 17. Januar 1335 und 19. Juli 1353,
den Versatz des künk- oder kungszinses betr.

[6]) Arch. I, 4. 51. Urk. K. Rudolfs d. d. 31. März 1277.

Grund- und Landesherrlichkeit, ein eigenes Glied des Reiches,[1]) das dem Reichsoberhaupt und dessen Stellvertretung in Oberschwaben, dem oberschwäbischen Landvogt unmittelbar unterstellt war. Überlingen trat in die Reihe der sogenannten gemeinen Reichsstädte ein, entrichtete alljährlich an Martini dem Landvogt von Oberschwaben eine Gült von 10 ℔ ₰ [2]) und dem Reich eine Steuer von 350 ₰ Heller,[3]) und führte von da ab den Titel: Gemaine Statt Überlingen. Eine Reichsstadt im späteren Sinne aber war Überlingen darum noch keineswegs. Zunächst wenigstens fehlte der Stadt noch das charakteristische Vorrecht aller spätern Reichsstädte: das Recht der Selbstverwaltung. Nichts weist darauf hin, dass Überlingen schon so frühzeitig wie einzelne andere Städte, etwa schon in den Tagen des Interregnums sich der Regierung bemächtigt und den Amman als Stadtvorstand verdrängt hätte. Auch wird Kaiser Rudolf, der im übrigen die Stadt ganz wie sein Eigentum behandelte — z. B. im Jahr 1277 das Rietmühlenviertel im Osten von Überlingen als Reichslehen an ein auswärtiges Rittergeschlecht versetzte, cfr. weiter unten, — trotz seiner anerkanntermassen städtefreundlichen Politik, eine solche Beschneidung seiner Rechte, wie sie die Beseitigung des Ammans vom Stadtregiment involvirt hätte, schwerlich unmittelbar begünstigt oder gar veranlasst haben. Bis circa 1286 — von welchem Zeitpunkt ab sich nachweisbar eine Verfassungsänderung anbahnte, — dürfte darum Überlingen in gleicher Weise wie zur Stauferzeit von dem nunmehr königlichen Amman weiterregiert worden sein. Indirect allerdings leistete Kaiser Rudolf dem nachmaligen Entwicklungsprocess, durch den im Laufe von 100—150 Jahren die gesammte Regierungsgewalt auf die Bürgerschaft überging, insofern grossen Vorschub, als sein Exemptionsprivileg vom Jahr 1275 und die Zuweisung der Stadt Freiburg i. Br. als

---

[1]) Gengler l. c. pag. 495. Privileg K. Rud. I. v. 30. Juni 1275. Dasselbe qualificirt die cives de Überlingen als nobis et sacro Romano imperio tamquam membra capiti .. conjunctos.

[2]) Arch. I, 53, 155, Pergamentstreifen aus dem Aufang des 14. Jahrhunderts enthaltend die: Gült und Verehrung gemainer Statt Überlingen an den Landvogt. cfr. auch Oberrh. Z. Bd. 29 pag. 302, die Heerfolgepflicht Überlingens gegenüber dem Landvogt betr.

[3]) Oberrh Z. Bd. 22. pag. 29.

Oberhof[1]) Überlingen seinen eigenen Gerichtsstand sicherte und dadurch alle Verwaltungszweige vorläufig wenigstens local in Überlingen centralisirte.

Die ersten Anzeichen einer beginnenden Verfassungsänderung fanden sich in den 80er Jahren des 13ten Jahrhunderts. Um jene Zeit kam das Amt eines Bürgermeisters in Überlingen auf.[2]) Der erste urkundlich sichere Bürgermeister war ein gewisser Werner Besserer a. 1293.[3]) Die Stellung dieser Erstlingsbürgermeister muss aber anfänglich eine sehr bescheidene, vielleicht die einer Stellvertretung des Ammans in minderwichtigen Gemeindeangelegenheiten gewesen sein. Die Hauptsache blieb jedenfalls dem Amman auch jetzt noch vorbehalten.[4]) Doch war damit wenigstens der Anfang gemacht zu einer dauernden Trennung der Justiz und Verwaltung. Durchgeführt erscheint diese Trennung folgends in einer Urkunde vom Jahr 1328,[5]) in welcher der Amman an erster Stelle nach dem Bürgermeister beurkundet. Von da ab war der Bürgermeister das eigentliche Oberhaupt der Stadt, die Verwaltung war eine

---

[1]) cfr. Gengler l. c. pag. 495, § 3: quod nemo civium de Uberlingen extra civitatem in iudicium est vocandus. § 6: item statuimus et pro jure volumus observari, quod quicunque civium de Uberlingen ab aliqua appellat sententia, illam appellationem juxta jus et statuta de Friburg prosequetur et quidquid sententiatum fuerit a civibus de Friburg, illud ratum a partibus est servandum.

[2]) cfr. Sevin Überl. Geschlechterbuch s. v. die von Laubegkh. a. 1286. Zusatz: das Schilte in der Burgermeisterbuech.

[3]) cfr. Sevin l. c. Werner der Besserer hat gelebt 1282 und ward 1293 burgermayster.

[4]) Bei zwei Gelegenheiten, a. 1289 und 1293, erledigt der Amman in Gemeinschaft mit den Stadträten Ratsgeschäfte, ohne dass des Bürgermeisters überhaupt Erwähnung gethan würde. cfr. Spitalarchiv II, 76. Urk. d. d. 7. Febr. 1289 und XL, 814 Urk. d. d. 26. April 1293.

[5]) cfr. Spitalarchiv II, 21 Urk. d. d. April 1328: wir Heinrich am Ort Burgermeister und Oswalt der Tüwinger Amman zu Überlingen verjehen, dass etc. Ebenso l. c. IX, 196 Urk. 30. Juni 1332. Dass das Beurkunden des Ammans an zweiter Stelle für den in Frage stehenden Verfassungsvorgang beweiskräftig ist, darüber cfr. F. L. Baumann, Gesch. d. Allgäus, Heft 14. pag. 248. Wahrscheinlich stunden sogar die Überl. Bürgermeister schon vor 1328 an der Spitze des Stadtregiments, denn die Ammane behielten selbst nach ihrem Rücktritt eine Zeit lang noch im Beurkundungswesen den ersten Platz als Ehrenrecht. Baumann l. c.

städtische, der königliche Beamte auf die Justizverwaltung beschränkt. Aber nicht genug damit, das Bestreben der Stadt ging nunmehr dahin, auch das Ammanamt sammt dem Blutbann dauernd in ihre Gewalt zu bekommen, und hiebei kam ihr die Geldverlegenheit verschiedener Kaiser wesentlich zu Hülfe. Schon Kaiser Ludwig und nach ihm in gleicher Weise K. Karl IV. und K. Wenzel[1]) versetzten das Ammanamt als erbliches Lehen an einzelne Überlinger Bürgerfamilien, der letztere mit der weitern Concession, dass ein anderer biderber Mann an ihrer (der Lehensinhaber) Stelle solle richten dürfen über Leib und Gut mit Bann und mit allen Rechten, als ob sie daran sässen.[2]) Von einem ihrer Bürger, einem gewissen Andres Kob, der seiner „Not und Gebresten" wegen das Ammanamt veräussern musste, kaufte dann die Stadt dasselbe im Jahr 1383[3]) um 150 ℔ Heller oder 120 Mark Silber Freiburger Gewichts. Sie erhielt diesen Kauf, in den der Blutbann miteinbegriffen war, zunächst durch den schwäbischen Landvogt Herzog Leutpold von Oesterreich[4]) und nachgehends durch K. Wenzel[5]) selbst bestätigt unter Vorbehalt der (aber niemals zu Stande gekommenen) Wiedereinlösung von Seiten des Reichs.

Rechnet man hiezu noch das Privileg K. Sigmunds vom 14. September 1429,[6]) das der Bürgerschaft das Recht verlieh, mit Stimmenmehrheit für Stadt, Etter und Gebiet rechtsverbindliche Satzungen zu erlassen, so hatte es Überlingen in einem Zeitraum von 100—150 Jahren verstanden, die Staatsgrundrechte der Gesetzgebung, Verwaltung und Rechtspflege, also die gesammte Staatsgewalt in seinen Händen zu vereinigen, sich aus einer abhängigen Königsstadt zu einem

---

[1]) Arch. I, 4. No 47 Urk. d. d. 6. Septbr. 1344, No. 48 Urk. d. d. 6. Apr. 1366, No. 49 Urk. d. d. 31 Okt. 1367, No. 50 Urk. d. d. 16 Okt. 1378.

[2]) Dass solche Vertretung statt gehabt, beweist Spital-Archiv XIII, 265. Urk. d. d. 21. Juni 1368. Kaufabschluss vor Walther Hagen „gebuttel" zu Überlingen, „als derselbe an statt des Andres Kob, Stadtammans zu Überlingen, zu Gericht sass".

[3]) cfr. Arch. I, 4. No. 78 u. 79. 2 Urkunden vom 10. Nov. 1383.

[4]) cfr. Arch. I, 4. 80. Urk. d. d. 30. Nov. 1383.

[5]) cfr. Arch. I, 4. 82 u. 83. Urkk. d. d. 4. Mai und 1. Okt. 1397 und Oberrh. Z. Bd. 22 pag. 22. Urk. d. d. 25. Okt. 1397.

[6]) cfr. Oberrh. Z. 22. Bd., pag. 24.

freien, auf Autonomie und Selbstverwaltung gegründeten Gemeinwesen, zu einer Reichsstadt im Sinne der Blütezeit des Reichsstädtetums emporzuringen.

Parallel damit entwickelte sich eine zweite, in die altstaufischen Verfassungszustände Überlingens nicht minder tief einschneidende Neuerung, deren Endergebnis der Sturz der staufischen Geschlechterherrschaft und die Einführung einer gemischten, zünftig-patrizischen Regierung war.

Diese demokratische Bewegung nahm gleichfalls ihren Anfang zu Beginn der 80er Jahre. Dieselbe kündet sich urkundlich in dem Schöffenbarwerden der Überlinger Handwerkerbevölkerung[1]) an und ihr Verlauf, über dessen Einzelheiten zu unserem Leidwesen schlechterdings nichts überliefert ist, wird dementsprechend etwa so gewesen sein, dass fürs erste reichere und in Folge dessen einflussreichere Mitglieder der nichtbürgerlichen Gemeinde das Bürgerrecht erlangten und mit deren Hülfe dann die übrigen, nach dem Aussterben der Staufer eventuell durch die freigewordene Hofgemeinde an Zahl plötzlich hochangeschwollenen Hintersassen ihre politische Gleichstellung mit den alten Ratsgeschlechtern durchsetzten. Ob es dabei zu gewaltsamen oder gar blutigen Auftritten, wie in dem benachbarten Konstanz z. B., gekommen ist, bleibt dahingestellt. Jedenfalls einigte man sich schliesslich, man schloss zur Wiederherstellung des Stadtfriedens „die grossun ainunge", deren Grundzüge in dem ältesten Überlinger Stadtrecht von c. 1298[2]) erhalten sind.

---

[1]) Die im Verhältnis zu früheren Urkunden, in denen u. W. kein einziger Handwerker als Urteilsfinder und Zeuge d. i. als Bürger auftritt, fortan auffallend häufig an den Stadtgerichtsverhandlungen beteiligt erscheint. cfr. z. B. Spitalarchiv XLI, 837. Urk. d. d. 15. Mai 1282 und l. c. XII., 209. Urk. d. d. 26. Mai 1282, enthaltend als Gerichtszeugen: Bernhard den Schuhmacher, Friedrich den Zimmermann, Martin den Beck, Burkard den Schmied.

[2]) Edirt von S. Riezler, Oberrh. Z. Bd. 29 pag. 295 ff., der die ältesten Partien dieses Stadtrechts irrtümlicher Weise in die Mitte des 13. Jahrh. zurückdatiert. In der Einleitung der nach Riezler ältesten Satzung werden als städtische Verwaltungsvorstände Zunftmeister erwähnt. Zunftrecht erhielt Überlingen aber erst von K. Albrecht I. (1298—1308). Somit können diese Satzungen frühestens dem Jahr 1298 entstammen. Der von uns ein-

Nach Inhalt dieses Stadtrechts zerfiel vom Ende des 13ten Jahrhunderts ab die Einwohnerschaft Überlingens in 2 Klassen: in Bürger und Gäste d. h. politisch rechtlose, meist nur zu vorübergehendem Aufenthalt in Überlingen eingesessene Fremde.[1]) Juden, die unter den staufischen Herzogen das Bürgerrecht in Überlingen besessen und, so lange das Patriziat am Ruder war, mindestens Duldung erfahren hatten, konnten vom Jahr 1332 ab in Überlingen nicht mehr festen Fuss fassen. Kaum waren nämlich die Arbeiter- und Handwerkerkreise zur Regierung gelangt, so brachen auch in Überlingen die allerorts bekannten Judenverfolgungen aus. Angeblich wegen rituellen Mordes eines Christenknaben, (des sogenannten guten Ulrich, des Söhnleins eines Gerbers Frey),[2]) thatsächlich aber wohl der Geschäftskonkurrenz wegen wurden im Jahre 1332[3]) dreihundert Überlinger Juden in ihrem Stadtquartier verbrannt. Darauf kam die Stadt, da die Juden dem besonderen Schutze eines kaiserlichen Pflegers, damals des Ritters Swäniger v. Lichtenstain,[4]) unterstunden, in die Reichsacht, von der sie erst K. Karl IV. im Jahre 1349[5]) endgiltig lossprach. Die vertriebenen Juden durften wieder zurückkehren,[6]) wurden dann aber im Jahr 1430[7]) nochmals verjagt. 1431[8]) verbündeten sich die Städte Überlingen, Ravensburg, Buchhorn und Lindau in ewigen Zeiten keine Juden mehr aufzunehmen; für diesen Beschluss erhielt Überlingen im Jahre 1547[9]) die Sanction Karls V. und seitdem hat kein Jude mehr in Überlingen sich angesiedelt. Seit dem ersten Drittel des 14. Jahrhunderts bestund also die Überlinger

---

gesehene Original-Rotel befindet sich im erzbischöflichen Archiv zu Freiburg i. Br. Das Überl. Ratsarchiv besitzt eine Copie aus dem Jahr 1793 (I, 51, 129), die mehrfach vollständiger ist als Riezlers Publication und daher, wo diese im Stich lässt, von uns benutzt ist.

[1]) In späteren Jahrhunderten „michileute" genannt. cfr. pag. 27.
[2]) cfr. Sevin Häuserb. pag. 119.
[3]) cfr. Archiv I, 4, No. 60 Urk. d. d. 8. Juni 1332 u. No. 61 Urk. d. d. 21. Aug. 1334.
[4]) Mon. Zollerana I, 145 Urk. d. d. 26. Okt. 1332.
[5]) cfr. Arch. I, 4, 62. Urk. d. d. 30. Juni 1349.
[6]) cfr. Arch. l. c. No. 65 Urk. d. d. 16. Januar 1378.
[7]) cfr. Arch. l. c. No. 66. Urk. d. d. 21. Juli 1430.
[8]) Sevin l. c. pag. 8.
[9]) cfr. Arch. l. c. No. 72. Urk. (Copie) 22. Febr. 1547.

Bürgerschaft ausschliesslich fast aus Katholiken, woran andererseits auch die Reformation nichts zu ändern vermochte.¹) Dieselbe gliederte sich, nachdem K. Albrecht c. 1298 Überlingen das Recht zünftiger Organisation²) erteilt hatte, in eine Anzahl Handwerkerzünfte (cfr. weiter unten,) und in die Geschlechtergesellschaft,³) welch letztere aber schon vor den Zünften, bereits im Jahr 1291,⁴) existirt hat. Geschlechter und Zünfte zusammen bildeten den politisch einheitlichen Körper der Bürgergemeinde, in die bis Ende des 14. Jahrhunderts nur derjenige aufgenommen wurde, der die Mittel besass sich ein Haus bezw. einen Hausplatz zu erwerben,⁵) dieser aber immer noch ohne Rücksicht auf seine Standesqualität.⁶)

Das Haupt der Bürgergemeinde war der Bürgermeister. Diesem stunden nach der neuen Verfassung zwei Ratscollegien zur Seite: ein junger und ein alter Rat,⁷) die vom Ende des 14. Jahrh. ab der kleine und der grosse Rat⁸) genannt wurden. Das Stadtgericht, ein integrirender Bestandteil des kleinen Rates.⁹)

¹) cfr. L. Muchow: Z. Gesch. Überl. im Bauernkrieg 1889. pag. 10.
²) cfr. Oberrh. Z. Bd. 22 pag. 19.
³) Die Verbindung der Geschlechter hiess stets die „Gesellschaft", ihre Mitglieder hiessen die „Gesellen", ihr Statut der „Gesellschaftsbrief", wofür das Überl. Geschlechterbuch (ed. Sevin) Dutzende von Beispielen liefert.
⁴) Überl. Geschlb. s. v. Münser wird ein Jac. Münser im Jahr 1291 als Bürger und Gesell aufgeführt, genau wie im Jahr 1423 — für welche Zeit der Begriff Geselle gleich Mitglied der Geschlechtergesellschaft ausser Zweifel steht — ein Sprosse desselben Geschlechtes, ein H. Münser.
⁵) cfr. Oberrh. Z. Bd. 29 pag. 307. Bezüglich dessen, dem man „burgrecht licht", wird bestimmt: was in der rat haisset an ain hus liegen (welches Haus der Rat ihn erbauen oder mit Geld erwerben heisst, cfr. M. Lexer mhd. W. B. s. v. anlege, anlegunge), das soll er behaben" (= erwerben Lexer s. v.). Satzung Ende des XIV. Jahrh. vollständigerer Text der Copie von 1793.
⁶) cfr. Oberrh. Z. Bd. 29 pag 304.
⁷) cfr. Oberrh. Z. l. c. pag. 295.
⁸) Erstmals kurz nach 1364. Oberrh. Z. l. c. pag. 318.
⁹) Daraus zu schliessen, dass im Wahlgesetz von 1333 der Wahlmodus der Stadtrichter nicht angegeben wird, was im Falle das Richtercollegium nur ein Ausschuss einer der beiden Ratscollegien war, auch überflüssig wurde. Rücksichtlich speciell des kleinen Rates cfr. pag. 21 Anm. 3. Oder sollte das Stadtgericht den ganzen kleinen Rat, abgerechnet den Bürgermeister und Stadtamman, umfasst haben? Noch im Jahr 1512 und 1518

setzte sich aus 24[1]) und im 15. Jahrhundert aus 26[2]) Richtern zusammen, mit dem Amman an der Spitze. Wie aber im Einzelnen die Rats- und Richterstellen verteilt waren, ist aus der Zeit vor 1426 nirgends überliefert. Vermutlich sassen im Stadtgericht 20 Vertreter der Zünfte (von fünf Zünften, cfr. pag. 36, je 4 Vertreter) und 4 Geschlechter, die sogenannten „vier der vierundzwainzgen".[3]) Auch hatten die Patrizier bis zur Mitte des 15. Jahrhunderts im grossen Rat keine Vertretung (cfr. pag. 21), derselbe war das eigentliche Organ der Zunftgemeinde. Gewählt wurden diese sämtlichen Behörden folgendermassen.[4]) Zuerst erwählte die ganze politische Gemeinde unter Leitung der Zunftmeister den neuen Bürgermeister für die Dauer eines Jahres. Darnach ernannten der neue Bürgermeister und die Zunftmeister ad hoc einen Wahlmännerausschuss von 11 Personen aus den Geschlechtern,[5]) und dieser Elferausschuss erwählte endlich im Verein mit dem Bürgermeister, den Zunftmeistern und der ganzen Gemeinde den neuen und

---

werden die Kleinratsherren in ihrer Eigenschaft als Mitglieder des Oberstadtgerichts (cfr. pag. 19) gelegentlich die 26er genannt. (cfr. Arch. I, 51, 130 u. 132). Diese 26er repräsentirten aber damals den ganzen kleinen Rat nach Abzug des Bürgermeisters, Altbürgermeisters und Ammans. cfr. pag. 20.

[1]) cfr. Spitalarchiv XII, 219 und XXVIII, 565. Urkk.: vom 7. Nov. 1353 und 18. Febr. 1361: „ich J. Götzli Stattamman zu Überlingen thu kund, dass eines tages . . da ich und die vierundzwainzig zu Überlingen zu Gericht sassen, vor Gericht kam etc." und an 2. Stelle: „ich G. Götzli Stattamman . . künde, dass eines tages, da ich . . und die vierundzwainzig Richter zu Überlingen zu Gericht sassen, kam etc," cfr. weiter l. c. LVI, 507. Urk. d. d. 15. Nov. 1401.

[2]) cfr. Arch. I, 51, 130. Satzung von c. 1420.

[3]) cfr. Oberrh. Z. Bd. 29 pag. 316.

[4]) cfr. Oberrh. Z. l. c. pag. 316. Wahlgesetz vom 1. Februar 1333.

[5]) wörtlich: und sont von der gemainde ainlif nemen, die under den burgermaister swerent. cfr. hiezu l. c. pag. 322 Satzung von c. 1360 (nach der besseren Copie des Ratsarchivs): wele müssiggenger (mhd. term. techn. zur Bezeichnung des von seinen Renten lebenden Patriziats) enkain zunft hat, das der under ainen Burgermeister sweren sol." cfr. auch Arch. I, 51, 130 Satzung von c. 1418: wenn Sturm geläutet wird, sollen alle, die unter den Bürgermeister geschworen haben, zum Bürgermeister und die andern zu ihren Zunftmeistern kommen; d. h. der Bürgermeister führte die Geschlechter, die Zunftmeister führten die Zünfte zur Stadtverteidigung und ins Feld.

alten Rat und die 4 adeligen Mitglieder des Stadtgerichts,[1]) alle auf ein Jahr. Beschränkt war die Wahl nur hinsichtlich des letztgewesenen Bürgermeisters, dessen sofortige Wiederwahl (offenbar aus demokratischen Rücksichten) unzulässig erschien, während bei den Rats- und Gerichtsherren diese Beschränkung wegfiel. Trotzdem so die Majorität zweifelsohne in allen Fällen bei den Zünften lag, wurden gleichwohl in der Regel die geschäftskundigeren und gebildeteren Patrizier zu Bürgermeistern gemacht,[2]) und in gleicher Weise dürfte auch in den Ratssitzungen das überlegene Urteil der patrizischen Minorität vielfach den Ausschlag gegeben haben.

Im Laufe des 15. Jahrhunderts, von welcher Zeit ab unsere Quellen reichlicher fliessen, stiessen wir sodann auf eine Reihe von Neuordnungen, die in der Folge durch das ganze 16. und 17. Jahrhundert in Geltung blieben. Vor allem erfuhr die Justizverwaltung um die Mitte des 15. Jahrhunderts[3]) eine totale Umgestaltung. Der alte Gerichtshof trennte sich in ein Unter- und Oberstadtgericht.

Das Unterstadtgericht,[4]) gleich dem alten Gerichtshof ein Bestandteil des kleinen Rates (cfr. pag. 20), bestund aus dem Amman und 8 Richtern (7 zünftigen und einem patrizischen)[5]) und behielt für sich die Civilgerichtsbarkeit, (die „bürgerliche Rechtshandlung")[6]), und die freiwillige Rechtspflege. Seine ordentlichen Sitzungen fanden Montag und Donnerstag statt.[7]) Nach altem Herkommen schloss das Unterstadtgericht Montag in der Kreuzwoche, (in der Woche nach Sonntag vocem jucunditatis, dem 5. nach Ostern), sein Gerichtsjahr mit dem

---

[1]) cfr. pag. 23 Anm. 1.
[2]) Wie die städtischen Ratswahlverzeichnisse darthun. Über die Geschäftsteilung zwischen dem kleinen und grossen Rat ist aus der älteren Zeit nichts Sicheres überliefert.
[3]) Der alte Gerichtshof der 26er tritt zum letzten Mal urkundlich im Jahr 1420 auf (cfr. Arch. I, 51, 130), die neue Gerichtsbehörde zum ersten Mal a. 1446, (cfr. die Ratswahlverzeichnisse dieses Jahres).
[4]) cfr. Arch. I, 53, 159. Ordnung des Unterstadtgerichts von c. 1500.
[5]) cfr. die ältesten Ratswahlverzeichnisse von 1446—1500 und die Ratswahlbücher der folgenden Jahrhunderte.
[6]) cfr. Ratsprot. v. 2. Januar 1555.
[7]) cfr. Arch. I, 52, 143. Ratsordnung vom 3. März 1551.

sogenannten Maiengericht[1]) ab, d. i. mit einer Sitzung unter freiem Himmel, an einer uralten, in die Zeiten der Centverfassung hinaufreichenden[2]), bei dem Flecken Goldbach (westlich von Überlingen) im Kreis in den Molassefelsen eingehauenen Dingstätte, wobei aber nichts Aussergewöhnliches verhandelt wurde.[3])

Beim Oberstadtgericht,[4]) das der vereinigte kleine Rat (cfr. pag. 20) unter Leitung des Ammans, der ihm Rechtsbelehrung zu erteilen hatte und die Umfrag hielt,[5]) darstellte, lag die peinliche Gerichtsbarkeit,[6]) die Criminaljustiz, und ausserdem war das Oberstadtgericht in allen Strafrechtsfällen und bei Civilprocessen dann Appellationsinstanz, wenn der Streitwert 50 ℔ betrug.[7])

Von hier aus ging die Appellation, (ursprünglich aber nur bei Ansprachen an die Stadt oder wenn dem Kläger das Recht versagt würde),[8]) an den Kaiser oder dessen Landvogt, oder an eine der Überlingen zugewiesenen Austrägalstädte[9]), und im 16. und 17. Jahrhundert auch an das Reichskammergericht.[10])

Ferner wurde zur besseren Handhabung der Polizei und niederen Strafgerichtsbarkeit um 1470[11]) das Institut der

---

[1]) cfr. Arch. I, 53, 162. Ordnung des Maiengerichts.

[2]) cfr. Sevin Häuserb. pag. 118.

[3]) cfr. die Maiengerichtsprotocolle des 17. Jahrh. (z. B. vom 4. Mai 1651, das Bezug nimmt auf eine Maiengerichtssitzung von 1570).

[4]) cfr. Arch. I, 51, 131. und l. c. I, 46, 445, Satzungen d. a. 1502 bis 1504. Ferner Ratsprot. v. 2. Januar 1555 und (cfr. pag. 18 Anm. 7.) Arch. I. 52, 143. (passim).

[5]) cfr. Arch. III, 21, 448. Urk. v. 10 Nov. 1524. Appellationsentscheid des Oberstadtgerichts betr.

[6]) cfr. Ratsprot. v. 19. Juli 1578. Die Überl. Malefizordnung betr.

[7]) cfr. Ratsprot. v. 16. Nov. 1601. Ursprünglich war auch bei Civilprocessen die Appellation freigegeben, bis die täglichen „frivolae appellationes" zur Einschränkung des Appellationsrechtes führten.

[8]) cfr. Oberrh. Z. Bd. 22 pag. 25, Priv. K. Sigismunds vom 30. Okt. 1433.

[9]) Austrägalstädte Überlingens waren im 15. Jahrhundert Constanz, Lindau und Ravensburg (cfr. Anm. 8) und im 16. und 17. Jahrhundert (wieder cfr. pag. 11) Freiburg i. Br. cfr. Anm. 10.

[10]) cfr. Ratsprot. v. 8. Febr. 1560 und Missivprot. v. 19. Januar 1609.

[11]) cfr. das älteste Ratswahlb. v. 1446—1500, darin die Schadenrüger — 5 — erstmals a. 1472 erwähnt werden. cfr. pag. 37 Anm. 1.

Schadenrüger- oder -Strafer[1]) geschaffen, deren es ursprünglich 5, im 17. Jahrhundert[2]) 3 waren. Und ebenso riefen die grossen Gebietserwerbungen Überlingens im 15. Jahrhundert einen eigenen Gerichtsstand der städtischen und spitälischen Landschaft (cfr. weiter unten, cap. III.), das sog. Landgericht[3]) ins Leben. Darin sassen die beiden Spitalpfleger, der Spitalschaffner (bezügl. des Überl. Hospitals cfr.weiter unten, cap. II.) und eine nicht näher bestimmbare Anzahl von Richtern. Den Vorsitz führte der Amman. Seine Zuständigkeit erstreckte sich aber nur auf Sachen der niederen Gerichtsbarkeit, und auch von ihm ging der Zug an das Unter- bzw. Oberstadtgericht.

Auch in den Ratskörpern selbst gab es einige Änderungen. Auf Grund des ältest-erhaltenen Ratswahlverzeichnisses von 1446 zählte der kleine Rat damals 29 Mitglieder: Den Bürgermeister, den Stadtamman, die 7 neuen Zunftmeister, 8 Richter (7 zünftige und einen patrizischen — die Unterstadtgerichtsräte), den Altbürgermeister, 4 Löwenräte, (Angehörige der nach ihrem Trinkhaus zum Löwen benannten Geschlechtergesellschaft), und die 7 alten Zunftmeister; die letztere mit dem Altbürgermeister beginnende Gruppe unter dem Namen der „XII Räte" zusammengefasst. Der grosse Rat[4]) war 84 Mann stark und bestund aus 7 Mal je 10 Vertretern der Zünfte, (Elfer genannt, weil sie den aus 11 Personen bestehenden Zunftvorständen entnommen wurden, cfr. pag. 36), und den 7 zünftigen Richtern und 7 neuen Zunftmeistern des kleinen Rates, die also beiden Ratskörpern angehörten und so als vermittelndes Bindeglied[5]) zwischen den kleinen und grossen Rat sich hineinschoben.

---

[1]) cfr. Arch. III, 13, 157, Schadenstraferordnung d. a. 1564.
[2]) cfr. d. Ratswahlbücher des 17. Jahrh.
[3]) cfr. d. Ratswahlverzeichnisse v. 1446—1500 u. Arch. I, 52, 141a u. l. c. I, 53, 162. Ordnung des Landgerichts von 1532 und 1599. cfr. auch pag. 8. Anm. 4.
[4]) cfr. Arch. I, 52, 143. Schreiben an Carl V. v. 10. Dezbr. 1551 u. l. c. I, 46, 445. Supplication an Ferd. I. v. 6. Juli 1559. Die ältere (von Carl V. aufgehobene) Verfassung Überlingens darstellende Berichte.
[5]) Insofern sie den grossen Rat bei den Verhandlungen des kleinen (täglichen) Rates, dessen übrige Mitglieder — den Bürgermeister ausgenommen — keine Grossratsherren waren, vertraten, nicht aber als selbständiges Zwischencollegium, als „Mittelrat", wie sie irrtümlicher Weise das 18. Jahr-

Die Mitgliederzahl des kleinen Rates vermehrte sich dann im 16. Jahrhundert[1]) um einen Löwenrat auf 30, während das 17. Jahrhundert[2]) gleich dem 15ten 29 Ratsherren in genau derselben Zusammensetzung — also mit vier[3]) Löwenräten — aber in nachstehender Reihenfolge aufwies: Bürgermeister, Altbürgermeister, Stadtamman (die drei Verwaltungsvorstände), 7 neue Zunftmeister, 4 Löwenräte, 7 alte Zunftmeister, 8 Richter.

Dagegen erfuhr der grosse Rat im Jahre 1450 eine Verstärkung mit patrizischen Elementen, die nicht mehr rückgängig wurde. Vom Jahre 1450 ab verzeichnen nämlich die Ratswahlbücher eine neue Gruppe von Grossräten, bis zum Jahr 1474 unter dem Namen „des Burgermeisters Elfer", nachdem als „Elfer im Löwen". Der grosse Rat umfasste demnach seit der Mitte des 15. Jahrhunderts nicht mehr 84, sondern 95 Ratsherren: 70 zünftige Elfer, die 7 zünftigen Richter und 7 neuen Zunftmeister des kleinen Rates, und 11 Patrizier, den Elfervorstand der Geschlechtergesellschaft, deren einer zugleich patrizisches Mitglied des Unterstadtgerichts (der 8. Richter) und damit auch des kleinen Rates war. Und es wird keinem Zweifel unterliegen, dass „des Burgermeisters Elfer" und jene unständigen 11 Wahlmänner des Jahres 1333: die under den burgermaister swerent, sich deckten, diese nunmehr auf irgend eine Art ihre Permanenz als Bestandteil des grossen Rates erwirkt hatten.[4])

---

hundert (cfr. pag. 24 Anm. 2 l. c. pag. 24.) auffasste, wenigstens nicht vor dem 18. Jahrhundert.

[1]) cfr. d. Ratswahlbücher von 1529—1545.

[2]) cfr. d. Ratswahlbücher von 1600—1616 und 1617—1629.

[3]) entsprechend den vier adeligen Mitgliedern des alten Stadtgerichts (Rates?), den vier der vierundzwainzgen! (cfr. pag. 16 Anm. 9 und pag. 17.)

[4]) Gleichwie die Wahl der 11 pratrizischen Wahlmänner des Jahres 1333 nicht der Geschlechtergesellschaft, sondern den Zunftmeistern unter Führung des Bürgermeisters zukam (cfr. pag. 17), so wurden auch die Elfer im Löwen ursprünglich nicht von den Geschlechtern, sondern anfänglich von den Zunftmeistern und nachgehends vom grossen Rate erwählt. cfr. d. Ratswahlverzeichnisse von 1446—1500, wo den Elfern im Löwen beigeschrieben steht: setzen die Zunftmeister, und Arch. I, 46, 445, Überl. Supplication an Ferdinand I. d. d. 6. Juli 1559: Die alte (vorkarolingische) Verfassung bestimme, „dass bey eines gemeinen grossen Raths Macht und Gewalt stehen, auch die Anzahl uss dem Lewen in den

Beim grossen Rat, den in ausserordentlichen Fällen noch ein: zusatz als vil als des grossen rates ist[1]) unterstützte, lag in letzter Instanz die Sorge für das gesamte öffentliche Leben Überlingens. Derselbe vertrat als repräsentativer Ausschuss die Bürgergemeinde, erwählte in deren Auftrag den kleinen Rat und die übrigen Beamten und wies denselben ihren Geschäftskreis zu. Im Einzelnen war nach den Aufzeichnungen der Rats- und Regimentsordnungen des 16. und 17. Jahrhunderts[2]) der Gang der Rats- und Regierungsgeschäfte in Überlingen folgender.

Alljährlich an Pfingstmontag und Sonntag Trinitatis[3]) kamen die Zünfte auf den Zunftstuben und die Geschlechter in ihrem Gesellschaftshaus (im Löwen) zusammen, um die Vorstandswahl und zugleich damit die Wahl der Grossräte vorzunehmen. Das passive Wahlrecht hiefür besass im Allgemeinen (die Ausnahmen cfr. weiter unten) jeder Bürger, der eine bestimmte Zeit, bis 1463[4]) fünf, später 10 Jahre in Überlingen „gesessener burger" gewesen; Wähler war jeder Bürger schlechthin. So kam der grosse Rat (nach Abzug des doppelrätigen Unterstadtgerichtscollegiums cfr. weiter unten) zu stand. Die Mitglieder desselben, aber nicht die neucreirten, sondern die Grossräte des ablaufenden Regierungsjahres, wählten dann Montag nach Pfingsten in geschlossener Sitzung, vermittelst namentlicher Stimmabgabe, unter dem Vorsitz der Zunftmeister und des protocollführenden Canzleiverwalters und eventuell nach deren Wahlvorschlag „per majora" den neuen und alten Bürgermeister, und ebenso Donnerstag

---

grossen Rath zu erkiesen". Später (wohl von 1596 ab) ging dieses Recht an die Geschlechtergesellschaft über, die nunmehr (wie jede der Zünfte 10 zünftige Grossräte) 10 patrizische Grossräte vermittelst eigener Wahl in den grossen Rat schickte. cfr. Anm. 2. Pfingstordnung von 1596.

[1]) cfr. Arch. I, 51, 130. Satzung von c. 1418 u. l. c. I, 64, 708ff. Missiv-Prot. v. 19. April 1610 (Copie).

[2]) cfr. Arch. I, 51, 132. Satzungen des anfangenden 16. Jahrh, l. c. I, 52, 149. Pfingstordnung in Besatzung des Rats und Regiments d. a. 1596, l. c. I, 51, 135. Satzungen des anfangenden 17. Jahrhunderts.

[3]) Pfingstmontag wurden die Zunftmeister und der Meister der Geschlechtergesellschaft gewählt, Sonntag Trinitatis die zünftigen und patrizischen Elfer.

[4]) cfr. Arch. I, 51, 130. Satzung d. a. 1463.

darauf den Stadtamman, die 4 Löwenräte,[1]) die sog. alten Zunftmeister und die Richter,[2]) also den ganzen kleinen Rat, ausgenommen die doppelrätigen Zunftmeister. Die Wahl des kleinen Rates, die gleich der Wahl der Grossräte eine „freye und unverpindliche" sein sollte, fand in dem Überlinger Barfüsserkloster Reventhal statt. Die Amtsdauer der Gewählten (der Gross- wie Kleinräte) betrug jeweils ein Jahr. Verboten war die Vereinigung von Vater und Sohn, oder von Brüdern oder Vettern in demselben Ratscollegium. Ebenso verloren die Überlinger Ausvögte und Amtleute (cfr. pag. 28/29) und diejenigen Bürger, die in fremden Klosterdiensten stunden, für die Zeit ihrer Amtsführung das passive Wahlrecht; und weiter sollten Spitalpfründner weder im kleinen Rat noch im Gericht sitzen. (cfr. cap. II.). Auch gingen die gewesenen kleinen Räte (mit Ausnahme der doppelrätigen Kleinräte), sowie die beiden Bürgermeister und der Amman, die sich während der Wahl völlig neutral zu verhalten und auf der Ratsstube bei einem Frühstück zu versammeln hatten, ihres Stimmrechts und die Bürgermeister überdies noch ihrer Wählbarkeit in dieselben Ämter für ein Jahr wenigstens verlustig.

War auf diesem Wege die jährliche „Endrung und Besatzung des Stadtregiments" bewerkstelligt, so begaben sich folgenden Sonntag Trinitatis die neugewählten kleinen Räte, die Bürgermeister und der Stadtamman in die Grödt (das städtische Kaufhaus), wo sie der grosse Rat und die ganze Einwohnerschaft erwartete. Dort verkündigte der Canzleiverwalter das Wahlresultat, nahm die Neugewählten in Eid und Pflicht und forderte schliesslich die Bürgerschaft zum Treueide gegenüber der neuen Regierung auf. Mit diesem Treueide, der mit aufgehobener Hand und im Chor geschworen wurde, schloss das Wahlgeschäft.

---

[1]) Deren Wahl also gleichwie a. 1333 die Wahl der vier der 24er (cfr. pag. 17) nicht ausschliesslich den Geschlechtern, sondern den Geschlechtern und der Zunftgemeinde zustund. Ein weiterer Grund (cfr. pag. 21 Anm. 3) weshalb wir pag. 17 jenen vier der 24er Adelsqualität zusprechen.

[2]) Die Candidaten des Unterstadtgerichts waren bereits durch die Elferwahl auf den Zünften und im Löwen gegeben, daher beschränkte sich hier die Richterwahl auf deren Rangfolge im Unterstadtgericht. (So — gewohnheitsmässig, ob auch statutarisch, ist nicht mehr zu entscheiden.) Erster Richter war stets der patrizische Elfer.

Der erste Regierungsact des neuen Regimentes bestand in der Prüfung der städtischen Cassen und Rechnungen und der Bestätigung bezw. Neueinsetzung der städtischen Beamten,[1]) die gewöhnlich Samstag nach Trinitatis vorgenommen wurde. Hierbei zeigte sich, gleichwie bei den Ratswahlen, wiederum das verfassungsmässige Übergewicht des grossen Rates, der den kleinen Rat als „subdelegirtes Collegium" behandelte. Abgesehen von den Subalternbeamten der Finanzverwaltung und den städtischen Knechten (cfr. cap. II.), erwählte nämlich der grosse Rat alle Beamte, und sämtliche Beamte mussten in die Hand des grossen Rates den Amtseid ablegen.

Und in demselben Sinne beanspruchte der grosse Rat in der Gesetzgebung, für die die Mitwirkung des kleinen Rates, von dem in der Regel die Gesetzesanträge ausgingen, übrigens verfassungsmässig notwendig war, das entscheidende Wort. Allein dem combinirten, unter dem Majoritätsdruck der Grossratsherren stehenden Gesamtrate kam das Recht zu: „neue statuta, saz und ordnungen zu errichten und gegen die einmahl errichtete statuta zu dispensiren".[2]) Auch sollte der grosse Rat hauptsächlich nur in den 2 genannten Eigenschaften: als Wahlmännercollegium und als Hauptbestandteil des gesetzgebenden Körpers[3]) zusammentreten und im übrigen so viel als möglich[4]) mit Geschäften verschont werden. Alles

---

[1]) In den meisten Fällen wurden die gewesenen Beamten, obwohl gesetzlich eine völlige Neubesetzung der Ämter zulässig war, in ihren Ämtern lediglich bestätigt und dem neuen Regimente neuverpflichtet. cfr. die Ratswahlverzeichnisse.

[2]) cfr. Arch. I, 46, 445. Von der Reichsstadt Überlingischen Regimentswahlverfassung und Zuständigkeit. Auf Archivquellen sich stützende Streit- und Druckschrift des Jahres 1790 pag. 4. vergl. hiezu die Ratsprotocolle vom 24. Septbr. 1605 und vom 3. Februar u. 16. Juni 1607.

[3]) Ein jährlich wiederkehrender Gesetzesact betraf die Rebordnungen (cfr. Ratsprot. v. 14. Oktober 1588 z. B.) und die steuerrechtliche Bewertung des Wein- und Fruchtertrages, die Fixirung des sogenannten Anschlags. cfr. cap. III.

[4]) Gewichtige Fragen der äusseren Politik, (z. B. der Eintritt Überlingens in die katholische Liga cfr. Ratsprot. vom 20. Juli 1620), kamen gleichfalls im Plenum der vereinigten Ratskörper zur Schlussdebatte und Entscheidung.

Weitere blieb dem kleinen Rat (im 17. Jahrhundert auch der gesessene Rat, der Magistrat geheissen) überlassen, „welcher täglich kleiner Rath und Richter, wie denn von Alters herkommen, durch das ganz Jahr uss die Räth besitzen und die Raths-Geschäfft und Sachen samtlich miteinander verrichten müssen".[1])

Dieser, das eigentliche Regierungsorgan, hielt nach Bedarf wöchentlich zur Erledigung der laufenden Geschäfte vier ordentliche Sitzungen ab, am Montag, Mittwoch, Donnerstag und Freitag[2]), und ausserdem waren die Kleinräte, die von 1551 ab für jede Sitzung einen halben Batzen Diät erhielten, verpflichtet, „so oft sie daran hören läuten", in ausserordentlicher Sitzung zu erscheinen.[3]) Beraten wurde vom kleinen Rat in pleno, beschlossen per majora. Gegen die Beschlüsse des kleinen Rates, dem innerhalb seiner Verwaltungsthätigkeit das Verordnungsrecht eingeräumt war, konnte kein Regress ergriffen werden.[4])

Neben dem Alltäglichen gehörten aber noch folgende Amtshandlungen in das Specialressort des kleinen Rates:

1) Die Erteilung des Bürgerrechts. Dasselbe — abgesehen vom Erbbürgerrecht, das mit der Mündigwerdung im 18. Jahr angetreten wurde — ward im Laufe des 15. und 16. Jahrhunderts, als die Stellung der Unfreien im Reiche sich allgemein verschlechterte und gleichzeitig die ursprüngliche Realgemeinde Überlingen sich mehr und mehr zur Personalgemeinde umbildete, einerseits an eheliche Geburt und persönliche Freiheit[5]) geknüpft, und andererseits an ein bestimmtes, um die Wende des 16. Jahrhunderts auf hundert Gulden festgesetztes Minimalvermögen bezw. den entsprechenden

---

[1]) cfr. Arch. I., 46, 445. Supplic. an Ferd. I. v. 6. Juli 1559.
[2]) cfr. Arch. I, 52, 143. Ratsordnung vom 3. März 1551.
[3]) cfr. Arch. I, 51, 135. Stadtsatzungen des 17. Jahrh. Tit. 1.
[4]) Offenbar in der Erwartung, dass keine das statutarische Recht verletzenden oder in die Gesetzgebung übergreifenden Verfügungen getroffen würden.
[5]) cfr. Arch. I, 51, 130. Satzung d. a. 1496. l. c. I, 51, 132. Satzung von c. 1520 u. l. c. I, 51, 135. Satzungen des 17. Jahrh. Tit. 34.

Bürgschaftsnachweis für ein solches.[1]) Die ältere Vorbedingung des Erwerbs von Grund und Boden (cfr. pag. 16) fiel dagegen weg. Ausserdem wurde ein Eintrittsgeld von 20 fl.S. erhoben, wovon 5 fl.S. sogleich, die übrigen 15 fl.S. jährlich pfundweise zu bezahlen waren.[2]) Trafen diese Voraussetzungen bei einem Bewerber zu, worüber der kleine Rat sich vergewissern musste, so wurde derselbe vor „gesessenem Rat" vereidigt und in ein Bürgerbuch eingeschrieben.[3])

Denselben Vorbedingungen und Formalitäten unterlag auch die Erteilung des Landbürgerrechts d. h. die Aufnahme solcher Personen ins Bürgerrecht, die ihren Wohnsitz in der Landschaft Überlingen hatten, nur dass in diesem Fall ein Minimalvermögen von 200 fl. gefordert wurde.[4])

2) Die „Aufenthaltung" des Bürgerrechts und die Entlassung aus demselben.[5])

„Aufenthalten" wurde das Bürgerrecht denjenigen Bürgern, die für längere Zeit aus der Stadt ziehen und an einem anderen Ort sich „haushäblich" niederlassen wollten, sofern dieselben beim kleinen Rate darum einkamen. Sie mussten dem kleinen Rate die eidliche Versicherung abgeben, alle Schulden in der Stadt vor ihrem Weggang zu bezahlen bezw. mit ihren Gläubigern sich abzufinden, und als Ausbürger den Stadtgeboten entsprechend leben, insbesondere die jährliche Steuer ordnungsgemäss entrichten zu wollen. Derselbe Eid in Schuldsachen wurde auch denjenigen vom kleinen Rate abverlangt, die das Bürgerrecht aufgaben. Dieselben waren überdies gehalten, in 14 Tagen die Stadt zu verlassen und binnen 5 Jahren nach Überlingen nicht mehr zu dauerndem Aufenthalt zurückzukehren.

---

[1]) cfr. die Ratsprotocolle v. 25. März 1596 und 11. Januar 1619.
[2]) cfr. die Satzungen des XVII. Jahrh. Tit. 35.
[3]) cfr. die vorhandenen Bürgerbücher.
[4]) cfr. Ratsprot. vom 22. Januar 1612.
[5]) cfr. die Satzungen des XVII. Jahrh. Tit. 35 und 41.

3) Die Erteilung der „michi", d. h. die Annahme von Satzbürgern.[1]) Michimann oder Satzbürger konnte in Überlingen jeder werden, der einen „eingesessenen und häbigen" Bürger als Bürgen stellte, der sich in Gegenwart des gesessenen Rates persönlich und durch Unterschrift bereit erklärte, den um die Michi[2]) sich Bewerbenden in Krankheitsfällen und bei sonstiger Erwerbslosigkeit aus eigenen Mitteln zu unterhalten, so dass derselbe der Stadt und dem Spital nicht zur Last falle. Die Michileute hatten das Recht „der Wehr und des Harnisch" und waren zu Fron- und Wachdiensten und ihre Frauen zur Krankenpflege verpflichtet. Sie wurden in einen Michirotel eingezeichnet.[3])

4) Die Controle der städtischen Finanzverwaltung und der Spitalverwaltung.

An der Spitze der städtischen Finanzverwaltung standen zwei Stüblinsherren,[4]) auch Rentstüblinsherren oder Seckelmeister genannt, und als deren technischer Gehülfe ein Stüblinsschreiber. Die Stüblinsherren waren die beiden höchsten Cassenbeamten Überlingens. Sie hatten die Stadtcasse in Verwahrung, vereinnahmten als Centralstelle die sämmtlichen Einkünfte und besorgten die Abführung der für die einzelnen Ausgabezwecke (z. B. für Besoldungen und Löhne) nötigen Summen. Insbesondere war den Stüblinsherren die städtische Schuldenverwaltung anvertraut. Ferner lag in ihren Händen das directe Steuerwesen, die Steuereinschätzung und Erhebung (cfr. weiter unten, cap. III.) und die Überwachung der Beamten der indirecten Steuern: der Ungelderherren und der Zoll- und Marktbeamten. Alljährlich am Ende des Finanzjahres, das mit dem Überlinger Regierungsjahr übereinstimmend

---

[1]) Arch. I, 52, 147. Satzung d. a. 1560.
[2]) Eine Etymologie dieses Wortes vermögen wir nicht zu geben.
[3]) cfr. die Ratsprotocolle v. 10. Nov. 1605 und 19. Nov. 1609.
[4]) cfr. Arch. II, 4, 21. Bestallungsbuch d. a. 1550—1594. s. v. Stübliusherren, und Vorbericht zur Stadtrechnung. Mscr. der alten Ratscanzlei aus dem 16. Jahrh.

von Sonntag Trinitatis zu Trinitatis ging. leisteten die Stüblinsherren dem kleinen und grossen Rat auf Grund sehr säuberlich (wenn auch nach unseren Begriffen unsystematisch cfr. weiter unten, cap. III.) geführter Jahresrechnungen, Rechnungsablage, und das Gleiche geschah dem kleinen Rat gegenüber zur vorläufigen Déchargeerteilung alle Fronfasten d. h. jeweils an Ostern, an Pfingsten, im Herbst und an Weihnachten.

Die Leitung des Spitals (cfr. pag. 42 u. cap. III.) war zwei Spitalpflegern und einem Spitalschaffner als Wirtschaftsadministrator übertragen.[1]) Deren directer Vorgesetzter war der alte Bürgermeister,[2]) der nebenbei auch tutelam et curatelam honorariam über Wittwen und Waisen hatte. Der Altbürgermeister berichtete vierteljährlich dem kleinen Rat über die Lage, speciell die Finanzlage des Spitals, und der kleine Rat erliess dementsprechend eventuelle Verfügungen. (z. B. über die Aufnahme von Pfründnern. cfr. cap. II.)

5) Die Überwachung der städtischen Ausvögte und spitälischen Amtleute.[3])

Die städtische und spitälische Landschaft, bestehend aus 3 Vogteien und 5 Spitalämtern (cfr. cap. III.) hatte, wie bereits erwähnt, als gemeinsamen Gerichtshof das aus städtischen und spitälischen Beamten combinirte Landgericht, dessen Competenz, da die Grafen von Heiligenberg die Gerichtsoberherren der Landschaft waren, allein die niedere Gerichtsbarkeit umfasste.[4]) Ebenso bildete das städtische Rentamt, das Rentstüblin für beide Teile der Landschaft die Centralstelle, an die von Seiten der Vogteien alle Einnahmen direct, von Seiten der spitälischen Dörfer die directen

---

[1]) cfr. die städt. Ratswahlbücher und oben cit. Bestallungsbuch.
[2]) cfr. Arch. I, 46, 445 pag. 19.
[3]) Über die Verwaltung der Landschaft cfr. Anlagebuch der städtischen und spitälischen Dörfer d. a. 1578 Vorbemerkungen, und Arch. I, 52, 141 a. Ordnung in des Spitals Gerichten d. a. 1532. Dazu die pag. 20 Anm. 3 angegebenen Quellen.
[4]) cfr. Münchner Commiss-Bericht (cfr. pag. 43 Anm. 2.) Abschnitt III u. XII. cfr. pag. 8 Anm. 4.

Steuern durch Vermittlung der Spitalpfleger, die Einkünfte der indirecten Steuern aber unmittelbar abgeführt werden mussten (cfr. weiter unten, cap. III.). Dagegen teilte sich in den localen Unterbehörden die Verwaltung der Landschaft insofern, als die spitälischen Amtleute vom Spital, die städtischen Ausvögte von der Stadt eingesetzt wurden. Doch mussten in besonderen Verwaltungsangelegenheiten, z. B. in Bausachen der spitälischen Amthäuser und der städtischen Vogteischlösser alle Beamte der Landschaft beim kleinen Rat vorstellig werden, und es konnten die Mitglieder des kleinen Rates jederzeit „zur Schau" d. h. zu ausserordentlicher Revision „auf die Landschaft reiten". Die obersten Verwaltungsbeamten der Vogteien hiessen **Ausvögte**. Ausvögte waren in der Regel Überlinger Patrizier[1]) mit dem Sitz in Überlingen, die in den Vogteien durch einen Vogt, der im Vogteischloss wohnte, sich vertreten liessen. Jedem Vogt war ein **Amtmann** unterstellt und ausserdem existirte in den grösseren Dörfern eine besondere Dorfbehörde: ein Amman und Dorfpfleger.

Den Spitalämtern stunden Amtleute (bisweilen auch Stabhalter betitelt) vor, den grösseren Spitaldörfern **Ammane und Dorfpfleger**.

Ende November des Jahres 1551 lief in Überlingen ein kurzes Handschreiben[2]) Karls V. aus Innsbruck ein, das dem Rate die Ankunft des Hofrats Heinrich Has, des Abtes Gerwig von Weingarten und eines weiteren ksl. Rates Sigmund v. Hornstain ankündigte und denselben aufforderte, der ksl. Commission, „die etliche Sachen bei Euch zu verrichten, willfarig und gehorsam zu sein". Ein zweites Schreiben Karls V. vom 5. December 1551[3]) erläuterte dann den Auftrag dieser Com-

---

[1]) a. 1578 z. B. in Ramsberg Junker Franz v. Reichlin-Meldegck, in Ittendorf Jkr. Veit Schochner, in Hohenbodman Jkr. Caspar Mader.

[2]) cfr. Arch. I, 52, 143. Acten der von Carl V. durch die sog. hasische Commission verfügten Regiments- und Ratswahländerung. Schreiben vom 16. November 1551.

[3]) l. c.

mission dahin: aus beweglichen stattlichen Ursachen das Regiment mit Besatzung Rats und Gerichts, wie bei etlichen anderen Städten geschehen, zu ordnen und in ain Richtigkeit zu bringen." Doch sei nicht Missfallen an der bisherigen Regierung die Ursache des ksl. Auftrages, dieser vielmehr lediglich darum erteilt, „damit durch guete Fürsehung alle erbare Pollicey und Verwaltung der Oberkait hinfüro um so viel desto statlicher bei Euch erhalten werde." Ein Zweifel darüber, was die Commission wirklich sollte, konnte hiernach beim Rate nicht mehr bestehen. Derselbe antwortete[1]) denn auch sogleich, an demselben 10. December noch, wo er die ksl. Botschaft erhalten: Das ksl. Unternehmen gereiche dem Bürgermeister und Rat in Überlingen „zu Schimpf und Spott". Der Rat komme bei der Gemeinde in den Verdacht, durch schlechte Regierung „den Verlust der von den Eltern überkommenen Freiheiten und die ganze Änderung verursacht zu haben". Auch hätten die Räte das Ansinnen des Kaisers „zur Verhütung allerlei Unrats nit vor die Gemaind kommen lassen, dieweil wir wissen, dass sie von der Freihait der Zunfften und dem Gebrauch der jährlichen Ratsbesatzung nit gern kommen oder weichen, vielleicht vermeinen werden, sich zu widersetzen und handeln was nit gut". Zum Schluss baten die Ratsherren den Kaiser „mit allem Ernst", er möge eine bessere Meinung von ihnen annehmen.

Aber vergebens. Karl V. hatte, getreu seinem Grundsatz, durch Bekämpfung der Zünfte in den Städten der Reformation den Boden zu entziehen,[2]) die Aufhebung der alten Zunftverfassung und die Errichtung eines oligarchischen Geschlechterregimentes in Überlingen beschlossen, und dabei bliebs. Frühjahr 1552 trafen die genannten Commissäre in Überlingen ein und vereinbarten mit Hilfe eines Bürger-

---

[1]) l. c.
[2]) Dass wirklich kirchenfeindliche Neuerungsbestrebungen Karl V. den Anlass zur Verfassungsänderung in Überlingen gegeben haben müssen, geht aus der an verschiedenen Stellen des karolingischen Verfassungsgesetzes scharf hervortretenden Betonung des christlich-katholischen Charakters der neuzuwählenden Ratsmitglieder hervor. Zu wählen seien: christliche, friedliebende und besonders solche Leute, die der alten, wahren christlichen Religion anhängig sind. cfr. l. c. Demgegenüber erscheint der Vorwurf der Schwerfälligkeit der älteren Verfassungsformen, mit dem Carl V. seinen Eingriff motivirte, als ein blosser Vorwand.

ausschusses, den die Stadt auf ksl. Befehl zur Verfügung stellen musste, und unter der Leitung des Hofrats Has (mit Bezug auf welchen die ganze Änderung nachmals die hasische Regimentsänderung hiess) die neue Verfassung. Diese legte alle Regierungsgewalt in die Hände eines kleinen, aus 17 patrizischen Mitgliedern bestehenden Rates, dem ein Directorium von fünf geheimen Räten: 3 alle 4 Monate im Amte wechselnde Bürgermeister und zwei weitere geheime Räte präsidirten. Dazu wurde ein grosser Rat von 77 Personen eingesetzt, der aber nur mit Willen und auf Antrag des kleinen Rates zusammentreten durfte. Das Unterstadtgericht, das relativ am meisten intact blieb, erhielt, vom Amman abgesehen, 12 Räte und sollte thunlichst alle Fälle zur Entscheidung bringen, doch verlor darum der mit den Richtern vereinigte kleine Rat seinen Charakter als Appellationsinstanz und peinlicher Gerichtshof nicht. Sämtliche Mitglieder sämtlicher Collegien wurden insofern auf Lebzeiten gewählt, als die jährlich abzuhaltenden Ratswahlen lediglich dazu dienen sollten, wo der Tod, Krankheit oder schlechte Amtsführung eine Lücke geschaffen hatten, diese durch ein auf dem Princip der Wahlmännerwahl basirendes Cooptationsverfahren[1]) zu ergänzen. Ausserdem wurden die 7 Zünfte aufgehoben.[2]) Der Rat musste die Zunfthäuser und Zunftvermögen zu seinen Händen bringen und den Kauferlös daraus in die Stadtcasse legen. Nur 4 Trinkstuben, neben der Geschlechterstube und der neugeschaffenen Ratsstube, erlaubten die ksl. Commissäre der Bürgerschaft „zur Abhaltung ehrlicher Gesellschaften und Hochzeiten", und selbst diese nur unter dem Vorbehalt, dass der kleine Rat die Wirte und Stubenmeister setze und die Stubenordnung mache.

Selbstverständlich petitionirte die Stadt, sowie Karl V. ab-

---

[1]) Der kleine Rat wählte mit Stimmenmehrheit aus seiner eigenen Mitte 3 Wahlmänner, von denen 2 Mitglieder des geheimen Rates sein mussten. Sodann erwählte das Unterstadtgericht einen 4. und der grosse Rat einen 5. Wahlmann gleichfalls aus dem Kreise der Kleinräte. Diese 5 Wahlmänner ergänzten durch Majoritätswahl die event. Lücken des kleinen Rates und der so event. neucompletirte kleine Rat besetzte endlich gleichfalls durch Majoritätswahl die event. erledigten Bürgermeister-, Gerichts- und Grossratsherrenstellen. cfr. l. c.

[2]) Das Nähere darüber cfr. pag. 37.

gedankt, bei seinem Nachfolger Ferdinand I. um Aufhebung des octroyirten Regimentes, — die Bürgerschaft hatte zur Besetzung des Rates „mit Gewalt erforderet werden müssen", — „das dem Sinne des gemeinen Mannes eingeleuchtet hat wie spanische Dörfer", und Herstellung der „alten freyen unverpindlichen Wahl".[1]) Auch gab Ferdinand im Jahr 1559[2]) dem Überlinger Bürgermeister Han die Erlaubnis dazu, nahm aber vorerst die Metzger- und Schneiderzunft von der Restitution aus, so dass der kleine Rat zunächst nur 24, der grosse nur 71 Mitglieder zählte, und belegte die restituirten Zünfte mit dem Namen Quartiere. Vier Jahre später[3]) durfte auch die Metzger- und Schneiderzunft sich wieder aufthun, die Bezeichnung Zunft wieder angenommen werden und damit war „die uralt Ordnung in integrum restituiret".[4]) Karl V. hatte also Bleibendes nicht schaffen können und der Volkswitz rächte sich nachmals an dem Hauptwerkzeug Karls V. bei allen Ratsänderungen, dem Hofrat Has von Laufen: Zu Überlingen habe der Has die Zunftmeister gefressen, aber bald davon laufen müssen.[5])

Wir haben im Vorhergehenden, überblicken wir kurz das Ergebnis unserer Verfassungsskizze, vier Perioden der Überlinger Verfassungsgeschichte kennen gelernt: die Urperiode reichend von c. 770 bis c. 1191, während welcher der Fronhof sich zur Marktstadt erweiterte; die Stauferherrschaft von c. 1191 bis 1268 mit ihrem Geschlechterregiment und der grund- und landesherrlichen Ammanverwaltung; die reichsstädtische Periode und die Zunftverfassung von 1268 bis 1552; endlich in den Jahren 1552 bis 1563 die Rückkehr der Geschlechterherrschaft durch den Gewaltact Karl V., deren Wiederbeseitigung und die Wiederaufrichtung der alten Zunftverfassung, die nachgehends bis zur Mediatisirung und

---

[1]) cfr. l. c. Die Schlusssupplication vom 6. Juli 1559.
[2]) cfr. Oberrh. Z. Bd. 22 pag. 267. Privileg Ferdinands vom 10. Juli 1559. cfr. auch pag. 24 Anm. 2. l. c. pag 100.
[3]) cfr. Oberrh. Z. Bd. 22 pag. 267. Priv. Ferdinands vom 24. Januar 1563.
[4]) Arch. l. c. Relation über die Wiederherstellung der 7 Zünfte d. d. 25. Januar 1563.
[5]) notirt aus einer der Stadtchroniken ohne nähere Quellenangabe. cfr. übrigens Oberrh. Z. Bd. 22 pag. 267 Anm. 1. und altera versio bei Sevin Häuserb. pag. 18.

dem Anfall Überlingens an Baden im Jahr 1802 im Ganzen unverändert Stand hielt.

Überlingen war also mehr als fünfhundert Jahre, von 1268—1802, eine Reichsstadt, und während dieser langen Zeit führten die Zünfte — vom Staatsstreiche Carls V. abgesehen — im Verein mit den Geschlechtern, und zwar in einem Majoritätsverhältnis zu den Geschlechtern von durchschnittlich 7 zu 1 (cfr. pag. 36), ununterbrochen das Regiment. Damit ist die hervorragende politische Rolle der Überlinger Zünfte ausreichend gezeichnet. Über ihre wirtschaftliche Bedeutung aber und hiemit im Zusammenhang über das in Zünften organisirte Gewerbe- und Wirthschaftsleben des mittelalterlichen Überlingen giebt die Überlieferung noch folgende Bemerkungen an die Hand.

Das Wahrzeichen unter dem Überlingen im Laufe des 12. Jahrhunderts aus der Gruppe der nach heutigen Massen etwa als grossbäuerlich zu qualificirenden Gutsherrschaften am Bodensee ausschied und sich der politisch und wirtschaftlich höher vereigenschafteten Gruppe städtischer Gemeinwesen angliederte, war das Zeichen des Marktes. Figürlich gesprochen waren die Attribute des Überlinger Marktes seit den ältesten Zeiten der Weinstock und die Ähre, jene ureigensten Symbole landwirtschaftlicher Bodencultur. Der Weinhandel und der Fruchthandel beherrschten den Überlinger Markt von Anfang an ausschliesslich, und der Weinbau und das mit dem Fruchthandel nahverwandte Bäckerei- und Müllereigewerbe waren die ältesten Bethätigungsformen des städtischen Wirthschaftslebens.

Bereits die Stadtsatzungen des 13. und 14. Jahrhunderts (und in höherem Masse noch die der späteren Jahrhunderte) sind geradezu überladen mit auf den Weinbau und Weinhandel bezüglichen Vorschriften und legen dadurch Zeugniss ab für die hohe Bedeutung, die man schon damals der Weinkultur in Überlingen beimass. Für ganze Klassen der Bevölkerung teilte sich das Erwerbsjahr nach oinologischen Gesichtspunkten. Die städtischen Lohnordnungen schieden die Lohnhöhe eines Teils nach der Zeit, „so man us den torgeln (Keltern) gat unz an die liehtmisse", und andererseits nach der Periode „von der liehtmisse unz an den herbst, das man win mot".[1]) Zum Schutze der einheimischen Weinproduction war auf das mutwillige Zerstören von Rebanlagen die Todesstrafe gesetzt, „den sol man vom houpt tuon",[2]) und gleichzeitig ward zur Aussperrung der fremden Concurrenz den Bürgern der Ankauf fremden Weines, „der in unser wingarton ether nüt wahset", bei Strafe untersagt.[3]) Dagegen wurde quasi als Exportprämie auf die Weinausfuhr denjenigen Fremden, „die win kouffen und verfürn went", ein besonderer Schutz gegen Gerichtsklagen von Seiten ihrer eventuellen Überlinger Gläubiger zugesichert.[4]) Diese beiden letzteren Gesetze verraten bereits zeitweise Überproduction. Auch mag als Beweis für die Ergiebigkeit des Weinbaus die Thatsache dienen, dass die einzige hofrechtliche Abgabe auf welche die Stadt, offenbar der reichen Herbsterträge und der Billigkeit der Weine wegen, kein Gewicht legte, ein „kantli wines" war, während jede weitere Leistung Minderung des Burgrechtsschutzes zur Folge hatte;[5]) und weiter soll im Jahr 1494 der Kalk in Überlingen „mehrenteils mit wein, so man in dem Dorff ausgeschütt", angemacht worden sein.[6])

Dass sodann auf dem jeweils Dienstag abgehaltenen Markte des 14ten Jahrhunderts neben dem Weinhandel der Kornkauf, in concreto der Veesen- und Roggenkauf an erster Stelle kam, geht aus folgender Satzung hervor, deren détailirte Bestimmungen über das „brotbachen" und die „brotbeken" überdies beweiskräftig sind für die wichtige öffentliche Aufgabe der Sorge für den Brotbedarf Überlingens, die dem Beckergewerbe zufiel. Zur Erkundigung der „kornkoff" werden eigens „dri von dem rat" erwählt, „di des marktz löff erkunnen", dem Rat darüber referiren, der auf Grund ihres Gutachtens die Brotpreise normiren will. Und die Becker müssen „dri under irem antwerk erwelen,

---

[1]) cfr. Oberrh. Z. Bd. 29 pag. 312, Satzung d. a. 1330.
[2]) cfr. l. c. Bd. 29 pag. 309 Satzung der 2 Hälfte des 14. Jahrhunderts. cfr. auch pag. 47.
[3]) cfr. l. c. Bd. 29 pag. 300 Satzung v. c. 1298.
[4]) cfr. l. c. Bd. 29 pag. 302 Satzung v. c. 1298.
[5]) cfr. l. c. Bd. 29 pag. 301. Satzung von c. 1298.
[6]) cfr. Sevin Häuserb. pag. 33.

die selben dri vor dem rat sweren sont, das si versehen und versorgen, das der markt âne brot iht si, und wenn die selben dri under irem antwerk verkünden, das er bach, der sol das tuon".[1]) Die Bedeutung des Müllereigewerbes aber wird uns gleichsam versteinert in monumentaler Urkunde vor Augen geführt. Am Hauptthurme der Überlinger Münsterkirche zu St. Nikolaus, deren Grundstein am 13. Mai 1353 gelegt wurde,[2]) finden wir die Breite des Mühlbachs, durch den die 5 wichtigsten Überlinger Mühlen, die sog. Rietmühlen (cfr. pag. 39) getrieben wurden, durch ein in den Stein eingelassenes eisernes Mass verewigt. Die beigefügte Steininschrift lautet: dis ist des milibachs witi am riet zu den V. muilinen.[3]) So wie die Nachbarstadt Konstanz in früheren Jahrhunderten an ihrem St. Stephansthurm das Normal-Leinwandmass anbrachte und damit der Nachwelt die Wichtigkeit des Konstanzer Leinwandhandels bekundete, in gleich practischer Weise hat Überlingen mit obiger, das normale Mühlbach-Breitemass enthaltenden Steininschrift seinem Müllereigewerbe ein Denkmal gesetzt. Kein Wunder desshalb, dass auch die Rebleute und Becker zuerst von dem Zunftprivileg Kaiser Albrechts I.[4]) Gebrauch gemacht und zur genossenschaftlichen Organisation ihrer Gewerbe in einer „reblüt-" und „brotbekkenzunfft" sich zusammengethan zu haben scheinen. Eine Satzung vom Jahr 1364[5]) enthält die erste namentliche Nennung der Rebleutzunft und das bereits citirte Beckerstatut die erste Nennung der Beckerzunft. Da aber schon das Wahlgesetz von 1333 von mehreren Zünften[6]) und eine noch ältere Satzung von c. 1298[7]) von Zunftmeistern, also von Zunftvorständen im Plural spricht, so ist nicht daran zu zweifeln, dass schon ausgangs des 13ten Jahrhunderts

---

[1]) cfr. Oberrh. Z. Bd. 29 pag. 319 ff. Satzung der II. Hälfte des XIV. Jahrhunderts.
[2]) cfr. L. Allgeyer. Die Münsterkirche zu St. Nikolaus in Überlingen 1879. pag. 16.
[3]) cfr. Sevin Häuserb. pag. 27.
[4]) cfr. Oberrh. Z. Bd. 22 pag. 19.
[5]) cfr. l. c. Bd. 29 pag. 318.
[6]) cfr. l. c. Bd, 29 pag. 316: ieglichü zunft sol ällü jar ainen zünft- maister setzzen etc.
[7]) cfr. l. c. Bd. 29 pag. 295.

eine Mehrzahl von Werkleutzünften[1]) in Überlingen existirt haben muss. Vielleicht waren es anfänglich deren fünf, worauf die gelegentliche Erwähnung von 5 Zunfthäusern in einem Statut des beginnenden 15ten Jahrhunderts[2]) und möglicherweise auch der Umstand hinweist, dass Ferdinand I. bei der Restitution der alten Verfassung nur fünf Zünfte genehmigen wollte.

Vom Jahr 1426[3]) an dagegen und von da ab durch alle Jahrhunderte werden sieben Zünfte beibehalten. Bis 1474[4]) gab es eine Rebleut-, Becker-, Schuhmacher-, Küfer-, Schmiede-, Metzger- und Gerberzunft, welch letztere aber 1474 aufgehoben wurde. An ihre Stelle trat 1482[5]) die Fischerzunft, in der auch die Schiffleute untergebracht waren.

Als jährlich zu wählenden Zunftvorstand bezeichnen die Satzungen von 1333 und gleichlautend damit die Zunftordnungen des Jahres 1482 und die späteren[6]) einen Zunftmeister, dem ein alter Zunftmeister und ein Zunftausschuss von 11 Zunftgenossen (ob in Anlehnung an das altstaufische Elf-Ratsherrencollegium?) beigeordnet waren. Die 7 neuen oder Amtszunftmeister wählten jährlich unter sich ein Oberhaupt, einen Oberstzunftmeister zum Sprecher der Zunftgemeinde in eigener Sache und bei den Ratsverhandlungen. Während die Gewerbepolizei über Zunftgenossen seit alter Zeit von den Zunftmeistern und den Elfern ausgeübt wurde, erhielten diese die niedere Strafgerichtsbarkeit über Vergehen, die auf den Zunftstuben vorkamen, erst im Jahr 1461.[7]) Der Amman

---

[1]) Über die Praexistenz der Geschlechtergesellschaft ist pag. 16 bereits berichtet. Dieselbe wird auch u. W. vor dem 17. Jahrhundert niemals Zunft, sondern immer: die Geschlechtergesellschaft, die „ellteren Geschlechtergesellschaft" und, als sie ihr Gesellschaftshaus zum Löwen erbaut hatte, gewöhnlich der „Lew" genannt. Zusammengefasst mit den Zünften als ac' te Zunft ist der Lew erstmals in einen Musterrotel vom 20. Juli 1615. cfr. Arch. I, 59. 679.

[2]) cfr. Arch. I, 51, 130

[3]) cfr. l. c. Statut d. a. 1426.

[4]) cfr. Sevin Häuserb. pag. 18.

[5]) cfr. Arch. II. 15. 133. Zunftbücher des Jahres 1482.

[6]) cfr. Oberrh. Z. Bd. 29 pag. 316 u. 320; Zunftbücher d. a. 1482. u. Archiv. II, 9—17, No. 82—161, Zunftordnungen des 16.—18. Jahrhunderts, speciell No. 86 Zunftordnung d. a. 1564.

[7]) cfr. Arch. I. 51. 130.

und die Richter, heisst es in dem betreffenden Statut, sollen füro von den Zünften absein und auf den Zunftstuben nicht mehr gebraucht werden;[1]) jedoch wenn einer seinen Eid oder seine Ehre übersieht mit falschem Gewicht, oder wenn einer den andern wundet oder das Messer zückt, so bleibe dies dem Amman und Rat überlassen. Die Verwaltung der Zunftvermögen besorgten 2 aus den Elfern genommene Pfleger, die Handhabung der Trinkstubenordnung 4 Christafel oder Urttenmaister. Von einer vorübergehenden Periode der Gewerbefreiheit im 15. Jahrhundert abgesehen, wo „alle Gewerbe jedermann frei sein" sollten, „damit der gemain mann arm und rich sein Narung desto besser haben möge", herrschte Zunftzwang. Wer als Meister ein Gewerb in Überlingen treiben wollte, musste der entsprechenden Zunft beitreten. Wer aber „kein gelert handwerk kann" musste sich, Patrizier ausgenommen, derjenigen Zunft anschliessen, unter die ihn die Zunftmeister „stiessen". Das Eintrittsgeld betrug im 14. Jahrhundert 1 ℔ 5 β, später 2 ℔, 5 β.

Diese einfache und seit Jahrhunderten eingelebte Zunftorganisation warf Carl V. im Jahr 1552 mit einem Federstrich über den Haufen und setzte an ihre Stelle vier Quartiere und 4 Quartierherren, denen in der Regel je 3 Obleute jeder einzelnen Gewerbegruppe zur Seite standen. Gewerbegruppen gab es nach der ksl. Gewerbeordnung c. neun.[2]) Eine Gruppe: 1) der Becker und Müller, 2) der Metzger und Ledergerber, 3) der Schneider, Gewandschneider, Tuchscherer und Barchathändler, 4) der Schuhmacher, Balbierer, Mertzler und Grempler, 5) der Schreiner, Dreher, Wagner, Glaser, Seiler und Zimmerleute, 6) der Maurer, Hafner und Steinmetzen, 7) der Schmiede, Sporer, Büchsenschmiede und Goldschmiede, 8) der Rebleut und Küfer, 9) der Fischer und Fuhrleute.

Im Jahr 1563 zogen dann mit der alten Ratsordnung auch die 7 alten Zünfte wieder ein. Unter diesen ging die Rebleut- und Beckerzunft noch in späteren Zeiten allen andern an

---

[1]) Vor dem Aufkommen der Schadenstrafer (cfr. pag. 20) übte also das Oberstadtgericht die niedere Strafgerichtsbarkeit aus.

[2]) Soweit aus den begreiflicherweise nicht stricte durchgeführten und in ständigem Fluss erscheinenden Gewerbenovellen jener Tage zu ersehen ist. cfr. Arch. II, 11—22 No. 95—153.

Einfluss und Bedeutung voran. Die Rebleute brachten es zuerst im Jahr 1402 zu einem eigenen im Dorfe gelegenen Trinkhaus, dem „Wolf" genannt, dessen Stiftungsbrief von 46 Mitgliedern unterzeichnet ist,[1]) und ihr zunächst folgte im Jahr 1410[2]) die Beckerzunft, die anscheinend damals 57 Zunftgenossen zählte. Die übrigen Zunfthäuser dürften kurz darauf (cfr. pag. 36 Anm. 2), der Leu aber erst ums Jahr 1474 erbaut worden sein, von wo ab die patrizischen Grossräte den Namen Elfer im Löwen führten (cfr. pag. 21).

Auch numerisch waren die Rebleut und Becker den andern Zünften relativ stark überlegen. Ein Auszugsregister vom Jahr 1486,[3]) in dem die Zahl der waffenfähigen Zunftmitglieder gebucht ist, verpflichtete die Rebleutzunft zur Stellung von 150 Mann, die Beckerzunft zu 100 Mann. Dem stunden als Aufgebot der übrigen Zünfte 386 Mann gegenüber. Davon stellte die Küferzunft 107 Mann und jede der andern Zünfte zwischen 60 und 80 Mann. Hiebei ist aber wohl zu berücksichtigen, dass die Rebleutzunft ausschliesslich Rebleute, und die Beckerzunft zwar die verschiedenen Arten von Beckern, die Süss- und Sauerbecken, ausser diesen aber nur noch die Müller umfasste,[4]) während andererseits gerade die Küferzunft,[5]) die absolut betrachtet die Beckerzunft numerisch überholte, sich aus den vielfach heterogensten Gewerben, dem Goldschmiedegewerbe und Maurerhandwerk z. B., zusammensetzte, und ähnlich so die anderen Zünfte.[6])

Bringt man diese Zahlen, deren Gültigkeit als Verhältniszahlen der gewerblichen Gliederung Überlingens durch die annähernde Concordanz eines zweiten Musterrotels vom

---

[1]) cfr. Arch. II, 15, 129. Satzungsbrief der Rebleutzunft von Donnerstag vor St. Walpurgtag (27. April) 1402.
[2]) cfr. Überl. Stadtchronik von Rossheim I, 267/68, Mscr. der Stadtbibliothek.
[3]) cfr. Arch. I, 59, 676.
[4]) cfr. Arch. II, 15, 135. Zunftbuch der Rebleut d. a. 1482 u. l. c. III, 12, 93, Zunftbuch der Becker ej. a.
[5]) cfr. Arch. III, 12, 114, Zunftbuch der Küfer ej. a.
[6]) cfr. z B. Arch. III, 12, 151, Zunftbuch der Schuhmacher ej. a. enthaltend die Krämer und Mertzler (Spezereihändler).

Jahr 1615[1]) noch gestützt wird, mit dem Befund jener älteren Wirtschaftsstatute des 14ten Jahrhunderts in Verbindung, so erscheint die landwirtschaftliche Berufsthätigkeit des Weinbaus bereits im Mittelalter unter allen Berufsarten Überlingens am stärksten vertreten und von der Obrigkeit am meisten gehegt. Und darnach kam das Bäckerei- und Müllereigewerbe. Auf diesen zwei Gebieten, im Weinbau und Kornhandel und den damit verzweigten Gewerbsarten hat Überlingen in den Tagen seiner Reichsunmittelbarkeit jeder Zeit[2]) mit einer gewissen imponirenden Grossartigkeit (cfr. pag. 45 ff.) seine wirtschaftlichen Kräfte entfaltet; hingegen mangelte ihm der Gewerbereichtum, den man bei mittelalterlichen Reichsstädten gemeinhin vorauszusetzen pflegt. Sein Gewerbeleben hielt sich dauernd in dem engen Rahmen der sieben alten „Werklützünfte". Die vornehmeren Gewerbe, beispielsweise die Gold- und Waffenschmiede, gelangten niemals zur Selbständigkeit einer eigenen Zunft, und was sonst an Gewerben den Zünften noch affilirt war (cfr. pag. 37 die ksl. Gewerbegruppen), entsprach lediglich solchen Culturbedürfnissen, die heutzutage auf jedem grösseren Bauerndorfe befriedigt werden. Vom ökonomischen Gesichtspunkt aus war Überlingen auch nach seiner Marktgründung im Wesentlichen weiter nichts, als eine Rebbauern-Kolonie, versehen mit den zur Wirtschaftsführung notwendigen Handwerkern und Gewerbetreibenden und einem Marktplatz, aber — eine reiche und volkreiche. Für Letzteres nun noch einige Belege.

Den günstigen Stand der Überlinger Finanzen im Mittelalter bezeugen vor allem die grossartigen Gebietserwerbungen Überlingens im Laufe des 15. und anfangs des 16ten Jahrhunderts. Hierher gehören:

1) Die Erwerbung der Rietmühlen. Die sog. Rietmühlen, die teilweise heute noch existiren, lagen im Osten von Überlingen einige Hundert Schritt von der Stadt entfernt und erhielten ihre Wasserkraft von dem

---

[1]) cfr. Arch. I, 59, 670, Musterrotel v. 20. Juli 1615. Nach demselben stellte die Wolferzunft 93, die Bäckerzunft 94, die Küferzunft 123 Mann; die übrigen Zünfte hatten zwischen 70 und 80 Waffenfähige.

[2]) cfr. z. B. Muchow l. c. pag. 5. Den Überl. Kornhandel des 16ten Jahrhunderts betr.

Rietbach. Zwar nicht die einzigen Mühlen Überlingens waren die Rietmühlen aber doch der eigentliche Sitz des städtischen Müllereigewerbes. Mit ihren Wohnhäusern und Fruchtspeichern bildeten die 4 bezw. 5 [1]) Rietmühlen ein ganzes Mühlenviertel, eine Mühlenvorstadt. Dieselben kamen im Jahr 1268 als staufisches Erbe an das Reich und wurden zunächst von Rud. v. Habsburg im Jahr 1277[2]) an Gozwin v. Hohenfels und dessen Erben um 100 Mark lötigen Silbers als Reichslehen verpfändet, eine Pfandschaftssumme, die nachmals K. Adolf im Jahre 1298[3]) auf 120 Mark erhöhte. Anno 1335[4]) wechselten die Mühlen vorübergehend ihren Pfandherrn. K. Ludwig belehnte für 100 Mark lötigen Silbers Constanzer Gewichts den Landvogt von Oberschwaben Joh. Truchsäss v. Waltpurch damit, dessen Nachkomme Otto aber ihren Pfandbesitz im Jahr 1353[5]) für die gleiche Summe an die v. Hohenfels wieder abtrat. Endlich erlaubte K. Sigmund am 30ten Juni 1415[6]) der Stadt Überlingen gegen einen Vorschuss von 1000 rheinischen Gulden, die Rietmühlen (sammt der Reichsmünze) von den Erben des im Mannesstamme ausgestorbenen hohenfelsischen Geschlechtes um die Gesammtpfandsumme von 320 Mark Silber abzulösen und bestätigte die geschehene Ablösung nachgehends durch Urkunde vom 18. März 1417.[7]) Durch letztere Urkunde kam Überlingen auch noch in den Besitz der ursprünglich gleichfalls dem Reiche gehörigen: „mulinen an dem (burg-) graben." Mit Ausnahme der „unteren Mühlin", die erst am 7. Septbr. 1568[8]) der Familie Schochner um 1500 fl. abgekauft wurde, hat mithin die Stadt im Laufe des 15ten Jahrhunderts

---

[1]) cfr. pag. 35. 4 Mühlen verzeichnet die Urk. K. Rudolfs, cfr. Anm. 2.
[2]) cfr. Arch. I. 4, 51 Urk. vom 31. März 1277.
[3]) cfr. l. c. No. 53. Urk. vom 8. Juli 1298.
[4]) cfr. l. c. No. 54. Urk. v. 17. Januar 1335.
[5]) cfr. l. c. No. 56. Urk. v. 19. Juli 1353.
[6]) cfr. Oberrh. Z. Bd. 22 pag. 31.
[7]) cfr. Arch. l. c. No. 59.
[8]) cfr. Ratsprotocoll 7. Septbr. 1568.

sämmtliche Überlinger Mühlen „zu gemeiner Statt gezogen" oder modern gesprochen verstaatlicht. Sie that diese Mühlen an zuverlässige Bürger als ehrschätzige Mannlehen aus und erhob z. B. von den Rietmühlen einen jährlichen Zins von 40 Malter Kernen und 5 ₰. 10 β.₰ Baargeld.[1])

2) **Die Erwerbung der Vogteien Ramsberg, Ittendorf und Hohenbodman.**[2])

Die Feste und Vogtei Ramsberg 3 Stunden nördlich von Überlingen war bis 1409 als Reichslehen im Besitze verschiedener Rittergeschlechter.[3]) Mit nachträglicher Genehmigung K. Ruprechts verkaufte der letzte Lehensinhaber Ritter Hans v. Honburg dieselbe am 31. August 1409[4]) um 4400 ₰ guter Heller an das Heiliggeist-Spital zu Überlingen, und K. Sigmund erklärte am 9. Juli 1415[5]) die Vogtei zum gefreiten Eigentum des Spitals unter Aufhebung ihrer früheren Lehensqualität.

Daran schloss sich im Jahr 1434 ein zweiter Vogteikauf, der Erwerb der Feste Ittendorf bei Meersburg für 10250 rh. fl.[6]), und im Jahre 1507 ein dritter Vogteikauf, durch den am 5. Januar 1507[7]) das im Norden von Überlingen gelegene Schloss Hohenbodman „mit aller Obrigkeit, Gerechtigkeit, Zugehörde, Zwingen, Bännen, Vogteien, Leuten, Gütern, Renten, Gülten etc." für 7416 rh. fl. 8 β.₰ 10 ₰ aus den Händen des Bischofs Hugo von Konstanz in das Eigentum der Stadt Überlingen, die das Schloss schon etliche Jahre zuvor pfandweise inne hatte, überging.

---

[1]) cfr. Arch. III, 3. 201. Gültenverzeichnis d. a. 1421.
[2]) Bezügl. des Umfangs und wirtschaftlichen Wertes der Vogteien cfr. cap. III. Anf.
[3]) Über die Vorgeschichte Ramsbergs cfr. Arch. I, 13, No. 257—263.
[4]) cfr. Arch. I, 13. 265 Urk. v. 31. Aug. 1409 u. l. c. No. 266 Urk. v. 17. Septbr. 1409.
[5]) cfr. Archiv l. c. No. 268 Urk. v. 9. Juli 1415.
[6]) cfr. Arch. I, 46. 445 pag. 13. deren Vorgeschichte unbekannt ist.
[7]) cfr. l. c. pag. 13. Die Orig.-Urk. mit dem Siegel des Bischofs findet sich im Überl. Stadtarchiv, wir haben aber die Notirung der Archivnummer vergessen.

Diesen Grossgutskäufen zur Seite lief eine Reihe kleinerer Ausgaben, wie die Erwerbung des Ammanamtes im Jahr 1383 für 120 Mark Silber (cfr. pag. 13), der pfandweise Kauf der Reichssteuer für 5000 rh. fl. im Jahr 1415[1]) u. ä., die in summa immerhin einer ganz respectabeln Finanzleistung gleichkamen. Überschlägt man ferner den Aufwand für Prachtbauten (wie Münster und Rathhaus), für Fehden und Städtebündnisse,[2]) die alle ein schön Stück Geld kosten mochten, und überhaupt das Ansehen, dessen sich die Stadt im Reich und bei den Kaisern erfreute — die, um nur eines zu erwähnen, Überlingen zum Oberhof von Kaufbeuren, Memmingen, Wangen, Buchhorn, Ravensburg und anderen Städten machten[3]) —, so kann Überlingen nicht anders als eine im mittelalterlichen Sinne (cfr. cap. II. Ende) reiche Stadt gewesen sein. Wie im Einzelnen die Stadt ihren Finanzbedarf deckte, wissen wir allerdings nicht. Bisweilen (beim Kauf von Ramsberg z. B.) hat das seit 1267[4]) in Überlingen nachweisbare und durch fromme Stiftungen frühzeitig[5]) reichgewordene Hospital zum heiligen Geist die Mittel vorgeschossen; jedenfalls wurden die Hauptsummen aber schon im 13ten Jahrhundert durch Vermögenssteuern der Bürgerschaft (cfr. cap. III.) aufgebracht. Diese zählte im Jahr 1444: 960, und im Jahr 1530: 892 steuerbare Köpfe,[6]) was, sofern sämmtliche Steuerzahler verheiratet und ihre Familien fünf Personen stark gewesen wären, einem Bevölkerungsstand von 4800 bezw. 4460 Seelen entsprochen hätte. Doch legen wir begreiflicher weise auf letztere Zahlen kein Gewicht und begnügen uns damit im Allgemeinen zu constatiren, das Überlingen im Mittelalter stark bevölkert, periodisch sogar übervölkert gewesen

---

[1]) cfr. Oberrh. Z. Bd. 22, pag. 29 Urk. K. Sigmunds v. 25. April 1415.

[2]) cfr. Stadtchronik von Rossheim I pag. 297/99, der in den Jahren 1325—1495 nicht weniger als 16 Städtebündnisse aufzählt, an denen Überlingen Teil genommen.

[3]) J. N. Müller: Überlingen a. Bodensee 1860 pag. 63.

[4]) cfr. Oberrh. Z. Bd. 37 pag. 148 Urk. v. 24. Dez. 1267 erwähnt ein domus hospitalis. Der gedruckte Vorbericht zur Spitalrechnung (von A. Lezkus) nimmt im Anschluss an Kutzle's Stadtchronik als Gründungsjahr c. 1250 an.

[5]) Müller l. c. pag. 65.

[6]) cfr. die Steuerbücher der betr. Jahre (alte Ratscanzlei). Dieselben enthalten Name und Steuerbetrag des Steuerpflichtigen.

sein muss, worauf die Errichtung von „frowenhûsern" im 15ten Jahrhundert[1]) direct hinzudeuten scheint. Etwas correcter lässt sich die Überlinger Bevölkerungsziffer für die Zeit von c. 1550—1628 berechnen.

Wir stützen uns hiebei auf die Angaben einer bayrischen Quelle, die auch in vielen sonstigen das innere Leben Überlingens berührenden Fragen wichtige und zuverlässige Aufschlüsse giebt. Es ist dies der Bericht eines bayrischen Commissärs an Kurfürst Maximilian vom 27. August 1644,[2]) der im Auftrage Maximilians die genauesten Erhebungen über die Lage der damals von kurbayrischen Truppen besetzten Stadt und Landschaft Überlingen vornahm.

Demzufolge[3]) hatte Überlingen in guten Jahren zwischen 800 und 900 Bürger. Da aber diese Angabe an kein specielles Jahr sich bindet, sondern von den dem bayrischen Commissär bei seinem Enquêtegeschäft assistirenden Ratsherren offenbar nach approximativer Schätzung gemacht wurde, wobei die Zustände in guten d. h. in Friedenszeiten, also jedenfalls die Bevölkerungsverhältnisse vor 1628 (cfr. das Vorwort) zu Grund gelegt wurden, so kann die Zahl von 800—900 Bürgern als die normale Bürgerzahl Überlingens im Anfange des 17ten Jahrhunderts gelten. Ja sie wird, wenn man eine auch nur durch drei Generationen fortgepflanzte Familienüberlieferung bei den gefragten Ratsherren voraussetzt, selbst für die zweite Hälfte des 16ten Jahrhunderts noch Giltigkeit beanspruchen dürfen. Und insofern weiter jeder Steuerzahler im Besitz von eigenem Vermögen war und die meisten darum eigenen Haushalt führten, wären mithin 800—900 bürgerliche Haushaltungsvorstände anzunehmen, deren Zahl mit der modernen Familienziffer fünf[4]) multiplicirt eine bürgerliche Einwohnerschaft von 4000—4500 Köpfen ergäbe.

Diese Zahlen, wenigstens die Ausgangszahlen unserer Berechnung, werden durch ein Steuerbuch vom Jahr 1608 vollauf

---

[1]) cfr. Sevin Häuserb. pag. 2 und die daselbst cit. Archivnummern.
[2]) Allgemeines Reichsarchiv München. Acten des 30jähr. Krieges I, Fasc. 46. No. 454.
[3]) l. c. Abschnitt 9.
[4]) Eine sachlichere war nicht zu eruiren.

bestätigt. Im Jahr 1608¹) zählte Überlingen, ausschliesslich der juristischen steuerpflichtigen Personen. 1230 Steuersubjecte. Davon wohnten 200 als Ausbürger, Landbürger und Ausleute ausserhalb Überlingens, in der Stadt ansässig waren nur 1030 Steuerzahler. Unter diesen befanden sich 58 männliche und 14 weibliche Hintersassen, sogenannte Michileute, die ebenso wie 47 verwittwete oder ledige steuerpflichtige Weibspersonen und 81 bevogtete Waisen von obiger Gesammtzahl in Abzug zu bringen sind, damit die Zahl der steuerpflichtigen Bürger übrig bleibe. Die männliche Bürgerschaft betrug demnach im Jahre 1608: 830 Mann oder fast genau den Durchschnitt des Bürgerstandes, den unsere bayrische Quelle für gute Jahre angibt. Angenommen nun obige 830 bzw., (abzüglich 42 einzelstehender spitälischer Pfründner), 788 Bürger und ebenso die 58 Michileute hätten Familie gehabt, und es wären gleichfalls die 14 Michifrauen und die übrigen 47 weiblichen Personen Wittwen mit Familie gewesen, so stellte sich bei einem Reductionsfactor von fünf Personen für die Familie der männlichen und von vier für die der weiblichen Steuerzahler die Gesammtziffer der ortsanwesenden Einwohnerschaft auf rund 4500 Köpfe.

Vielleicht erscheinen diese Zahlen etwas hochgegriffen, die ihnen zu Grunde liegenden Voraussetzungen kaum in dem angenommenen Umfange wahrscheinlich. Bedenkt man aber andererseits, dass die sämmtlichen Klosterinsassen, sowie die Bedienung der Klosterhöfe, die das Steuerbuch als juristische Personen behandelt, hier nicht mitberechnet sind und dass auch die Spitalinsassen (gewöhnlich 130 Personen cfr. cap. II.) unberücksichtigt blieben, so dürfte unsere Schätzung schwerlich allzusehr der Wirklichkeit entgegen sein, und man wird mit einigem Fug behaupten können: Die Einwohnerzahl Überlingens muss um die Wende des 16. Jahrhunderts beiläufig 4000—4500 Seelen betragen haben, womit bereits die Reichsstadt Überlingen dem heutigen Überlingen bevölkerungsmässig gleichkam.

---

¹) cfr. Anlage I. Die in der Anlage weggelassenen Daten (die Scheidung nach Ständen und Geschlechtern und die Waisenzahl cfr. cap. II. Ende) sind dem Steuerbuch direct zu entnehmen.

II. Capitel.
Die Erwerbsquellen der Überlinger Bürgerschaft und ihre Bedeutung für den privaten Haushalt.

Unter den hauptsächlichsten Erwerbsquellen vorgenannter 800—900 Überlinger Haushaltungen wäre an erster Stelle der Weinbau zu besprechen, bei dessen Pflege sämmtliche Einwohner Überlingens, der Gewerbetreibende kaum minder als der zünftige Rebmann in hohem Grade wirtschaftlich interessirt waren. Man kann fast mit Sicherheit annehmen, wer immer in der Überlinger Stadtmark begütert war, muss auch Weinberge besessen haben und zwar einfach aus dem Grund, weil bis in die Zeiten des 30 jährigen Krieges die ganze städtische Mark, abgesehen von vereinzelt in nächster Nähe der Stadtmauern gelegenen Obst- und Grasgärten, sich ausschliesslich aus Rebgütern zusammensetzte. Seit den ältesten Zeiten — so berichtet im Jahr 1644 der bayrische Commissär an Kurfürst Maximilian[1]) — hatte die Stadt Uberlingen das grösste Rebwerk am Bodensee. Dicht um Überlingen lag Rebberg an Rebberg und bevor die feindlichen Lagerfeuer Rebstock und Rebstecken verbrannten, war nicht das kleinste Stückchen Landes angeblümt, war kein Pflug in der Stadt vorhanden; erst aus Not hat Überlingen im 17. Jahrhundert Feldbau zu treiben begonnen. Nicht minder beredte Zeugen für die hohe Wichtigkeit der Überlinger Weincultur als dieser bayrische Gewährsmann sind unter den einheimischen Quellen die zahlreichen Ratsdecrete, die sich ausschliesslich mit Weinbau und Weinkaufangelegenheiten befassen.

Die Sorge um den Wein in den Gärten und Kellern gehörte mit zu den wesentlichsten öffentlichen Aufgaben der Überlinger Verwaltungsbehörden. Es existirte eine eigene Beamtengruppe, die speciell nur um den Weinbau sich zu bemühen hatte und im Namen des Bürgermeisters und geschäftsführenden Magistrats denselben ordnete und überwachte. Auch scheute

---

[1]) cfr. pag. 43 Anm. 2. Münchner Commiss.-Ber. Abschn. 4.

die Stadt im Interesse ihres Weinbaus weder Mühe noch Kosten. So liess der Magistrat alljährlich Mitte November, nachdem überall die Weinlese beendet sein konnte, in den verschiedensten Weingegenden Erkundigungen über das allgemeine Herbstergebnis einziehen. Zu dem Zweck besuchten weinkundige Überlinger Bürger — der Übung halber waren es gewöhnlich eine Reihe von Jahren hintereinander dieselben Personen — auf Kosten der Stadt zunächst die benachbarten Bodenseestädte. Von dort aus ging die Reise weiter an den Oberrhein nach Schaffhausen und Basel, in den Breisgau nach Freiburg und Breisach, ins Elsass nach Kolmar, Kaisersberg und Schlettstadt und schliesslich nach Heilbronn, Esslingen und Stuttgart. Bei dieser Weinfahrt informirten sich die Abgesandten über den Ausfall der Weinernte nach Quantität und Qualität, über die Preise des neuen und alten Weins und ganz speciell auch über den Weinbau selbst: über die gepflanzten Rebsorten, deren Behandlung, Widerstands- und Ertragsfähigkeit u. s. w. Daneben erstreckte sich ihre Enquête auch auf die zum Verkauf bereitliegenden Wein- und Kornvorräte, auf die Erträge der Fruchternte, auf Mehl- und Brotpreise.[1])

Die Berichte hierüber mussten dem Rat schriftlich eingereicht werden, der sie für das kommende Weinjahr zur Grundlage seiner Rebordnungen machte, die sich aus den détailirtesten Betriebsvorschriften über das Rebenschneiden, -Brechen, -Heften, -Pfählen, -Graben, -Einlegen u. a. m. zusammensetzten. (cfr. die die Rebleutzunft betr. Acten).

Für die Durchführung der Ratsbeschlüsse hatten sodann besondere Weinbaubeamte, die Rebbau- und Unbauschauer zu sorgen. Es gehörte zu den Pflichtobliegenheiten der 8 Rebbanschauer, die als unbesoldete Beamte mehr nur die oberste Controle über das ganze Rebwesen führten, drei Mal während des Jahres: im Frühjahr beim Rebenschneiden, im Mai und kurz vor Beginn des Herbstes das ganze Rebgelände der Stadt

---

[1]) cfr. Arch. II, 4, 207. Weinerkundigungen der Jahre 1523 bis 1637. Ein besonders tüchtiger Oinologe scheint der Überlinger Bürger Caspar Brähnig gewesen zu sein, der viele Jahre hindurch im 17. Jahrh. für die Stadt Weinerkundigungen einzog.

abzugehen, vom Stand der Reben Kenntnis zu nehmen und dem Rat darüber Mitteilung zu machen.[1]) Die eigentlichen Beamten waren jedoch die 3 Unbauschauer.[2]) Diese hatten jederzeit in den Weingärten Aufsicht zu halten, dass kein „unbau" vorkomme, d. h. dass Rebstücke nicht überhaupt unbebaut blieben oder lässig bebaut würden, denn ein solch unwirtschaftliches Verhalten seiner Bürger duldete Überlingen nicht. Insbesondere hatten die Unbauschauer die Anpflanzung schlechter Rebsorten, z. B. der vom Magistrat verpönten Knollreben oder Hindisch-Elbelen und das Aushauen der besseren, aber quantitativ weniger ergiebigen Klefner Reben durch Rüge und Anzeige zu verhindern. Auf erfolgte Anzeige an die Schadenstrafer wurde der betreffende Inculpant unnachsichtlich eingethürmt,[3]) denn gerade in Sachen des Rebbaus verfuhr der Magistrat mit äusserster Strenge, weil hier unmittelbarer als irgend sonstwo jede Übertretung seiner Vorschriften die Interessen des Gemeinwohles zu schädigen drohte. Der drastischste Beleg, wie sehr die Stadt jeden Angriff auf ihre Rebgüter als gemeingefährliches Verbrechen verurteilte, ist die schon nach dem Stadtrecht des 14. Jahrhunderts und ebenso im 16. und 17. Jahrhundert[4]) auf gewisse Rebfrevel gesetzte Todesstrafe. Man sollte jeden, der dem andern seine Reben aushaut oder auszerrt oder mutwillig verbrennt „von dem Leben thuen". Solch drakonische Strenge hatte nur dann Sinn, wenn durch Ausschreitungen der angeführten Art ein kostbareres Gut noch als das Leben des Einzelnen, eben die Wohlfahrt aller Einwohner Überlingens gefährdet wurde, für deren Unverletzbarkeit der Magistrat die Verantwortung trug. Auch hatten die Väter der Stadt mit ihrer Weinbaupolitik, die wegen ihres Eingehens auf die minutiösesten Détails vielfach an das unglückliche Bevormundungssystem des ancien régime erinnert, doch die ausgezeichnetsten Erfolge, nicht nur hinsichtlich des Ertragsumfanges der Reben, den wir sogleich zahlenmässig

---

[1]) cfr. Ratsprotocoll v. 19. März 1562.
[2]) cfr. Arch. II, 4, 21. Bestallungsbuch der Stadtbeamten d. a. 1550 bis 1594 s. t.
[3]) cfr. Ratsprot. v 19. Mai 1605.
[4]) cfr. Arch. I, 51, No. 132 und 135. Satzungen des 16 und 17ten Jahrhunderts.

des Genaueren darthun werden, sondern auch mit der Qualität ihrer Weine. Dem Überlinger, der heute unverschnitten kaum zu kosten ist, wird im 17. Jahrhundert nachgerühmt, er habe selbst die gesuchten roten Meersburger Weine aus dem Feld geschlagen und mit den besten Seeweinen, denen von Hagenau (bei Friedrichshafen) erfolgreich concurriren können.[1])

Zufolge einer Notiz aus dem Ende des 16. Jahrhunderts[2]) belief sich der Umfang des Überlinger Reblandes[3]) auf ungefähr 1200 Überlinger Juchart, nach modernen Flächenmassen auf 268 ha. 31 a. oder 745 altbadische Morgen.[4]) Darauf wuchsen

---

[1]) cfr. Münchner Commiss.-Ber. Abschn. 4.

[2]) cfr. Arch. II, 3. Nichtrepertorisirte Weinacten (Weinrechnungen, Weinverzeichnisse) aus dem 16—18ten Jahrhundert.

[3]) Also des alten „wingarton ether" cfr. pag. 34. Die Gemarkung Überlingens d. h. das Überlinger Bauland ist wohl zu unterscheiden von dem städtischen Gerichtsbezirk, dem „malefizetter", dessen Grenzen sehr enge waren. Der am weitesten vorgeschobene Malefiz Etterstein stand c. 600 Schritt vor der Stadt. cfr. Münchner Comiss.-Ber. Abschn. 3. Genau beschrieben sind die städtischen Gerichtsgrenzen für das Jahr 1572 bei Sevin Häuserb. pag. 109 ff. nach Kutzles Stadtchronik pag. 82; für den Anfang des 17ten Jahrh. in den Satzungen der J. 1591—1622. Tit. 5. Arch. I, 51, 135. Die Gemarkungsgrenzen giebt Sevin Häuserb. pag. 111 ff. im Anschluss an Kutzle pag. 81.

[4]) Die alten Überlinger Flächenmasse waren: der Werkschuh oder Werkfuss, die Ruthe, die Hofstatt, das Juchart.

Die Ruthe war 10,5 Werkschuh lang.

Die Hofstatt war 10 Ruthen lang und 5 Ruthen breit, ihr Umfang betrug also 50 ☐Ruthen oder 5512,5 ☐Fuss.

Das Juchart war 6 Hofstatt. Es umfasste 300 ☐ Ruthen, 33075 ☐Fuss (cfr. Arch. I, 52, 141 Ordnung d. a. 1585).

In einer Correspondenz (Copie d. d. 14. Juli 1589) mit Constanz wird das Mass des fischbaren Hechtes auf einen Überlinger Werkschuh festgesetzt und durch beigefügten Massstrich veranschaulicht. Dieser Strich misst 0,26 Meter. (cfr. Arch. II, 13, 598. Fischereiacten des 15—17ten Jahrh.) Es hatte also:

der Überlinger Werkschuh eine Länge von 26 Centimetern,

die Überlinger Ruthe eine solche von 2,73 Meter.

Eine Hofstatt war 27,3 Meter lang und 13,65 Meter breit, ihr Umfang betrug 372,65 ☐ Meter.

Das Überlinger Juchart mass: 2235,9 ☐ Meter = 22 a. 35,9 ☐ Meter. Das Juchart war 0,62 altbad. Morgen. (Dieser zu 36 a. gerechnet.)

in den Jahren 1550 — 1620, also während einer 70jährigen Periode insgesammt 160448 Überlinger Fuder,[1]) das wären 1,848361 hl. oder 1,232241 altbadische Ohm.[2]) Hienach berechnete sich der Weinertrag obiger 1200 Juchart in einem Jahr auf 2292 Überlinger Fuder, 26404 hl. oder 17603 altbad. Ohm. Ein Juchart hatte mithin in einem Jahr einen Naturalertrag von durchschnittlich 1,91 Überlinger Fuder,[3]) 22 hl., $14^2/_3$ altbad. Ohm, und für den altbad. Morgen stellte sich der Durchschnittsjahresertrag auf 3,08 Überlinger Fuder, 35 hl. 48 l., rund $23^2/_3$ altbad. Ohm.

Der Geldwert, mit dem das Überlinger Fuder während jener 70 Jahre durchschnittlich zur Steuer herangezogen wurde, betrug 42 rheinische Gulden (abgekürzt: rh. fl.) oder 229 Mark,[4]) somit belief sich der Geldwert des Jahresnaturalertrages von einem Juchart Reben auf etwas über 80 rh. fl., 436 Mk., der eines Morgen Reben auf etwas über 129 rh. fl. oder 703 Mk.

---

[1]) cfr. J. Kutzle, Überlinger Stadtchronik pag. 330. Mscr. der Stadtbibliothek. Dieser Stadtchronik sind die nachstehenden Angaben über Weinerträge und -Preise entnommen. Wo andere Quellen damit combinirt wurden, sind diese speciell angeführt.

[2]) Das kleinste Überlinger Flüssigkeitsmass war ein Schoppen. 4 Schoppen machten 1 Maass, 2 Maass 1 Quart, 16 Quart 1 Eimer, 30 Eimer 1 Fuder. Es hielt also das alte Überlinger Fuder: 3840 Schoppen = 960 Maass = 480 Quart = 30 Eimer. (cfr. Arch. I, 7, 181. Weinsteueranschläge der J. 1622 ff.) Der alte Überlinger Schoppen entsprach 2 altbadischen Glas = 0,3 Liter. Demgemäss hielt das alte Überlinger Fuder: 11 hl. 52 l. = altbadisch 7 Ohm, 6 Stützen, 8 Maass. (Die altbad Ohm — 150 l. — hatte 10 Stützen = 100 Maas = 1000 Glas). Exact berechnet hielt der alte Überlinger Schoppen nicht 2 altbad. Glas (0,3 l.), sondern 2,008 Glas (0,301 l.), eine Differenz, die wir aber ihrer verschwindenden Kleinheit wegen bei unseren Ertragsberechnungen ausser Acht liessen. So, nach den Mitteilungen des Grossh. Herrn Domänenrats Leiblein in Salem, der die Güte hatte, mir vorstehende Umrechnung auf Grund von Salemer Klosteracten aufzustellen.

[3]) Laut Abschn. 4 des Münchner Commiss.-Berichtes war der Durchschnittsertrag pro Juchart 2 Fuder.

[4]) A. Hanauer, Etudes économiques sur l'Alsace ancienne et moderne 1876 Bd. I. pag. 503 berechnet den Wert des rheinischen Gulden in den Jahren 1559—1620 auf durchschnittlich 6 fr. 82 c. = 5 Mk. 45 Pf.

Der Steuercapitalwert eines Juchart Reben schwankte in den Jahren 1566—1615[1]) zwischen 343 rh. fl. (1869 Mk.) und 507 rh. fl. (2763 Mk.) und erreichte im Durchschnitt die Höhe von 424 rh. fl. (2311 Mk.); der badische Morgen war bewertet mit 684 rh. fl. (3728 Mk.)

Legt man diese Daten, also den Rohertrag einer Rentenberechnung zu Grund, so verzinste sich das in einem Juchart Reben angelegte Grundcapital von 2311 Mk. mit 436 Mk., oder mit rund 19 %.

Hievon bzw. von den genannten Rohertragssätzen sind aber zur Ermittlung des Reinertrags noch die Productionskosten in Abzug zu bringen, die sich gleichfalls annähernd genau feststellen lassen. Sie zerfielen in den für den Bau eines Rebstückes nothwendigen Arbeitsaufwand und in die übrigen Bewirtschaftungskosten.

Nach den Lohnordnungen der Jahre 1565 und 1572[2]) setzten sich die Kosten des Arbeitsaufwandes für eine Hofstatt Reben. „so mann die verdinget", d. h. wenn die einzelnen Arbeitsleistungen im Jahresaccord vergeben wurden, aus folgenden Posten zusammen:

1) Für „mayen- und herbstfalg", d. i. für das Umgraben[3]) einer Hofstatt im Mai und Herbst — 48 ₰.
2) Für „yätten", die Entfernung des Grases, Unkrautes etc. das ganze Jahr über — 21 ₰.
3) Für das Rebenlösen, -Graben und -Einlegen im Herbst — 88 ₰.
4) Für Pfahlen, Schneiden und Heften der Reben im Frühjahr — 109 ₰.
5) Für das Rebenspitzen und -Brechen im Sommer — 21 ₰.
6) Für die Weinlese — 6 ₰.

Dies ergab an jährlichen Arbeitsunkosten pro Hofstatt

---

[1]) cfr. Arch. I, 7, 182. Steueranschläge der Jahre 1566, 1583, 1595, 1607 und 1615.
[2]) cfr. Arch. I, 79, 846. Lohnordnungen der J. 1550—1662.
[3]) cfr. M. Lexer, mhd. Wörterb. s. v. valgen = umgraben.

(293 ℔ =) 1 ₰.℔ 4 β.℔ 5 ℔,[1]) das machte pro Juchart[2])
(6 Hofstatt) 7 ₰.℔ 6 β.℔ 6 ℔, oder 8 rh. fl. 22 xr. = 45 Mk.
60 ℔. Hiezu kamen als weitere Bewirtschaftungskosten noch die
Auslagen für Rebstecken, für Düngung, für Setzlinge u. ä. Zu
letzterem Ausgabekonto liefert nach heutiger Rechnung[3]) der
Preis für die jährlich auf einem Morgen zu ergänzenden (400)
Rebstecken den Hauptposten, 45 % sämmtlicher unter diese
Rubrik fallenden Ausgaben, abzüglich der Staats- und Gemeindesteuern. Dieser Hauptposten, also die Auslage für die jährlich
auf einem Juchart neuzusteckenden 248 Rebpfähle, stellte sich
aber in Überlingen[4]) auf 208 (alte) ℔, gleich rund 1 rh. fl.
oder 5 Mk. 40 ℔.[5]) Vorausgesetzt nun qu. 208 ℔ hätten auch
in der Überlinger Rentabilitätsrechnung 45 % sämmtlicher Productionskosten abzüglich des Arbeitsaufwandes ausgemacht, so
wäre diese ganze Ausgaberubrik auf (462 ℔ =) 1 ₰.℔ 18 β.℔

---

[1]) Die Überlinger Recheneinheit (geprägt wurden u. W. nur Scheidemünzen) war das Pfund Pfennige (₰.℔). Es enthielt (altherkömmlich) 240 Pfennige (℔) oder 20 Schillingpfennige (β.℔) à 12 ℔. Jeder Pfennig teilte sich in 2 Heller (𐐏.). Der rheinische Gulden (rh. fl.) = 60 Kreuzer (xr.) oder 15 Batzen (btz.) à 4 xr., (der Kreuzer zu 3 ℔ 1 𐐏.) ward laut verschiedener Münzconventionen der Bodenseestädte im 16. u. 17. Jahrhundert durchgängig mit 210 ℔ bewertet. 7 Überlinger Pfund entsprachen 8 rh. Gulden. Im 17ten Jahrh. gewann der rh. Gulden in den Stadtrechnungen mehr und mehr die Oberhand. cfr. hiezu Arch. I, 7, 181. Steueracten d. a. 1518—1644, (aus deren zahlreichen Doppelangaben sich das Verhältnis des Überl. Pfundes zum rh. Gulden fortlaufend controliren liess), und l. c. I, 19, 308 III, „was sich wegen der Reichsstatt Überlingen Münz zugetragen in annis 1501—1705".
[2]) pro Morgen 73 Mk. 55 ℔.
[3]) cfr. die in den „Erhebungen über die Lage der Landwirtschaft im Grossherzogtum Baden 1883" (veranlasst durch Grossh. Ministerium des Innern) Bd. III, Abt. XXV pag. 31 u. 32 gegebene détailirte Rentabilitätsberechnung für 1 Morgen (36 a.) Reben der für das ganze bad. Markgräflerland als typischer Weinort angesetzten Gemeinde Efringen, Bez.-Amt Lörrach. Nach dieser stellten sich in Efringen die gesammten Bewirtschaftungskosten pro Morgen — ohne Steuer u. Arbeitsaufwand — auf 124 Mk. 83 ℔, wovon der jährliche Rebsteckenkauf 56 Mark beanspruchte.
[4]) cfr. Arch. I, 7, 182. Steueranschläge des 16. u. 17. Jahrhunderts. Das 1000 Rebstecken kostete hienach 3,5 ₰.℔ = 4 rh. fl.   21 Mk. 80 ℔.
[5]) pro Morgen auf 8 Mk. 71 ℔.

6 ₰ = 2 rh. fl. 12 xr. = 12 Mk. pro Juchart¹) gekommen, und die sämmtlichen Productionskosten einschliesslich des Arbeitsaufwandes hätten pro Juchart²) 9 ℔.℥ 5 β.℥ = 10 rh. fl. 34 xr. oder 57 Mk. 60 ₰ betragen.

Obgleich wir hiebei zum Teil moderne Reductionsfactoren zu Hilfe nehmen mussten, wird trotzdem unsere Rechnung bis auf den Pfennig fast bestätigt durch ein weiteres Lohngesetz des Jahres 1572, das für den Bau eines Juchart Reben im Jahresaccord 9 ℔.℥ = 10 rh. fl. 17 xr., oder 56 Mk. 4 ₰ Vergütung ansetzt. Dafür hatte der accordierende Rebknecht die ihm anvertrauten Reben „nach aller notdurfft" das ganze Jahr hindurch zu versehen, er hatte „dem herren die Überzahl der Steckhen, so vil als der selbe jedes Jahres gebrauchen muess, neben der ordentlichen gewohnlichen Zahl auch zue kauffen", er hatte den „müst" anzuschaffen, und musste überhaupt damit, die Steuern ausgenommen, für alles aufkommen, was sein Rebbau erheischte.³)

Als Schlussposten⁴) der ganzen Rechnung reihten sich an obige 57 Mk. 60 ₰ noch die städtischen Steuern an, die sowohl als Grundsteuer von dem Steuercapitalwert des Rebgeländes, wie als Ertragssteuer von dessen Weinertrag erhoben wurden. (cfr. cap. III.)

Die Grundsteuer in der Höhe von 0,14 % (cfr. weiter unten) betrug von 100 rh. fl. 8²/₅ xr., somit entfiel auf das Überlinger Juchart⁵) und seinen Wert von 424 rh. fl. ein Steuerbetrag von 36 xr., oder auf 2311 Mk. ein Betrag von 3 Mk. 27 ₰. Die Ertragssteuer — 0,42 % — belastete 100 rh. fl. mit rund 25 xr., den Jahresertrag eines Juchart⁶) Reben, der einen Geldwert von 80 rh. fl. hatte, mit 20 xr., 436 Mk. mit 1 Mk.

---

¹) pro Morgen auf 19 Mk. 35 ₰.
²) pro Morgen 92 Mk. 90 ₰.
³) cfr. die pag. 50 Anm. 2. cit. Quellen und Arch. I, 51, 135. Satzungen der J. 1591—1622 Tit. 32 u. 33.
⁴) Ungerechnet die von der Efringer Rechnung gleichfalls nicht berücksichtigten event. jährlichen Schuldzinse.
⁵) Auf den Wert eines Morgen (3728 Mk.) 5 Mk. 27 ₰.
⁶) Den Geldertrag eines Morgen (703 Mk.) mit 2 Mk. 93 ₰.

82 ₰. Dies machte zusammen pro Juchart¹) eine Steuerabgabe von 56 xr. oder 5 Mk. 9 ₰.

Alle Unkosten insgesammt, also der Arbeitsaufwand sowohl wie die sonstigen Productionskosten und die Steuern, erreichten mithin die Höhe von 11 rh. fl. 30 xr., 62 Mk. 69 ₰ pro Juchart,²) was von dem Rohertrag (80 rh. fl., 436 Mk.) in Abzug gebracht, einen Reinertrag des Juchart Reblandes von 68 rh. fl. 30 xr. resp. 373 Mk. 31 ₰ ergab, die als Zins der in einem Juchart angelegten 424 rh. fl. bzw. 2311 Mk. eine Grundrente von 16,15 % repräsentirten.

Dieser Rentensatz muss als ein äusserst günstiger bezeichnet werden, insbesondere wenn man dazu die Wirtschaftsergebnisse, die in unseren Tagen von der weinbautreibenden Bevölkerung erzielt werden, in Parallele setzt. Vergleichsweise, um die ökonomische Situation der alten Überlinger Weinproducenten einigermassen an modernen Zuständen zu messen, sei hier die pag. 51 Anm. 3. bereits erwähnte Markgräfler Gemeinde Efringen beigezogen, die — ein typischer Weinort für die ganze badische Markgrafschaft — zu den bestrenommirten Weinorten Badens gehört, und nach den Erhebungen vom Jahr 1883 in den guten Weinjahren 1863 – 1872 die höchsten Durchschnittsnatural- und Gelderträge von sämtlichen bei obiger Enquête berücksichtigten Gemeinden aufzuweisen hatte.

Hinsichtlich zunächst des Naturalertrages bleibt die Gemeinde Efringen um ein Weniges hinter dem alten Überlingen zurück, ihr Durchschnittsertrag belief sich während der genannten 10 Jahre auf 21,7 altbad. Ohm pro Morgen gegenüber 23²/₈ Ohm vom Überlinger Morgen. Sie erreichte und überholte den Überlinger Durchschnittsertrag nur ein Mal, im Jahr 1871, als vom Morgen 36 Ohm geherbstet wurden. Dies war aber auch der Maximalertrag Efringens während einer 10, ja 20 jährigen Periode,³) der eben nur jenes eine Mal sich einstellte. Und

---

¹) pro Morgen 8 Mk. 20 ₰.
²) pro Morgen 101 Mk. 10 ₰.
³) Die 20jährige Efringer Periode umfasste die Jahre 1863 bis 1882. Das zweite Decennium 1873 – 1882 hatte viel weniger günstige Herbstergebnisse, als das vorhergehende, sein Durchschnittsertrag pro Morgen stellte sich auf nur 11,5 Ohm.

auch diese Ertragsziffer wird kleiner, wenn man ihr einen Maximalertrag Überlingens zur Seite hält. Der grösste Überlinger Herbst im Zeitraum jener 70 Jahre — von 1550—1620 — fiel auf das Jahr 1552. Damals wuchsen in Überlingen 4891 Überlinger Fuder,[1]) 37563 altbad. Ohm, damals trug der Überlinger Morgen rund 50,5 Ohm. Den geringsten Herbst machte Überlingen a. 1587 mit im ganzen nur 577 Überlinger Fuder, rund 4431 altbad. Ohm, oder c. 6 Ohm pro Morgen; ein Ertrag, wie ihn Efringen in den Jahren 1873, 1881 und 1882 aufzuweisen hatte.

Was sodann die für neuen Wein bezahlten Preise anlangt, so stund in diesem Punkte allerdings Überlingen hinter den Weinorten besserer Lage in Baden zurück. Der Überlinger erhielt in den Jahren 1550—1620 durchschnittlich 5 rh. fl. 28 xr., 29 Mk. 79 ₰ für die Ohm bezahlt,[2]) der Efringer in den Jahren 1863—72 durchschnittlich 39 Mk. und im 2. Decennium bis 1882: 43 Mk.

Den höchsten Preis galt der neue Wein in Überlingen im Jahr 1588. Bei einer Weinernte von nur 982 Überlinger Fuder (7542 altbad. Ohm) kostete das Fuder 78 rh. fl., 425 Mk., die badische Ohm 10 rh. fl. 9 xr. oder 55 Mk. 32 ₰. Die tiefste Preissenkung fiel auf das Jahr des höchsten Ertrages, auf 1552, in dem das Überlinger Fuder zu nur 15 rh. fl., 81 Mk. 75 ₰ versteuert wurde, die Ohm also nur 1 rh. fl. 57 xr., 10 Mk. 62 ₰, der Liter nur etwa 5—6 Heller d. i. nicht ganz 1 xr., oder modern c. 7 Reichspfennige kostete. Dem stehen als Maximum Efringer Preise, die in den 20 Jahren von 1882 ab rückwärts unter 30 Mk. pro Ohm überhaupt nicht sanken, von 60 und 65 Mk. gegenüber. Vergleicht man nun die Grösse des Durchschnittsnaturalertrages der ehemaligen Reichsstadt Überlingen — 23²/₃ Ohm — mit dem Durchschnittsnaturalertrag vom heutigen Efringen in den guten Weinjahren 1863—72 — 21,7 Ohm, — und ebenso den Durchschnittsgeldwert einer Ohm Efringer — 39 Mk. — mit den durchschnittlichen Preissätzen

---

[1]) Dem Münchner Commiss.-Bericht Abschn. 4 zu Folge wurden in Überlingen in besonders guten Jahren „auf 5000 Fuder erbaut."

[2]) In den meisten Fällen wohl etwas mehr, da hiebei nur die Steueranschläge in Rechnung gezogen wurden, über die der wirkliche Verkaufpreis gewöhnlich um Etwas hinausging. cfr. pag. 58.

Überlingens — rund 30 Mk. —, so lässt sich die interessante Thatsache constatiren, dass der von der Überlinger Weincultur im 16. und 17. Jahrhundert innerhalb 70 Jahren durchschnittlich erreichte Naturalertrag einem Herbst entspricht, wie ihn die heutigen badischen Weinproducenten nur in den allerbesten Gegenden in besonders guten Jahren zu machen pflegen,[1]) und dass andererseits unsere heutigen Durchschnittspreise des neuen Weines in renommirten Weinorten den Bodenseeweinbauern vor c. 300 Jahren nur ausnahmsweise bezahlt wurden, ihre gewöhnlichen Preise dagegen um etwa 25 $^o/_o$ den unsern nachstunden. Mit andern Worten: Der Überlinger erzielte in früheren Jahrhunderten zum mindesten denselben Naturalertrag wie die bestsituirten der heutigen badischen Weinbauern, aber erheblich niederere Preise.

Letzterem Moment kam jedoch, obschon dadurch der Überlinger Rohertrag unter den von Efringen herabgedrückt wurde,[2]) wenn man die Gesammtlage des Weinbaus von früher und heute ins Auge fasst, keine Ausschlag gebende Bedeutung zu. Es wurde mehr als ausgeglichen durch die Geringfügigkeit der Überlinger Productionskosten, die, ungefähr ein Drittel der heutigen,[3]) noch keine 15 $^o/_o$ vom Rohertrag verschlangen, während heute selbst in guten Jahren über 40 $^o/_o$ des Rohertrags in den Productionskosten aufgehen, ganz zu schweigen von den Perioden, in denen die Productionskosten kaum ersetzt werden. Fehlherbste in diesem Sinne hatte Überlingen in der langen Zeit von 1550—1620 nicht einen einzigen, da selbst in dem geringsten Weinjahr 1587 der Morgen 57 rh. fl. abwarf, (das Überlinger Fuder kostete 74 rh. fl.), so dass der normale Kostenaufwand (101 Mk., etwas über 18 rh. fl.) mehr als dreifach gedeckt war. Und aus diesem Grunde, zu dem in 2. Linie noch der kleine Durchschnittsmehrertrag von 2 Ohm pro Morgen kam, erklärt es sich denn auch vornehmlich, warum der Weinbau,

---

[1]) cfr. das bezüglich der Gemeinde Efringen und ihrer Weinerträge in den Jahren 1863—72 u. 1873—82 pag. 53 u. Anm. 3 daselbst Angeführte.

[2]) Der Überlinger Rohertrag pro Morgen betrug 703 Mk. (cfr. pag. 49), der Efringer 846 Mk. nach unserer Rechnung (21,7 $\times$ 39 Mk.), 806 nach den Ansätzen der Efringer Rentenrechnung.

[3]) In Überlingen stellten sich die Productionskosten pro Morgen auf 101 Mk., die Efringer Rechnung setzt hiefür 335 Mk. an.

der in unsern Tagen trotz aller Fortschritte der Weinbautechnik und trotz der höhern Preise wenigstens im Lande Baden bestenalls 14 % abwirft,[1]) sich im 16. und 17. Jahrhundert bei viel niedereren Preislagen zu über 16 % rentiren konnte. Dabei ist allerdings das eine Moment, der jährliche Weinverkauf, durch den der Naturalertrag für die Hauswirthschaft der einzelnen Weinproducenten erst wirklich wertvoll und verwertbar wurde, noch gänzlich ausser Betracht gelassen. Wir haben nämlich unsere seitherigen Berechnungen nur auf die Wein-Steueranschläge, also quasi nur auf die Nominalwerte der gepflanzten Weine stützen können, und es bleibt noch nachzuweisen, welche Hilfsmittel dem Überlinger Weinbauern zur Verfügung stunden, seine Naturalproducte in Geld umzusetzen, welchen Umfang der Weinumsatz in Überlingen durchschnittlich erreichte und welche Preise dabei erzielt wurden.

An sich war dem verkaufslustigen Weinbesitzer eine doppelte Absatzgelegenheit geboten. Für den Weinverkauf im Grossen, nach Fass-Wein, sorgte der Überlinger Markt, für den Ausschank vom Zapfen — soweit nicht an sich schon concessionirte Schildwirte in Frage kamen — das Recht des sogenannten Gässeleins. Das für den Überlinger Weinbau wichtigste Institut war unstreitig der städtische Markt, dessen vornehmste Aufgabe, wie wir bei Besprechung der Einzelheiten des Marktes urkundlich darthun werden, darin gipfelte, den kolossalen Weinquantitäten, die Jahr aus Jahr ein im Überlinger Etter wuchsen, zu preiswertem Absatz zu verhelfen. Der Überlinger Wochenmarkt fand jeweils Mittwochs statt.[2]) Neben den gewöhnlich auf den Märkten zum Kauf angebotenen Victualien, ward derselbe hauptsächlich mit Korn und Wein befahren. Ausser dem Wochenmarkt existirten noch 3 Jahrmärkte: am St. Niklas-, St. Ulrichs- und St. Urslentag.[3])

Auf diesen Märkten wurden nach Ausweis der Weinladerverzeichnisse[4]) in den Jahren 1608, 1610—12 und 1614—16

---

[1]) In Elringen während der Jahre 1863—1872.
[2]) cfr. Ratsprot. v. 7. Nov. 1605.
[3]) Den 6. December, 4. Juli, 21. Oktober. cfr. Arch. III, 3. 201. Zollordnungen des 15. u. 16. Jahrh.
[4]) cfr. die Stadtrechnungen der cit. Jahre, Rubrik Weinlader.

insgesammt verkauft und verfrachtet 7638 Überlinger Fuder, rund 58660 altbad. Ohm. Darnach betrug der durchschnittliche Verkauf in einem Jahr etwas über 1091 Überlinger Fuder, 8379 Ohm; der Weinumsatz an einem der 55 Markttage beinahe 20 Überlinger Fuder, über 153 altbad. Ohm. Dem stund ein Weinzuwachs durch die Herbsterträge obiger 7 Jahre ·gegenüber von 15954 Überl. Fuder. Der jährliche Wein-engrosverkauf auf den Weinmärkten, also der eigentliche Weinexport Überlingens belief sich mithin auf durchschnittlich 48 % des jährlichen Ertrages. (2279 Überlinger Fuder.)

Für die Bildung der Marktpreise dieser Weine war es entscheidend, dass sie nicht ungehindert dem Verhältnis von Angebot und Nachfrage sich anpassen konnten, sondern dem Verkäufer vom Magistrate dictirt wurden. Diese Massregel hatte im Einklang mit der gesammten Gewerbe- und Handelspolitik des Rates zum Zweck, das Einkommen, in concreto die Weineinkünfte aller Einwohner möglichst gleichmässig zu gestalten, keinen auf Kosten des andern sich bereichern zu lassen. Allerdings waren die Mittel, mit denen der Rat dieses Ziel zu erreichen suchte, zeitweise sehr verschieden. Bis zum Jahr 1556 unterlag der Weinhandel der strengsten obrigkeitlichen Controle, nicht das kleinste Quantum durfte anders verkauft werden, als in Gegenwart der 4 vereidigten städtischen Unterkäufer und der Weinlader, die dafür verantwortlich waren, dass an den vom Rat fixirten Steuerpreisen des neuen und alten Weines festgehalten werde, dass keine Auf- und Abschläge vorkamen. Selbst das Aufsuchen der Weinverkäufer und die dem Kaufabschluss vorausgehende Weinprobe im Keller konnte allein nur durch die Unterkäufer vermittelt werden. Hierin trat nun im Jahr 1556 eine Änderung ein. Auf die Beschwerden der Bürgerschaft über Parteilichkeit der Unterkäufer, die ihre Stellung als städtische Zwischenhändler zu Gunsten der Reichen missbrauchten, wurden am 1. November 1556,[1]) um jedem Bürger reich und arm im Weinverkauf freie Hand zu lassen, die alten Vorschriften aufgehoben, das Beiziehen der Unterkäufer zum Weinhandel sollte nicht mehr obligatorisch sein; zugleich aber wurde die Bürgerschaft ermahnt, wo immer

---

[1]) cfr. Ratsprot. d. d. c.

thunlich die officiellen Weinanschläge zur Grundlage ihrer subjectiven Preisbildung zu machen und gefährliche Auf- und Abschläg zu vermeiden. Aber das gerade Gegenteil geschah. Die private Weinspeculation bemächtigte sich des Marktes und snoch am 14. Juli 1557[1]) sah der Magistrat sich genötigt, „weil die jüngstvorgenommene Ordnung in Weinverkäufen allerlei Ungleichheit und beschwerliche Neuerung, Auf- und Abschläg mit sich bringen wollen, daraus bisher dem gemeinen Nutz nit geholfen, sondern entholfen worden", die früheren Vorschriften mit gewissen Einschränkungen wieder in Kraft treten zu lassen. Offenbar wurde jetzt analog der schon längst für die Wirthe und Gässelirer bestehenden Schankordnung eine Preisskala festgesetzt, deren Fusspunkt die Steueranschläge bildeten, über die der wirkliche Verkaufspreis sich bis zu einer Höhe von etwa 10 rh. fl. pro Fuder erheben durfte. Dies ist wenigstens der höchste uns bekannt gewordene Mehrwert, der im Jahr 1602, als das Fuder zu 58 rh. fl. in der Steuer lag, bei einem Marktpreis von 68 rh. fl. gewonnen wurde.[2]) Auch stimmte hiezu, wie wir im Folgenden sehen werden, der Maximalsatz für die Wirthe, die beim Einzelausschank doch zum mindesten denselben Profit machen wollten, wie beim Weinverkauf nach dem Fass. Jedenfalls steht Eines fest, dass thatsächlich die Steueranschläge durchschnittlich um ein paar Gulden überschritten wurden, sobald die Marktconjuncturen dafür günstig lagen. Allzustramm konnte der Magistrat an seinen Preissätzen nicht festhalten, sonst lief er Gefahr, für seinen Markt keine Verkäufer zu finden. Begegnete es ihm doch im Jahr 1575,[3]) dass in Folge eines Verbots, um mehr als 2 rh. fl. 17 xr. (2 Überlinger Pfund) über den Steueranschlag hinauszugehen, der Wein aus den Spitalkellern und den vacirenden Pfründen zur Erhaltung der Marktzufuhr verkauft werden musste, da viele Weinproducenten strikten, um den angesetzten Preis nur wenig Wein unter der Bürgerschaft feil war.

Eine zweite Absatzmöglichkeit bot ferner das sogenannte

---

[1]) cfr. Ratsprot. d. d. c.
[2]) cfr. Arch. III, 4, 209. Weinacten v. 1602—82.
[3]) cfr. Ratsprot. 7. Dezember 1575.

Gässeliren. Gässelirer[1]) nannte man im Gegensatz zu den eigentlichen Wirten, den Schildwirten, solche Überlinger Bürger, die ohne dauernd Wirtschaftsgerechtigkeit zu besitzen, Wein nach dem Becher ausschenkten. Die Erlaubnis hiezu konnte eder bekommen und es herrschte die freundnachbarliche Sitte, besonders absatzlustigen oder -bedürftigen Mitbürgern nach einer Art von Turnus den Wein abzutrinken. Auf die Schenkstuben der Gässelirer und auf die Zunfttrinkstuben scheint sich das eigentliche Wirtshausleben der einheimischen Bevölkerung concentrirt zu haben, hingegen waren die Schildwirtschaften Gasthäuser im strengeren Sinne des Wortes, d. h. Absteigequartiere der Fremden, der Gäste nach damaligem Sprachgebrauch. In Betreff der Schildwirte und Gässelirer existirte eine Schenkordnung,[2]) laut der dieselben am Fuder Wein bis c. 9 rh. fl. Gewinn nehmen durften und zwar „nach Gelegenheit des Weines", d. h. der Preis musste der Qualität des Weines entsprechend abgestuft werden. Die Preisbestimmung selbst wurde von den städtischen Weinschätzern unter Aufsicht der beiden Ungelterherren (der Beamten der indirecten Steuern) wöchentlich vorgenommen. (cfr. cap. III.). Diese Bestimmung erlitt in den späteren Jahren ab und zu kleine Veränderungen, hielt aber im Ganzen fest an den Gewinnsätzen, die das Jahr 1552 angeordnet hatte. Wesentlich ist vielleicht nur, dass im Jahr 1557[3]) auf Antrag der Schildwirthe, die sich durch die Concurrenz der Gässelirer benachteiligt fühlten, den Gässelirern ihr Gewinn auf etwa ein Drittel herabgesetzt wurde.

Wie viel Wein auf diesem Wege jährlich an das consumirende Publikum verkauft wurde, lässt sich gleichfalls annähernd mit Zuhilfenahme der Überlinger Weinungeldordnung und deren Erträge berechnen. Dieselbe belastete in den Jahren 1608—16 bei einem Durchschnittspreis des Fuder Wein von 44 rh. fl. und einem Gewinn von 9 rh. fl., also einem Ausschankpreis von 53 rh. fl., das Fuder mit 6 rh. fl. 38 xr.[4]) Die Durchschnitts-

---

[1]) cfr. Ratsprot. 29. Juni 1558.
[2]) cfr. Ratsprot. 21. Nov. 1552.
[3]) cfr. Ratsprot. 31. Januar 1557.
[4]) Über das Weinungeld, das jeweils den 8. Pfennig, also den achten Teil des im Einzelausschank erzielten Preises als Steuerbetrag für die Stadt in Anspruch nahm, cfr. das Nähere cap. III.

jahreseinnahmen an Ungeld in der Stadt betrugen aber 1936 rh. fl.,¹) woraus ein jährlicher Weinconsum in den Schenken Überlingens von 292 Überl. Fuder oder 2243 altbad. Ohm sich folgerte.²)

Was in einem Jahre nicht verkauft, ausgeschenkt oder durch den Haustrunk aufgebraucht wurde, der nach gleichzeitigen Zeugnissen bemüht war, mit den allgemeinen Ertragsgrössen Schritt zu halten,³) lagerte in den weiten Kellerräumen, die heute noch fast unter jedem älteren Privathause zu finden sind. Vielleicht der lucrativste Zweig der ganzen Überlinger Weinwirtschaft war dieser Weinbau im Keller. Hier lag das Feld der erlaubten Weinspeculation. Durch den Weinbau im Keller sollen kapitalkräftige Bürger, die mit der Weinproduktion selbst nichts zu thun hatten, in kurzer Zeit Vermögen von 100000 rh. fl., also Vermögen von über einer halben Million Mark gewonnen haben, indem sie ärmeren Mitbürgern Geld auf die Arbeit d. h. Betriebskapital liehen, zum Herbst mit Wein entsprechend der Steuertaxe sich bezahlt machten, den Wein im Keller ablagerten, um ihn dann, sobald die Preise hochstunden, auf den Markt zu bringen.⁴) So rentabel scheint nun allerdings der Kellerbau um die Wende des 16. Jahrhunderts nicht mehr gewesen zu sein, obigen Angaben des Münchner Commissionsberichtes müssen die Zustände früherer Jahrhunderte zu Grunde liegen, denn unsere Vermögensstatistik aus dem Jahr 1608 wird zeigen, dass damals nicht ein einziges Vermögen in Überlingen existirte, das auch nur annähernd 100000 rh. fl. erreicht hätte.

---

¹) cfr. Anlage II. 1a.

²) Insofern die höheren Preise des alten Weines, weil im Einzelnen unbekannt, hier unberücksichtigt bleiben mussten, dürfte der Ansatz von 292 Fuder vielleicht etwas hochgegriffen erscheinen, doch haben wir dies dadurch auszugleichen gesucht, dass wir den höchsten zulässigen Gewinn am Fuder: 9 rh. fl. in Rechnung nahmen.

³) Über den Hang der Überlinger Einwohnerschaft zur Völlerei, der überall wo der Wein die Hauptnahrungsquelle bildet, anzutreffen ist, haben die zwei bedeutendsten Männer Überlingens im 17. Jahrhundert, Joh. Heinr. v. Pflummern und Dan. v. Steinbach sich gelegentlich recht deutlich geäussert. cfr. Arch. II, 1, 3. Brief Pflummerns an Überl. d. d. 4. Mai 1634 und Arch. I, 68, 733. Brief v. Steinbachs an Pflummern d. d. 26. April 1649. cfr. auch pag. 8 Anm. 4.

⁴) cfr. Münchner Comm.-Ber. Abschn. 4.

Immerhin warf aber auch im 17. Jahrhundert noch der Weinbau im Keller einen sicheren und nicht unerheblichen Gewinn ab. In den Jahren 1609 bis 1613 z. B. wurde das Fuder Wein durchschnittlich zu 40 rh. fl. versteuert. Im Jahre 1615 bereits belief sich aber der Steuerwert aller aus den Jahren 1609—13 noch restirenden Weine auf 57 rh. fl.,[1]) dieselben hatten also im Laufe von 2—5 Jahren um 42,5 % ihrem ursprünglichen Werte gegenüber zugenommen.

Dass auf diese Preisdifferenzen neben der qualitativen Verbesserung des Weines durch die Kellerlagerung und -Behandlung jeweils auch alle die Momente von Einfluss waren, durch die die Constellation der Märkte überhaupt bedingt zu sein pflegt, ist selbstverständlich. Dieselben — der Ausfall der Weinernte z. B. in den Nachbarländern und deren Preisverhältnisse — konnten natürlich unter Umständen auch einen Preisabschlag in Überlingen notwendig machen. Doch scheinen im Allgemeinen kritische Preisschwankungen dank der weisen Politik des Rates verhütet worden zu sein, der eben nicht einseitig von sich aus die Preise des alten und neuen Weines festsetzte, sondern durch jährliche Enquêten in steter Fühlung blieb mit den bedeutenderen südwestdeutschen Weingegenden und Weinmärkten. Überhaupt verabsäumte der Magistrat keine Massregel, die dem Weinabsatz der Bürgerschaft förderlich sein konnte, ohne den Markt an seinem alten Rufe der Solidität und Güte zu schädigen.

Die beiden wirksamsten Mittel in dieser Hinsicht waren die durch eine entsprechende Marktgesetzgebung angestrebte **Verdrängung der fremden Concurrenz vom Weinmarkt** und das obrigkeitliche **Verbot aller unreellen Weinspeculation**, insbesondere aller Preistreibereien und Weinpantschereien. Zum Schutze der einheimischen Weinproduction existirte in Überlingen seit alten Zeiten (cfr. pag. 34) eine Art von Stadt- und Landsperre gegen den Vertrieb fremder, nicht im Überlinger Etter gewachsener Weine, die in ihrer Wirkung einem directen Einfuhrverbot nahekam. Zwar konnten fremde Weine, nachdem sie einen zwiefachen Zoll bezahlt hatten (cfr. cap. III.), im städtischen Kaufhaus neben den Überlinger Weinen feilgeboten werden, aber ihr Einkauf war allen Einwohnern der Stadt und

---

[1]) cfr. **Ratsprot.** 30. Okt. 1615.

allen Wirten der Landschaft Überlingen gesetzlich untersagt,[1]) so dass den auswärtigen Weinverkäufern nur der Handel mit fremden Marktbesuchern übrig blieb. Dieser aber konnte nicht viel bedeuten, denn die Kornbauern, die das Hauptcontingent der Marktbesucher stellten, pflegten regelmässig ihren Weinbedarf gegen Korn bei Überlinger Bürgern einzutauschen. (cfr. pag. 67.) Um jedem Schmuggelversuch vorzubeugen, durfte niemand in Überlingen, selbst nicht zum Privatgebrauche, ausländische Weine in seinen Keller legen, dieselben mussten jenseits der städtischen Bannmeilen lagern und durften innerhalb des Bannbezirkes (cfr. pag. 69) bei Strafe von 40 $\mathit{fl.}$ und einjährigem Stadtverweis weder aufgebraucht noch verkauft werden. Und gleichermassen sollten in der Landschaft Überlingen neben dem eigenen Gewächs keine andern als Überlinger Weine verschenkt werden.[2])

Eine Ausnahme von der Stadtsperre machte nur der Wein, der auf eigenem Grund und Boden in fremder Mark wuchs und aus steuertechnischen Gründen bis Martini nach Überlingen verführt werden sollte, und eine zweite Ausnahmebestimmung galt den Gewerbetreibenden, die in den nächsten Nachbardörfern Überlingens bis zu 5 Fuder Wein für gelieferte Waare oder Arbeit an Zahlungsstatt annehmen mochten.[3]) Hier wurde also zu Gunsten des Handwerks- und Gewerbebetriebs das qu. Marktmonopol der Überlinger Weinproducenten durchbrochen, umgekehrt konnte aber auch jeder „mit Wein an Salz und Eisen stechen", d. h. die Stadt verzichtete im Interesse des Weinverkaufs auf ihr Salzmonopol und das Gleiche mussten sich die Eisen-, Kupfer- und Zinnwaarenfabrikanten gefallen lassen, denen sonst der Verkauf von Roheisen vorbehalten war.

Gegen das Weinpantschen — und zwar fiel unter diesen Begriff bereits das einfache Verschneiden älterer Weine mit jüngeren[4]) — sowie gegen das Feilhalten verdorbener, weicher, umgefallener Weine ging die Stadt als dem Renommée des

---

[1]) cfr. Arch. III, 13, 157. Ordnung d. a. 1564 und l. c. I, 51, 135. Satzungen des 17. Jahrh. Tit. 31.

[2]) cfr. Ratsprot. v. 9. Oktober 1603.

[3]) cfr. Arch. I, 51, 130. Statut d. a. 1461, wiederholt in den späteren Stadtsatzungen.

[4]) cfr. die Stadtsatzungen des 17. Jahrh. Tit. 32.

Überlinger Weinbaus schädlichen Praktiken mit den strengsten Geldstrafen vor, die bei rückfälligen Personen durch längere Freiheitsstrafen verstärkt werden konnten.[1]) Alle diese Massregeln und Vorkehrungen, das partielle Weinkaufverbot, die Weinexportprämien, die durch Aufhebung der angeführten Monopolrechte geschaffen wurden, die stadtpolizeiliche Regelung und Überwachung der Preisbewegung, die städtische Fürsorge für reelle Waare u. ä. m., erhielten der weinbautreibenden Bevölkerung Überlingens ein sicheres und weitausgedehntes Absatzgebiet, das auf die rauhe Alb, an die Donau, ins Allgäu und selbst bis nach Landsberg und München sich erstreckte.[2])

Ziehen wir aus all' dem das Facit, so wird man zugestehen müssen, dass in den 70 Jahren unserer Untersuchungsperiode, von 1550—1620, die Natur und die menschliche Kunst um die Wette sich bemüht haben, die Finanzlage des Überlinger Winzerstandes so günstig als nur möglich zu gestalten, günstiger als dieselbe seit einem Menschenalter in den besten Reborten Badens gewesen ist, so dass bei rationeller Wirtschaftsführung das private Einnahmebudget der Familien, die ganz oder doch hauptsächlich im Weinbau ihre Nahrung suchten, auf solider, sicherer Grundlage fussen konnte.

Neben dem Weinbau wären in zweiter Linie noch die eigentlichen Gewerbe nach ihrer Bedeutung für die privaten Haushaltungsbudgets Überlingens zu würdigen. Wir können indess diesen Punkt mit kurzen Worten abthun, da das im einleitenden Capitel betreffs des Überlinger Gewerbelebens Gesagte durch die Zustände des 16. und 17. Jahrhunderts in keiner Weise abgeschwächt wird und auch für diese Jahrhunderte weder private noch öffentliche Aufzeichnungen sich gefunden haben, aus denen man sich ein Bild von der finanziellen Einträglichkeit der einzelnen Gewerbe machen könnte.

Nachdem im Jahre 1563 die letzten Nachwehen der gewaltsamen Verfassungsänderung Carls V. überwunden und die am längsten gesperrten Zünfte der Metzger und Schneider wiederaufgethan waren, hatte auch das Gewerbeleben Überlingens ganz

---

[1]) cfr. Ratsprot. v. 18. Aug. 1558 und 27. Nov. 1575.
[2]) cfr. Münchner Commiss.-Ber. Abschn. 4.

denselben Rahmen wieder gewonnen, indem es seit Jahrhunderten sich bewegte. Es existirten wieder die 7 alten Zünfte und diesen untergeordnet war eine Anzahl von Gewerben, die in numerischer Beziehung und ihrem allgemeinen Einfluss nach zu schwach waren, um eigene Zünfte zu bilden. Diese alle, die Zünfte und die zunftverwandten Gewerbe — von dem besprochenen Stande der Rebleute abgesehen — richteten den Umfang ihrer Production wie von altersher nach den alltäglichen Bedürfnissen der Überlinger Bevölkerung ein, wobei sie höchstens noch die Korn zuführende Landbewohnerschaft in ihre Absatzberechnung miteinschlossen. Von einem wirklichen gewerblichen Leben Überlingens, das naturnotwendig den Begriff des Fortschritts und der Entwicklung in sich trägt, kann also streng genommen ausgangs des 16ten Jahrhunders ebensowenig wie in früherer Zeit die Rede sein. Dasselbe Bild der Gewerbearmut, das schon den ältesten Zunftbüchern eigentümlich ist, charakterisirt auch die Zunftacten des 16. und 17ten Jahrhunderts. Übrigens war man sich dieser Thatsache in den massgebenden Regierungskreisen Überlingens sehr gut bewusst und dieselbe wurde gelegentlich auch ganz unverhohlen öffentlich ausgesprochen. Als z. B. im Jahr 1547 der Überlinger Magistrat in Marktangelegenheiten persönlich bei Carl V. vorstellig ward, berief sich derselbe direct darauf, dass die Stadt „kein Gewerb, allein einen Weinwachs, neben dem einen Wochenmarkt, Korn- und Salzkauf habe".[1]) Das Gleiche schrieb der Magistrat am 19. Januar 1622[2]) an Erzherzog Leopold von Österreich zur Motivirung seines Waffen- und Munitionsgesuches, „weil bei Überlingen als nur einer Bau- und keiner Gewerbestadt dieselben nicht zu bekommen". Und an Kurfürst Maximilian von Bayern liess Überlingen im Jahr 1644[3]) berichten, „wie mit Ausnahme des Weinverkaufs Stadt und Bürgerschaft keine Trafiken" hätten. Im ersten und dritten Fall, wo es sich doch um eine officielle Darlegung der öffentlichen und privaten Finanzgrundlagen Überlingens handelte, schlug man also die Bedeutung des ge-

---

[1]) cfr. Arch. I, 1, 22. Marktpriv. Karls V. v. 20. Febr. 1547. Das Genauere hierüber cfr. pag. 69.
[2]) cfr. Missivprotoc. d. d. c.
[3]) cfr. Münchner Comm.-Ber. Abschn. 5.

werbetreibenden Standes für die gemeine Wohlfahrt der Bürgerschaft so niedrig an, dass derselbe als quasi nicht vorhanden betrachtet wurde. Trotzdem wäre es sicher falsch, aus dieser officiellen Verläugnung des Gewerbebetriebs, der eine gewisse zweckbewusste Absichtlichkeit vielleicht nicht ganz ferne lag, nun dessen Unrentabilität folgern zu wollen. Einer solchen Annahme widerstreiten schon allgemeine Vernunftgründe. Brachte der Gewerbebetrieb auch keine grossen Vermögen (cfr. pag. 88), so werden wir doch bei bestimmten Gewerben, wie dem der Müller, Bäcker und Metzger z. B., gerade wie auch heute eine Art satten Wohlstandes voraussetzen müssen. Die Producte dieser Gewerbe entsprachen den primitivsten Lebensbedürfnissen, die täglich neu erwachen und befriedigt werden müssen, so dass die Angehörigen dieser Gewerbe mit einem sicheren täglichen Absatz rechnen konnten. Erhöht wurde dieses Moment der Sicherheit im alten Überlingen noch durch die zünftige Beschränkung der Gewerbefreiheit, die allerdings andererseits auch eine individualistisch-egoistische Ausbeutung günstiger Erwerbsconjuncturen verhinderte. Der Bäcker z. B., dem ohne Zustimmung seiner Zunft keine neue Concurrenz erwachsen konnte, musste dafür es auch hinnehmen, dass der Rat ihm seinen Brotgewinn bis auf den Pfennig vorschrieb,[1]) ihm zeitweise verbot, mehr als 3 Mal die Woche oder früher zu backen, als er seinen alten Brotvorrat abgesetzt hatte, u. ä.[2])

Und die gleichen oder ähnliche Gründe lassen sich auch zu Gunsten der übrigen Gewerbe anführen. Sie alle haben den einzelnen Haushaltungen zum mindesten eine schätzbare Zubusse zu den eventuellen Haupteinkünften aus dem Rebbau geliefert. Dies ist um so bestimmter zu behaupten, als die Absatzgelegenheit für die Produkte aller Gewerbe bei dem grossen Fremdenverkehr, der allwöchentlich durch den Markt in Überlingen veranlasst wurde, eine ganz vorzügliche war. Klein dagegen, und unter Umständen sogar verschwindend klein, konnte die Bedeutung der gewerblichen Einkommen für die allgemeinen Wohlfahrtsverhältnisse dann allerdings mit Recht genannt werden,

---

[1]) cfr. Arch. I, 51, 130. Satzungen des 15. u. 16. Jahrh. und Ratsprot. v. 8. Aug. 1615.

[2]) cfr. Ratsprot. v. 2. Septbr. 1585.

sobald man dieselben, wie dies in den 3 citirten Quellenstellen
geschieht, in Vergleich setzte einerseits zu dem Weinbau, der
jährlich für über eine halbe Million Mark Werte producirte, und
andererseits zum Markt, dessen centrale Stellung in dem Wirtschaftsleben Überlingens, die aus dem bisher Abgehandelten teilweise schon hervorging, nun im Folgenden des Genaueren noch
erörtert werden soll.

Vom privatwirtschaftlichen Standpunkt eines Überlinger Einwohners aus hatte der jeweils Mittwochs abgehaltene Wochenmarkt[1]) eine doppelte Aufgabe zu erfüllen: Er vermittelte den
Austausch der Natur- und Gewerbeproducte gegen Geld oder
andere Bedürfnisgüter, unter denen das Getreide, da Überlingen
keine Landwirtschaft hatte, die Hauptrolle spielte, und ausserdem
war der Markt vom 17. Jahrhundert ab noch die Quelle selbständiger Einkünfte, bestehend in Handelsgewinnsten. Naturgemäss war von den Functionen des Marktes diejenige die
wesentlichste, die ihm als Organ des wirtschaftlichen Stoffwechsels im Wirtschaftsorganismus Überlingens zukam, die
Waarenaustauschvermittlung. Überall wo von der Bedeutung
des Überlinger Marktes urkundlich die Rede ist, wird dieser
Gesichtspunkt allen voran an die Spitze gestellt, und ebenso
regelmässig wird die Umsatzvermittlungsthätigkeit des Marktes
vornehmlich auf den Weinaustausch gegen Getreide bezogen.
„Die Schrannen und der Weinwachs — heisst es in dem Münchner
Commissionsbericht — hat die Stadt Überlingen so vermöglich
und reich gemacht, das sind die beiden höchsten Kleinodien.
Durch die Getreidezufuhr wird der Wein vertrieben und
bringt Kaufleute und Zehrung, . . denn an einem Ort eine
gewaltige Sache ist, wo man ewige und gleichsam erbliche, ja
der Gelegenheit nach gezwungene Kaufleut weiss, sintemal
einem solchen Ort jedermann seine Waare zusendet und zuführt,
weil er alsbald baares Geld davon weiss." Und das Marktprivileg Karls V. für Überlingen vom Jahr 1547 ward hauptsächlich durch die Vorstellungen der Bürgerschaft veranlasst:
„wie sie kein Gewerb, allein einen Weinwachs, neben dem einen
Wochenmarkt, Korn- und Salzkauf habe, durch welche Märkte,

---

[1]) Über das Folgende cfr. Münchner Commiss. Ber. Abschn. 5 u. 7.
Wo weitere Quellen benutzt, sind diese extra angegeben.

Korn- und Salzkäuf die Bürger ihre Weine vertreiben, abwechseln und anbringen."

Die beiden charakteristischen Tauschobjecte des Überlinger Marktes bestanden also in dem Wein, der im Überlinger Etter wuchs, und in dem Korn, das die Bauern vom Lande der Stadt zuführten. Der Austausch selbst erfolgte entweder in Form eines wirklichen Tausches der Naturproducte oder vermittelst des Geldes, das der Bauer aus seinem Korn, der Städter aus dem Wein gelöst hatte. Auf diesem Wege versah sich der städtische Einwohner wöchentlich mit den zum Leben notwendigen Getreidevorräten, er setzte seinen Wein ab und in den meisten Fällen blieb ihm dabei noch baares Geld in der Hand. Aber auch wer nicht direct Weinhandel trieb, konnte an den Markttagen ein gutes Geschäft machen in Folge des ungeheueren Menschen-, besonders Bauernverkehrs in Überlingen. Vorzüglich galt dies den Wirten, Bäckern und Metzgern, da bekanntlich der Bauer, der einen Kauferlös in der Tasche hat, mit Speise und Trank nicht zu kargen pflegt. Und ebenso wird der kleine Kaufmann Überlingens, der kromer, merzeler und barchathändler, wie überhaupt jeder, der feile Waare hatte, bei dieser Gelegenheit aufs Land verkauft haben. Darauf beschränkte sich jedoch das Überlinger Marktleben keineswegs. Wenn auch privatwirtschaftlich betrachtet auf den Korn- und Weinverkauf zu dem angeführten Zwecke noch immer der Hauptaccent fiel, so stund doch der Überlinger Markt als solcher im 16ten Jahrhundert längst nicht mehr auf jener primitiven Anfangsstufe, die im Widerspruch mit dem eigentlichen Handelsprincip einen Kauf oder Tausch nur in dem Umfange zuliess, als derselbe zur Befriedigung der subjectiven Bedürfnisse einer einzelnen Person oder Familie notwendig war, und die ausserdem jeden Kauf von Gast zu Gast als den Interessen der marktbesitzenden Bürgerschaft zuwider untersagte. Im Gegenteil. Es existirte damals in Überlingen ein selbst nach heutigen Verhältnissen sehr beträchtlicher Kornhandel, ein Aufkauf des Getreides zum Zwecke des Wiederverkaufs, der bis Anfang des 17ten Jahrhunderts überwiegend von fremden Händlern getrieben wurde und erst im Laufe des 17. Jahrhunderts allmälig in die Hände der Bürgerschaft überging. Und es war von vitalstem Interesse für die städtische Getreidepolitik, diesen Fremdenhandel mit allen Kräften zu unterstützen, weil so allein ihre Hauptaufgabe, die Sorge für normale und billige Brotpreise sicher und dauernd durchgeführt werden konnte. Das Verbot dieses Handels wäre ebenso unklug wie unnatürlich gewesen, insofern die Stadt dadurch mit den Getreidehändlern auch die Getreidezufuhr, das Brot vertrieben und dazu noch, sich und der Bürgerschaft zum Schaden, einen Erwerbszweig unterbunden hätte, für den die Natur selbst Überlingen wie kaum eine zweite Stadt Oberdeutschlands vereigenschaftet hatte.

In der örtlichen Lage Überlingens waren nämlich in früheren Jahrhunderten alle Vorbedingungen vereinigt, die ein Getreidehandelsplatz nur immer erheischen mochte. Bedeutungsvoll war zunächst die Nähe der getreidearmen Schweiz, die, wenigstens die Nordschweiz, hauptsächlich von süddeutschem Getreide lebte, und daher der Getreideausfuhr ein immer aufnahmefähiges Absatzfeld bot. Sodann hatte Überlingen ein umfangreiches Getreide producirendes und exportirendes Hinterland. Dasselbe umfasste, abgesehen von der Landschaft Überlingen, deren Bewohner alles feile Getreide bei Strafe von 10 ℔₰ nach Überlingen führen mussten,[1]) das Donauthal östlich von Donaueschingen, die gesammte Grafschaft Heiligenberg, den südlichen Teil von Hohenzollern und den südlichen Teil der rauhen Alb einschliesslich der Ravensburger Gegend, d. i. so ziemlich die ganze südliche Hälfte des heutigen Königreichs Württemberg. Diese sämmtlichen Landstriche, von einer ackerbautreibenden Bevölkerung bewohnt, waren auf die Getreideausfuhr angewiesen und richteten ihren Export nach der Schweiz, wo ständig die höchste Wertschätzung für Getreide herrschte. Für die gesammte Getreideausfuhr dieser Länder bildete aber Überlingen den natürlichen Stapel- und Ausfuhrplatz. Der Grund hiefür lag in den damaligen Communicationsverhältnissen.

Vor allem liess sich von Überlingen aus der Getreidetransport auf dem Wasserweg bewerkstelligen, der der grösseren Billigkeit und Sicherheit halber — wenigstens soweit Gefahr von Menschenhand drohte — von den Händlern jederzeit den Landwegen vorgezogen wurde. Aber nicht nur dies. Vom Überlinger Hafen aus führte auch der kürzeste und mindestgefährliche Transportweg in die Schweiz. Alle Wasserstrassen, die von den

---

[1]) cfr. Ratsprot. v. 2. Juli 1573.

Häfen des Obersees ausgingen, waren doppelt so lang und bei dem stürmischen Charakter des Obersees gefahrvoller, als der Weg von Überlingen nach Constanz, der bequem in 2 Stunden zurückgelegt werden konnte. Ein Moment von ausschlaggebender Bedeutung für die schweizerischen Getreidehändler, die z. B. von St. Gallen aus lieber die weite Reise über Constanz nach dem Überlinger Markt machten, als dass sie ihr kostbares Gut einer Seefahrt von Lindau aus anvertraut hätten. In diesem Punkt konnte nur eine Stadt mit Überlingen rivalisiren, Meersburg, das um den halben Seeweg näher bei Constanz liegt, als Überlingen. Und thatsächlich haben es auch die Grafen von Heiligenberg mehrmals versucht, in dem bei Meersburg gelegenen Flecken Uhldingen einen Kornmarkt aufzurichten, mussten aber jederzeit davon wieder abstehen, da Überlingen seine Marktstellung auch rechtlich gesichert hatte. Die bedeutsamste Urkunde der ganzen Überlinger Wirtschaftsgeschichte ist das hierauf bezügliche schon öfters erwähnte Marktprivileg Karls V. für Überlingen d. d. Ulm 20. Februar 1547.[1]) Dasselbe ward Überlingen erteilt: „zu etwas Ergötzlichkeit ihrer (der Bürger) getreuen Dienste und in Sonderheit um ihres Wohlhaltens willen, damit sie sich in dieser währenden Empörung (gemeint ist der Schmalkaldische Krieg) vor andern Ständen und Städten als eine gehorsame Reichsstadt bei Uns erzeigt und erwiesen haben." Seine wichtigste Bestimmung lautet: „dass nun hinfürter ohne ermelter Burgermeister und Rat der Statt Überlingen Wissen und Willen in zwei Meilen wegs, die naechsten rings um die Statt Überlingen, wo von altersher nit gefreite Märkt und Gewerbe gewesen oder noch sind, keine Märkte, Korn- noch Salzkäufe oder Gewerb ... von neuem aufgerichtet, gehalten noch gebraucht werden sollen, die obgemelter Stadt Überlingen an ihren Märkten und Gewerben, sonderlich dem Korn- und Salzkauf nachteilig und schädlich sein mögen." Damit war Überlingen, und zwar bei Strafe von 20 Mark lötigen Goldes, der Monopolbetrieb des Kornmarktes innerhalb eines Umkreises mit dem Radius von 2 Meilen rechtlich garantirt. An der Peripherie dieses Bannkreises lagen nördlich die Stadt Pfullendorf, westlich und südwestlich die Städte Stockach, Radolfszell,

---

[1]) cfr. Arch. I, 1, 22.

südlich ging die Grenzlinie jenseits der Stadt Constanz durch die Schweiz über den See nach dem Überlinger Dorfe Hagenau und schloss o. n. ö. in salemisch-heiligenbergischem Gebiet. Da aber den Städten Pfullendorf und Stockach der Wasserweg fehlte, Radolfszell, in dem ein Kornmarkt existirte, bei weitem nicht das Hinterland von Überlingen hatte, in Meersburg, weil es innerhalb des Bannkreises zu liegen kam, kein Kornmarkt aufkommen durfte, so blieb als einzige Stadt, die kraft alter Privilegien dem Überlinger Kornmarkt hätte Abbruch thun können, Constanz übrig. Aber auch der Getreidemarkt von Constanz konnte, ganz abgesehen davon, dass der Schwerpunkt des Constanzer Marktes auf den Leinwandhandel fiel, schon desshalb nicht sehr bedeutend sein, weil natürlich die Kornbauern es vorzogen, die Kosten und das Risiko des Seetransportes den Getreidehändlern zu überlassen, und lieber ihre Waare in dem Hafenplatz Überlingen feilboten.

Alle diese Umstände bewirkten zusammen, dass Überlingen die grösste Schranne am ganzen Bodensee, ja — nach dem Münchner Commissionsbericht — in ganz Oberdeutschland hatte. Hauptsächlich waren es die Kantone Basel, Solothurn, Bern, Luzern, Graubünden, St. Gallen, ferner der Bregenzerwald, das bayrische Allgäu und die Städte Lindau und Constanz, deren Kornhändler den Überlinger Markt „frequentissime" besucht und an besseren Markttagen bis zu 5000 Zentner (2000 Sack) auf breiten Kornschiffen hinweggeführt haben. Wenn man erwägt, dass diese 5000 Zentner allein nur verfrachtet wurden, also nur die zum Export ins Ausland bestimmten Kornvorräte repräsentirten, in die der Kornverbrauch von Überlingen nicht miteingerechnet ist, und dass ferner das sämmtliche Korn in geringeren und grösseren Teilquantitäten auf der Axe von der Bauernschaft herbeigeführt wurde, so wird man sich ein ungefähres Bild machen können von dem Umfange des wöchentlichen Kornmarktes und des dadurch bewirkten Fremdenverkehrs und Consums in Überlingen. Wir sind leider nicht im Stande dies Bild durch weitere Zahlen zu vervollständigen, da merkwürdiger Weise in ganz Überlingen kein einziges Kornbuch aufzufinden war, das über das 18. Jahrhundert zurückginge. Doch charakterisiren die angeführten Daten hinlänglich die ganz hervorragende Bedeutung des Überlinger Kornhandels in früheren Jahrhunderten, der, — um mit modernen Verhältnissen zu rechnen — was die Grösse seines Absatzgebietes anbetrifft, sich mit der Ulmer Schranne, die zur Zeit den Württembergischen Getreidehandel beherrscht, füglich messen konnte, im Umsatz selbst aber diese pro Markt um etwa 1000 Zentner durchschnittlich noch übertraf.[1])

Unter solchen Umständen konnte die Sorge für normale Brotpreise der städtischen Wirtschaftspolitik nicht schwer fallen, wofern nur alle künstlichen Preistreibereien verhindert wurden. Dagegen aber und ebenso gegen die Gefahren unzeitiger Massengetreideaufkäufe, die dem Bürger zum Hausgebrauch nichts übrig liessen, schützte sich die Stadt durch eine umsichtige und umfassende Marktgesetzgebung.

Die Überlinger Marktordnungen unterscheiden sich in den Hauptpunkten nur wenig von denen anderer Städte. Es lag in der Natur der Sache, dass in allen wichtigeren Fragen des Verkehrslebens, also besonders in Markt- und Handelsangelegenheiten, die einzelne Stadt nicht einseitig von sich aus den Entscheid traf, sondern womöglich in Verbindung mit Nachbarstädten, die unter denselben oder ähnlichen Bedingungen ihre Wirtschaft führten. Man einigte sich über die allgemeinen Grundzüge und überliess deren Ausführung im Détail den localen Bedürfnissen jeder Stadt. Alle paar Jahre wurde eine Revision abgehalten, bei der nach Lage der Dinge geändert oder das Alte beibehalten werden konnte. So hatten auch die Kornmarktordnungen der Stadt Überlingen, die sogenannten Grödtordnungen, die uns speciell hier interessiren, programmatische Bedeutung für die Kornmärkte von Lindau, Constanz, Radolfszell und Stein a./Rh., deren Vorort Überlingen im Kornhandel war.[2])

Der Grundgedanke nun aus dem sich die Einzelbestimmungen der Überlinger Kornordnungen des 16ten Jahrhunderts herausentwickelt haben, gipfelte in der Forderung: **Brot dem Bürger, Handel dem Handelsmann**. Zu dem Zweck schien es nötig,

---

[1]) Nach gütiger mündlicher Mitteilung verschiedener Überlinger den Ulmer Kornmarkt besuchenden Grosshändler.

[2]) Für dies und das Folgende cfr. die Vereinbarungen zwischen Überlingen und den genannten Städten vom Jahr 1534, revidirt 1543, 1564, 1609. Arch. III, 3. 200. Grödtordnungen d. a. 1500—1752.

dass weder der Bürger beim Kornkauf zum Privatgebrauch durch den Händler, noch umgekehrt der Händler beim Handelskauf vom Bürger belästigt oder benachteiligt werde; doch bekam in kritischen Zeiten die Brot- resp. Kornbedürfnisbefriedigung der Bürgerschaft den unbedingten Vorzug.[1])

Zum Einkauf seines Hausvorrates an Korn besass jeder Bürger und Einwohner das sog. Vorkaufrecht auf dem allgemeinen Markt, der mit dem Aushängen des Stadtfähnleins seinen Anfang nahm. Während der Dauer dieses Marktes, von dem die berufsmässigen Kornhändler, die Korn-Phragner oder Grempler ausgeschlossen waren, hatte die Bürger- und Einwohnerschaft Gelegenheit, unbehelligt von fremder Concurrenz, sich mit Lebensmitteln zu versehen, insbesondere im Tauschhandel den Wein gegen Getreide abzusetzen. Hier kauften auch neben dem privaten Bürgersmann die städtischen Bäcker und Müller ihre Getreidevorräte, die sie im Interesse der Bürgerschaft zu Mehl abgemahlen in Bereitschaft halten mussten. Nach Schluss dieses Marktes auf ein Zeichen der Kornglocke fing darauf der eigentliche Getreide-Handelsmarkt an. Fast ebenso ausschliesslich wie der erste Markt den Bürgern, blieb dieser Nachmarkt im 16ten Jahrhundert den Kornhändlern reservirt. Nicht so zwar, dass nicht auch jetzt noch der Bürger, der sich verspätet hatte, auf Meldung beim Markt- oder Grödtmeister[2]) zum Hausgebrauch hätte einkaufen dürfen, — im Notfall, bei völlig ausverkauftem Markt, musste der fremde Händler sogar bis zur Hälfte seiner Waare dem Bürger für den Einkaufspreis ablassen, — aber der eigentliche Kornhandel, „der Einkauf auf Gewinn", war dem Bürger bei Strafe sofortiger Waarenconfiscation verboten. Niemand von der Bürgerschaft und Einwohnerschaft sollte für sich oder in fremdem Auftrag in der Stadt oder Landschaft Überlingen Korn zu Handelszwecken aufkaufen und aufschütten, unter Umständen riskirte ein solcher ausser dem Verlust seines Kornes noch Freiheits- und selbst Leibesstrafen. Eine Ausnahme hierin machte nur die beschränkte Anzahl von Bürgern, die als städtische Getreidehändler zum gewerbsmässigen Getreidehandel

---

[1]) cfr. Ratsprot. 17. März 1622.
[2]) Dem Vorstand des städtischen Kaufhauses, der „Grödt". Über das Marktpersonal cfr. pag. 75 u. 77.

zugelassen und von der Stadt in Eid und Pflicht genommen waren, und ausserdem die Stadt Überlingen selbst, deren Kornlauben jederzeit gefüllt sein mussten, um bei Getreidetheuerung durch verstärkte Marktzufuhr auf die Preishöhe drücken, oder nötigenfalls von sich aus der Bürgerschaft Getreide feilbieten zu können. Privatwirtschaftlich dagegen hat auch die Stadt niemals Getreidehandel getrieben (cfr. cap. III.). Als Kornverkäufer durften sodann alle diejenigen Bürger am Handel Teil nehmen, die in Folge von Korngülten oder Ernteerträgen aus Gütern in fremder Gemarkung überflüssiges Getreide in Privatbesitz hatten.

Man wird vom volkswirtschaftlichen Standpunkt aus dieser Getreidehandelspolitik des Überlinger Magistrates im 16. Jahrhundert nur beipflichten können. Zwar versagte dieselbe dem einheimischen Kapital die in vielen Fällen gewiss sehr beträchtlichen Handelsgewinne zu Gunsten der wenigen Überlinger und der grossen Masse von fremden Händlern, erhielt aber gerade dadurch dem Markt seine Grösse und Bedeutung, die eben in erster Linie von dem Zuspruch des Auslandes und der die Interessen des Auslandes vertretenden fremden Kornhändler abhingen, deren auch nur teilweises Wegbleiben aus Ursachen einer erhöhten Überlingischen Concurrenz einen in jedem Fall das Gemeinwohl schädigenden Rückgang des Marktlebens hätte herbeiführen müssen.

Dass man später, im ersten Decennium des 17. Jahrhunderts, diesen seit Jahrhunderten mit Erfolg eingehaltenen Kurs plötzlich änderte und, dem Drängen eines Teils der Bürgerschaft nachgebend, den Bürger marktrechtlich dem Händler gleichstellte, hatte seinen Hauptgrund wohl nur in jenem allgemein beunruhigenden Gefühle der politischen Unsicherheit, das lange vor Ausbruch des 30jährigen Krieges sich besonders der oberdeutschen Kreise bemächtigt hatte und zu derartigen kurzsichtigen Augenblicksentschlüssen Veranlassung werden konnte. Bis zum 17ten Jahrhundert musste und konnte die Einwohnerschaft Überlingens auch ohne Handelsgewinne mit den wirtschaftlichen Vorteilen zufrieden sein, die der Markt und Fremdenverkehr in steter und ausgiebiger Weise allwöchentlich mit sich brachte.

Von den allgemeinen marktpolizeilichen Vorschriften endlich, die keiner weiteren Erklärung bedürfen, deren Aufgabe eben die

Verhütung jeder künstlichen Beeinflussung des natürlichen Preisbildungsprocesses war, sind hier noch zu erwähnen: das Verbot aller geheimen Käufe, das Verbot des sogenannten Gemeinesachemachens, beim Kornmarkt also der Kornringe, und das Verbot aller Käufe auf zukünftige Märkte d. h. von Waaren zukünftiger Märkte.

Damit hätten wir die beiden wichtigsten Grundlagen der Überlinger Privathaushalte erledigt: den Weinbau und den Markt, zwei complementäre Güter, deren eines die materiellen, das andere mehr die formalen Bedingungen der privatbürgerlichen Wohlfahrt umfasste. Es erübrigt nun auf drei weitere Punkte noch in Kürze einzugehen, die, wennschon von secundärer und subsidiärer Natur, doch in der Wirtschaftsbilanz gar manches Bürgers eine Rolle spielten: auf die städtischen Besoldungs- und Lohneinkünfte, auf die private Creditbedürfnisbefriedigung und auf das städtische Spital zum h. Geist.

Eine nicht geringe Anzahl von bürgerlichen Familien, ungefähr der vierte Teil der Bürgerschaft, bezog städtische **Besoldungs- und Lohneinkommen**.[1]) Im Ganzen existirten etwa 200 bezahlte Stellen, die von der Stadt auf jeweils ein Jahr vergeben wurden; dazu kamen noch zahlreiche unbesoldete Ehrenämter, die aber immerhin gewisse jährliche „Verehrungen" in Geld oder Naturalbezügen abwarfen. Nach Art und Umfang zerfielen die städtischen Gehälter in 3 Classen: in **feste Gehälter**, in solche bei deren Ausmessung die event. aus der Amtsführung resultirenden Accidentien in Anrechnung gebracht wurden, und in **Lohneinkünfte**, die nur aus Amtsgebühren und Sporteln sich zusammensetzten. Die Hauptquote der städtischen Gehälter bestund in Bargeld, das in um so höherem Masse durch Naturallieferungen ersetzt wurde, je niederer das Amt war. Die Bezugsberechtigten selbst schieden sich in eigentliche **Beamte** und **städtische Bedienstete oder Diener**.

---

[1]) Über das Folgende cfr. 1) die Ratswahlbücher des 16. und 17. Jahrhunderts, 2) Arch. II, 4, 21. Bestallungsbuch der Stadtbediensteten d. a. 1550—1594, 3) l. c. I. 28, 335. gemeiner Stadt Diener Ausgaben 1573—1621, 4) l. c. I, 79, 846. Lohnordnungen d. a. 1550—1662. Behufs Umrechnung der im Folgenden angeführten Besoldungssätze in unsere moderne Währung cfr. pag. 49 Anm. 4.

Da, wie betont, die höchsten Ämter fast durchgängig als Ehrenämter unbesoldet waren, so fielen die eigentlichen Beamtenbesoldungen weder im städtischen Ausgabe- noch im privaten Einnahmebudget der Bürgerschaft sehr ins Gewicht. Sie betrugen in den Jahren 1580—1600 durchschnittlich 521 rh. fl.,[1]) und verteilten sich auf nachstehende Personen in folgender Weise:
1) Besoldung des Stadtschreibers oder Kanzleiverwalters (mit juristischer Bildung cfr. pag. 89) 125 rh. fl.
2) Besoldungen: des Rentstüblinsschreibers (mit finanztechnischer Schreibstubenbildung) 100 rh. fl.; des Stadtadvocaten (ausschliesslich der Accidentien) 30 rh. fl.; des Stadtmedicus 100 rh. fl.; des Zeugmeisters (des patrizischen Zeughausdirectors) 100 fl.; des lateinischen Schulmeisters (ausschliesslich des Schulgeldes von 17 xr. pro Schüler im Jahr) 66 rh. fl.

Hiezu erhielten diese sämmtlichen Beamten noch Dienstwohnungen bzw. Wohnungsgeldentschädigungen in der Höhe von 5—8 ₰., 5,5—9 rh. fl. cc. Die höchste Naturalcompetenz besass der pecuniär wohl am schlechtesten gestellte lateinische Schulmeister: 24 Zentner Korn und 1,5 Fuder Wein für sich und seinen Provisor.

Die städtischen Beamten zweiter Klasse, die Stadtbediensteten oder Diener, gliederten sich in Absicht der Grösse und Beschaffenheit ihrer Gehälter in 4 Gruppen.

Zur ersten Gruppe gehörten vorab die städtischen Subalternbeamten: der Gerichtsschreiber, der Canzleisubstitut, die niederen Finanz- und Marktbeamten: der Grosszoller, der Zoller, der Grödtmeister, die 3 Marktverseher, die 4 Unterkäufer, ferner der deutsche Schulmeister, die verschiedenen städtischen Werkmeister, z. B. die Zimmer-, Brunnen- und

---

[1]) Die Besoldungssätze, deren Dauer auf längere Zeit übrigens ausdrücklich vorgesehen war, mussten den Jahren 1580—1600 entnommen werden (Arch. I, 28, 335). Doch stimmen zu dem gefundenen Satz von 521 rh. fl. auch die Stadtrechnungen der J. 1608 u. 1610—16, die unter der Rubrik „Besoldungen der Beamten u. Verehrungen der Ratsherren" (also einschliesslich der in obige 521 fl. nicht eingerechneten Ratssitzungsdiäten) eine Durchschnittssumme von 642 rh. fl. aufweisen. cfr. Anlage II, 1 b. In den 20er Jahren des 17. Jahrh. erhöhten sich die Besoldungssätze entsprechend den gesteigerten Lebensmittelpreisen cfr. cap. III.

Stadtgrabenmeister, endlich die grosse Menge städtischer Werk- und Waarenschauer: die Unbau-, Stecken-, Brot-, Fleisch-, Schmalz-, Fischschauer u. s. w. Alle diese Beamte stellten sich auf 42—61 rh. fl. im Jahr und hatten ausserdem noch freie Wohnung und vereinzelt Korn- und Weinbezüge. Eine Stufe tiefer mit einem Jahresgehalt von 20—30 rh. fl., freier Wohnung und teilweiser Naturalverpflegung, stunden die städtischen Knechte, wie z. B. die Rats-, Ungelter-, Grödt-, Bau-, Kalk- und Brunnenknechte, ebenso das Dienstpersonal des Marstalls, die Wächter in den Kornlauben, auf den Thoren, in den Vorstädten, und noch viele ähnlich niedere Diener.

Die dritte Gruppe bildeten Leute von der Dienststellung eines Bettelvogts, Bannwarts, Stadtboten, Stadtkarrers, Stadthirten, die jährlich mit 6—12 rh. fl. entlohnt wurden und überdies noch die Wohnung, die Nahrung und in gewissem Umfange auch die Kleidung von der Stadt geliefert erhielten.

Diese 3 Bedienstetengruppen, deren also keine ausschliesslich auf Sporteln gesetzt war, wennschon alle Stadtdiener kleinere gebührenartige Nebeneinkünfte haben mochten, verursachten der Stadt in den Jahren 1608 u. 1610—16 einen durchschnittlichen Aufwand von 1239 rh. fl. (cfr. Anlage II, 1 b.) Darnach betrug der gesammte Besoldungsaufwand während obiger Zeit, also der Besoldungsaufwand einschliesslich der Beamtenbesoldungen und Ratsverehrungen: 1881 rh. fl., ein Ausgabeposten, zu dem der Münchner Commissionsbericht die kritische Bemerkung macht: viel überflüssige Diener.

Hierin nicht miteingerechnet waren und nicht zu berechnen sind die Lohneinkünfte[1]) der 4ten Dienergruppe. Diese, von ausschliesslich gebührenhaftem Charakter, entfielen besonders auf

---

[1]) Zu einem Abschnitt über den Ertrag der Lohnarbeit überhaupt, der hier wohl am Platz gewesen wäre, mangeln die Quellen. Nur das sei bemerkt, dass die in den Lohnordnungen (cfr. pag. 50 Anm. 2) verzeichneten Dienstboten-Jahrlöhne durchweg das Einkommens-Niveau der untersten noch eine fixe Besoldung beziehenden Stadtdiener nicht überschritten. Ungerechnet Kost und Logis, erhielten: ein Karrenknecht 6 rh. fl. 52 xr., der Hausknecht eines Wirtshauses 6 rh. fl., die Köchin eines Wirtshauses 6 rh. fl., eine Feldmagd 4 rh. fl. 52 xr., eine gewöhnliche Magd 4 rh. fl. 34 xr. Verabreichung von Kleidern etc. war dabei aber ausdrücklich untersagt. cfr. auch pag. 50 u. 52, den Jahrlohn eines Rebknechtes betr.

die städtischen Marktknechte, deren es zu Zeiten in Überlingen wohl an die Hundert gab. Wir zählten allein nach den in diesem Punkt recht lückenhaften Ratswahlverzeichnissen des 16. und 17. Jahrhunderts[1]) ca. 60 Personen: 30 Kornmesser, 8—10 Kornschütter, 12 Trögel (Kornträger), 1 Wagenspanner, 1 Fronwäger, 1 Weinschöpfer, 4—6 Weinlader. Die Sporteln für die Dienstleistungen dieser Knechte wurden von ihnen selbst nach amtlich fixirter Taxe erhoben, ein Teil des Ertrages — bei den Weinladern z. B. ein Drittel — wurde an die Stadtcasse abgeführt, der Rest blieb ihr Einkommen. So geringfügig auch die Sporteln an sich waren, vom Sack Korn z. B. betrug der Sportelsatz für den Trögel einen Pfennig, so warfen doch sicher gerade diese Sporteleinkünfte bei der Grösse des Überlinger Marktverkehrs aufs Jahr berechnet in den weitaus meisten Fällen recht schöne Summen ab, die besonders den Haushaltungen der ärmeren Bürgerschaft, aus denen natürlich die Marktdiener hervorgingen, zu gute kamen.

Was sodann den Creditverkehr und seine Bedeutung für das private Überlinger Haushaltungsbudget anlangt, so ist eine zahlenmässige Grössenbestimmung der während bestimmter Wirtschaftsperioden durchschnittlich contrahirten und getilgten Privatschulden der Bürgerschaft nach unseren Quellen ausgeschlossen. Aber wir kennen die Hauptform der privaten Creditbedürfnisbefriedigung und sind damit zu allgemeinen Rückschlüssen bezüglich des Standes der privatbürgerlichen Schuldverhältnisse in Überlingen befähigt. Als wichtigste gesetzlich autorisirte Form des privaten Creditgeschäftes existirte seit Jahrhunderten in Überlingen die bereits im Abschnitt über den Weinbau erwähnte Geldleihe auf Wein: „es mag auch einer einem Bürger wohl auf Wein leihen und denselben an Schulden empfahen, jedoch auf unser Rechnung und anderst nit".[2]) Die Geldleihe auf Wein bestund mithin in einem Schuldvertrag, laut welchem der Creditnehmer sich verpflichtete, den Wert des geliehenen Capitals in Wein jeweils nach Schluss des Herbstes zurückzuerstatten, und der Creditgebende diesen Wein entsprechend den officiellen städtischen Steueranschlägen bewerten und als Zahlungsmittel

---

[1]) Ergänzt durch den Münchn. Commiss.-Ber. Abschn. 5.
[2]) cfr. die Satzungen des 17. Jahrh. Tit. 31 u. pag. 60.

annehmen musste. Dabei fand jedoch eine directe Zinsvergütung nicht statt. Seinen Zins erhielt der Gläubiger in dem Mehrwert, der vom Wein beim marktmässigen Verkaufe erzielt wurde, und der nach dem früher gesagten, zumal bei vorausgehender Kellerlagerung, ganz enorme Gewinnste abwerfen konnte. Diese Art von Realcredit hatte bei den damaligen überaus günstigen Ertragsverhältnissen des Weinbaus für beide Contrahenten ihre grossen Vorteile. Dass zum längsten nach Verfluss einer einjährigen Wirtschaftsperiode die ganze Schuld oder bei grösseren Beträgen ein Teil derselben amortisirt werden musste und so dem Geldausleihenden nach relativ kurzer Zeit seine Capitalien zu event. anderweitiger Verwendung wieder zur Verfügung stunden, sicherte dem meist wohl productivcreditbedürftigen Weinproducenten die Leichtigkeit seiner Creditbedürfnisbefriedigung. Andererseits war dieser Credit eben langfristig genug, um einer wirtschaftlichen Ausbeutung des entliehenen Betriebscapitals Raum zu geben, und doch wurde in folge der vertragsmässigen jährlichen Schuldentilgung einer andauernden Verschuldung der Rebgüter und damit einer Überschuldung vorgebeugt,[1]) wie sie unsere modernen Bodencreditverhältnisse vielfach im Gefolge haben. Allerdings konnte dieser Credit nicht gerade billig genannt werden. Wenn wir die durchschnittliche Steuertaxe des Fuder Wein in den Jahren 1550—1620 von 42 rh. fl. und die durchschnittliche Höhe des Marktpreises von 47 rh. fl.[2]) in Rechnung ziehen, so belief sich die Verzinsung derartiger Anleihen auf ca. 12 %. Dafür trug aber auch der Gläubiger selbst das Risiko für seinen Zins, und es bedurfte noch eines wirtschaftlichen Kraftaufwandes von seiner Seite, um denselben flüssig zu machen; ausserdem war der Schuldner gegen die Hauptgefahren eines solchen Creditverkehrs, gegen rechtswidrige Steigerung des Zinsfusses durch minderwertige Weintaxirung, gesetzlich geschützt. Vortheilhafter noch selbstverständlich gestaltete sich die Lage des geldausleihenden Kapitalisten. Derselbe konnte ohne Schwierigkeit sich jederzeit von

---

[1]) Über die mutmassliche Gesammtschuldenlast der Bürgerschaft cfr. pag. 83 Anm. 4.

[2]) 42 rh. fl. Steuertaxe plus dem Mittel des höchsten Marktpreiszuschlages (cfr. pag. 58) von 5 rh. fl.

der Solidität der Wirtschaftsführung seines Schuldners und der Sicherheit seiner Kapitalanlage durch Besichtigung des Rebstandes überzeugen,[1]) er hatte in jedem Fall den pfandrechtlichen Zugriff auf den Naturalertrag, erhielt nach Jahresfrist sein Kapital zurück und bezog überdies eine im Vergleich mit dem gewöhnlichen 5 % Zinsfuss (cfr. cap. III.) unter allen Umständen erheblich bessere Rente. Derartige Creditgeschäfte entsprachen am meisten dem um die Wende des 16ten Jahrhunderts doch noch immer vorwiegend naturalwirtschaftlichen Charakter des Überlinger Wirtschaftslebens und hatten darum die grösste Verbreitung in Überlingen. Natürlich wurden daneben auch noch andere auf Personal- und Immobiliarcredit[2]) beruhende Geldgeschäfte abgeschlossen. Der letztere, der hypothekarische Credit, kam besonders oft fremden Schuldnern gegenüber zur Anwendung, was z. B. aus den häufigen Klagen über die Unrentabilität der vielen fremden Unterpfandsbriefe in den Kriegszeiten des 17ten Jahrhunderts[3]) hervorgeht. Diese Kapitalanlagen verzinsten sich durchschnittlich zu 5 %.

Wenn endlich hier noch das Spital in die Grundlagen des privaten Überlinger Wirtschaftslebens miteingerechnet wird, so hat dies darin seine Berechtigung, dass die Nutzung des Spitals jedem Bürger ohne Unterschied, dem reichen gleichwie dem armen, unter gewissen Voraussetzungen jederzeit offen stund, und dass es thatsächlich auch zu allen Zeiten eine beträchtliche Anzahl von Bürgern gab, denen das Spital ganz oder teilweise die private Haushaltung abnehmen musste.

Das im Laufe des 13. Jahrhunderts in Überlingen gegründete Hospital zum h. Geist, das heute noch existirt und ein Vermögen von ca. 4 Millionen besitzt,[4]) war schon im 16. und 17. Jahrhundert nächst dem von Biberach das reichste weit und breit

---

[1]) Wozu auch der Umstand, dass jede von Seiten eines Überlinger Einwohners bei einer fremden nichtüberlingischen Person vorgenommene oder beabsichtigte Kapitalaufnahme der in den Kirchen versammelten Gemeinde öffentlich verkündigt werden musste, sicherlich nicht wenig beitrug. cfr. Ratsprot. v. 13. Mai 1568.
[2]) cfr. cap. III.
[3]) cfr. Arch. I, 68, 728 u. 732. Kriegsacten der J. 1644 u. 1647.
[4]) Nach gefl. mündlicher Mitteilung des derzeitigen Herrn Spitalverwalters A. Lezkus.

in der Umgegend.[1]) Es gehörten demselben damals 5 Ämter mit im Ganzen 33 Dörfern, Höfen und Weilern. (cfr. weiter unten, cap. III.). Dieser ländliche Grundbesitz bildete die Haupteinnahmequelle des Spitals, und dementsprechend bestunden auch seine Haupteinnahmen in Naturalien, besonders in Wein- und Korngülten. Nach einer Durchschnittsberechnung aus den Jahren 1620—26[2]) stellten sich die Gesammteinnahmen des Spitals auf jährlich 26 743 rh. fl.,[3]) sie erreichten damit etwa die Hälfte der städtischen Einnahmen, die in obigen 7 Jahren durchschnittlich 50 235 rh. fl. betrugen. (cfr. Anl. II. 2 a.).

Von diesen 26 743 rh. fl. beruhte nur ein kleiner Bruchteil, 1249 rh. fl., auf Bareinnahmen, zu denen noch ein Zinsertrag von 11 000 rh. fl. ausgeliehener Capitalien kam; den Haupteinnahmeposten mit 18 058 rh. fl., also ca. 68 %, lieferten die Frucht- und Weinverkäufe. An Früchten nahm das Spital in den Jahren 1621—23 im Durchschnitt jährlich 2039 Malter ein: 824 Malter Veesen, 431 Malter Roggen und 784 Malter Haber. Der Naturalertrag an Wein war nicht zu constatiren, doch muss derselbe gleichfalls sehr erheblich gewesen sein, denn die Rechnungen von 1620—26 weisen einen jährlichen Weinerlös von 14 763 rh. fl. auf. Der Rest des spitälischen Einnahmebudgets setzte sich aus ausserordentlichen Einnahmen zusammen, die teils aus der Spitalwirtschaft selbst, aus gelegentlichen Pferde-, Vieh-, Schweine-, Fischverkäufen etc. resultirten, teils durch Gottesgaben, Abzug- und Pfründnergelder einkamen, welch letztere im Jahr 1620 z. B. 1798 rh. fl. betrugen.

Dem stunden jährliche Ausgaben von 23 862 rh. fl. gegenüber. Den grössten Ausgabeposten, ca. 65 % sämmtlicher Auslagen, veranlasste der Unterhalt der Spitalinsassen. „Für wöchentlichen Hausbrauch" erhielt der Spitalmeister im Jahr durchschnittlich 15 577 rh. fl.[4]) Von dieser Summe musste die Verköstigung

---

[1]) cfr. Münchner Comm.-Ber. Abschn. 12.

[2]) cfr. die Stadtrechnungen der angeführten Jahre, Rubrik: spitälische Rechnung. Frühere Daten konnten nicht ermittelt werden.

[3]) 154040 Mk. cfr. Hanauer l. c. pag. 503, der den Wert des rh. fl. in den Jahren 1620—24 auf durchschnittlich 7 fr. 20 c. = 5 Mk. 76 ₰ bestimmt.

[4]) 89 723 Mk.

und Verpflegung sämmtlicher Spitäler einschliesslich des spitälischen Wirtschaftspersonals bestritten werden. Den zweithöchsten Posten, 1609 rh. fl., bildeten die Zinszahlungen, die das Spital meist auf Grund von Zinsgarantien für städtische Anleihen zu leisten hatte.

Die Spitalinsassen, denen obige 15 577 rh. fl. zum jährlichen Lebensunterhalt dienten, wurden Pfründner genannt. Es gab eine obere und eine untere Pfründe. In die untere Pfründe kamen alle „um Gottes Willen" ins Spital Aufgenommenen, also die armen vermögenslosen Bürger; in die obere Pfründe, die sog. untere Stube, musste man sich mit mindestens 200—300 rh. fl. einkaufen,[1]) und konnte in diesem Fall bis zu 25 % der Leibgedingskaufsumme für seinen jährlichen Lebensunterhalt beanspruchen.[2]) Für gewöhnlich hatte das Spital etwa 130 Pfründner. Bedenkt man nun, dass die gesammte Bürgerschaft in guten Zeiten nur 800 bis 850 Köpfe zählte, — und nur um die Bürgerschaft handelt es sich hier, da das Nichtbürgersein eo ipso vom Spitalgenuss ausschloss (cfr. pag. 27) — und dass ferner es nicht mehr als etwa ein Viertel weibliche Pfründniesser waren,[3]) so beweist die Zahl von 130 bzw. 97 männlichen Spitalpfründnern nichts geringeres, als dass durchschnittlich der achte bis neunte Bürger in Überlingen ganz oder grösstenteils auf Spitalkosten lebte.

Diese andauernd hohe Frequenz des Spitals erscheint zweifelsohne unvereinbar mit gesunden wirtschaftlichen Zuständen. Mochten in einzelnen Fällen die Beweggründe zum Eintritt ins Spital noch so gerechtfertigt sein, aber ein volles Achtel der Bürgerschaft konnte doch nur dann in seiner Existenz von der Unterstützung aus öffentlichen Mitteln mehr oder weniger abhängen, wenn irgend ein Kardinalpunkt im Wirtschaftsleben Überlingens krankte, wodurch das Zustandekommen solid fundirter Einkünfte vereitelt wurde. Bei der Leichtigkeit des Erwerbs, die durch die Ergiebigkeit des Weinbaus und den Marktverkehr

---

[1]) Münchner Commiss.-Ber. Abschn. 12.

[2]) cfr. Überl. Steuerbuch d. a. 1608. Rubrik: Der Spithal.

[3]) Im Jahr 1608 gehörten der oberen Pfründe 42, 1609: 40, 1610: 42 Personen an, darunter jeweils 10 Frauen (cfr. die Steuerbücher der cit. Jahre). Dasselbe Geschlechterverhältniss wurde hienach auch für die untere Pfründe angenommen.

bedingt war, konnte die Schuld nur an dem unökonomischen Verhalten der einzelnen Privatwirtschafter liegen, deren Grundsätze vielfach denen haushälterischer Sparsamkeit widersprachen. Ein gewisses unüberlegtes Daraufloswirtschaften muss damals in vielen Haushaltungen Überlingens an der Tagesordnung gewesen sein, das nicht zum mindesten durch das beruhigende Bewusstsein genährt und grossgezogen wurde, im Falle eines finanziellen Banquerotts in der Spitalstube immer noch eine ausreichende Altersversorgung zu finden. Man war in Überlingen nicht blind gegen diese Schäden und machte auch verschiedene Versuche sie abzustellen, begreiflicherweise aber ohne nachhaltigen Erfolg, da streng genommen in der städtischen Verwaltung aus denselben Gründen, in Folge allzu intimer Anlehnung ans Spital, die gleichen Missstände wie in mancher Familienwirtschaft herrschten. Wir werden im weiteren Verlaufe unserer Untersuchung Gelegenheit haben, auf diese Dinge zurückzukommen, (cfr. cap. III.) und citiren hier nur noch 3 Ratsbeschlüsse, die den Beweis dafür liefern, dass die überhandnehmende Spitalsucht als ein öffentliches Übel empfunden und von den Überlinger Behörden bekämpft wurde. Am 27. Mai 1563[1]) trat der Magistrat dem Pfründnerunwesen mit einem Ratsbeschluss entgegen, laut welchem den Spitalpfründnern das passive Wahlrecht für den kleinen Rat und das Gericht entzogen wurde; energischer noch ging der Rat vom Jahr 1593[2]) vor, der aufs strengste jede Pfründnerannahme untersagte: „es sei dann augenscheinlich die grösste und äusserste Not vorhanden". Diese letztere Massregel war offenbar auf die Dauer nicht aufrecht zu erhalten, denn als im Jahr 1600[3]) die Pfründnerfrage von Neuem der Gegenstand einer Ratsverhandlung wurde, begnügte man sich damit, durch Erhöhung der Einkaufsumme nach dieser Seite hin wenigstens dem immer weiter wuchernden Spitälertum Einhalt zu thun.

Das bisher Eruirte hat den Zweck gehabt, die verschiedenen Erwerbsmöglichkeiten, die der Bewohnerschaft der Stadt Überlingen sich darboten, ihrem wirtschaftlichen Werte nach im Allgemeinen zu charakterisiren. Wir schliessen nun dieses

---

[1]) Ratsprot. d. d. c.
[2]) Ratsprot. v. 12. Nov. 1593.
[3]) Ratsprot. v. 20. April 1600.

Capitel mit einer Betrachtung der actuellen Vermögenslage
der Bürgerschaft im Jahr 1608, um an dem thatsächlichen
Vermögensstande der einzelnen Bürgerkreise[1]) den Nachweis im
Einzelnen zu liefern, wie weit die von uns gefundenen Erwerbsquellen in Überlingen zur Bildung vermögensrechtlich fundirter
Privatwirtschaften geführt hatten, wie gross hienach die ökonomische Selbständigkeit und das Mass des Wohlstandes bei den
verschiedenen Bevölkerungsschichten Überlingens gewesen ist.
Als Quelle hiefür dienen uns die im städtischen Vermögenssteuerbuch des Jahres 1608[2]) niedergelegten Vermögensangaben,
die in Form einer Vermögens- oder Wohlstandstabelle im Anhange dieser Arbeit als Anlage I abgedruckt sind.[3])

Laut dieser Vermögenstabelle repräsentirte im Jahr 1608
das Gesammtvermögen[4]) der Überlinger Bürgerschaft einen

---

[1]) In die Begriffe Bürgerschaft und Bürger, die wir im Folgenden der
Kürze halber stets zur Bezeichnung der in ihren Vermögensverhältnissen
geschilderten Personen gebrauchen werden, sind eingeschlossen: die ortsanwesenden Bürger und Satzbürger Überlingens. Besprochen wird also die
Lage der gesammten ortsanwesenden Überlinger Bevölkerung. Dagegen
bleiben zunächst hier unberücksichtigt die ortsabwesenden Bürger, die Landund Ausbürger, deren Vermögen zwar steuerrechtlich nach Überlingen gehörte, (cfr. cap. III.) als Ergebniss des Überlinger Wirtschaftslebens aber,
weil in seinen fahrenden Bestandteilen an auswärtige Erwerbsverhältnisse
gebunden, nur wenig ins Gewicht fällt; und ebenso die nur mit einem Vermögensteil Überlingen steuerpflichtigen Ausmärker, (cfr. cap. III.). Ferner
haben wir auch die Vermögen verwaister und halbverwaister Geschwister,
obschon dieselben künftighin den Vermögensbesitz verschiedener Steuersubjekte bildeten, als Einheit aufgefasst, und dieselben jeweils als das Vermögen eines Überl. Bürgers in unsere Berechnung miteingeschlossen, weil
eine entsprechend genaue Vermögensdivision durch die ungenauen Angaben
des Steuerbuchs, das nur bisweilen die Namen der „pueri" anführt, ausgeschlossen war.

[2]) 1608 Steyrbuoch Gemainer Statt Uberlingen.

[3]) Da wir über die von uns bei der statistischen Bearbeitung des
Steuerbuchs von 1608 befolgten Grundsätze specielle Rechenschaft ablegen
wollten, eine Reihe derartiger Bemerkungen in den Text selbst verflochten
aber den Fortschritt unserer Darstellung störend unterbrochen hätte, so sind
dieselben in den Anhang verwiesen, wo alles im Détail zu finden ist, was
für die methodische Begründung unserer tabellarischen Vermögensdarstellung
notwendig erschien.

[4]) Mit Ausschluss des steuerfreien Nutzvermögens, aber mit Einschluss
der Schulden (cfr. cap. III). Die Unmöglichkeit des Abzugs der privatbürgerlichen Schulden vom Gesammtvermögen verleiht zwar den angeführten

Steuercapitalwert von 1,371524 rh. fl.,[1]) wovon 872481 rh. fl.[2]) (63,6 $^o/_o$) auf Liegenschaften[3]) und 499043 rh. fl.[4]) auf fahrendes Vermögen entfielen. Von letzterem waren 251638 rh. fl.[5]) (18,3 $^o/_o$ des Gesammtvermögens) in Pfandbriefen und sonstigen Creditpapieren angelegt. In dieses Gesammtvermögen teilten sich 876 Bürger, 85 $^o/_o$ der im ganzen 1030 Köpfe starken Bürgerschaft, und zwar 600 (58,25 $^o/_o$) als Grund- und Häuserbesitzer, und 308 (29,9 $^o/_o$) als Geldcapitalisten d. h. als Inhaber von Pfandbriefen und anderem Wertpapiervermögen. Den übrigen 154 Bürgern (15 $^o/_o$ der gesammten Bürgerschaft) fehlte jedes steuerbare Gut.

Hinsichtlich sodann des speciellen Besitzanteils der einzelnen Bürgerkreise und deren Gliederung nach Wohlstandsclassen zerfiel die Überlinger Bürgerschaft des Jahres 1608 in drei Wohlstandshauptgruppen, die sich, wie unsere Tabelle zeigt, in 9 unterschiedlichen Vermögensclassen[6]) abstuften: in eine Armengruppe, eine Gruppe des bürgerlichen Mittelstandes und eine Gruppe der Wohlhabenden und Reichen.

Zur Armenclasse gehörten alle diejenigen Einwohner

Vermögensdaten eine etwas zu günstige Bedeutung, dürfte aber trotzdem für das Gesammtresultat kaum ins Gewicht fallen. Bedenkt man nämlich, dass in den Begriff des fahrenden Vermögens (wie ihn unsere Tabelle fasst, Anl. I.) ausser den Schulden noch folgende 4 Steuerobjecte eingeschlossen wurden: die Wein- und Getreidevorräte, das Baargeld, die Gewerbecapitalien und die Leibgedingsrechte (cap. III.), und berechnet man hienach die Schulden mit etwa ein fünftel des fahrenden Vermögens, so reducirte sich obige Gesammtvermögenssumme um nur rund 50000 rh. fl., also auf den Effectivwert von 1,321524 rh. fl., was für das Ganze sicher belanglos ist.

[1]) 7,433661 Mark. Hanauer l. c. pag 503 berechnet die Kaufkraft des rh. Gulden für das Jahr 1605 auf 6,6 frcs, für 1611 auf 6,95 frcs. Dies ergiebt einen Durchschnittswert von 6 frcs. 78 c. = 5 Mk. 42 $\mathcal{S}$, die wir für das Jahr 1608 unseren Umrechnungen zu Grund legen.

[2]) 4,728847 Mk.

[3]) Bei einem Steueranschlag von 424 rb. fl. für das Juchart Reben (pag. 50) stellte sich der Gesammtwert des ca. 1200 Juchart grossen Überlinger Rebgeländes auf 508800 rh. fl. (2,757696 Mk.) oder 58,3 % des Liegenschaftswertes ins Gesammt; somit blieben als Steuerwert der Häuser, Höfe und Gärten 363681 rh. fl., (1,971151 Mk.) übrig.

[4]) 2,704814 Mk.

[5]) 1,363878 Mk.

[6]) cfr. hierüber zu Anlage I. die Bemerkungen.

Überlingens, die entweder überhaupt kein steuerbares Vermögen besassen, (Tab. Cl. I) oder mit ihren Vermögensobjecten den im Jahr 1596 und 1619 als Minimalbürgeraufnahmevermögen statuirten Steuerwert von hundert rh. fl. (cfr. pag. 25) nicht erreichten (Tab. Cl. II). Anno 1608 umschloss die Armenclasse nicht weniger als ein Viertel der ganzen Bürgerschaft: 226 (heruntergekommene) Vollbürger[1]) und 59 Michileute. Von diesen waren es 108 Bürger und 46 Michileute, die schlechthin nichts ihr Eigen nannten, als das steuerfreie Nutzvermögen, das sie auf dem Leibe trugen und womit ihre ärmlichen Wohnungen ausgestattet waren; und 118 Bürger und 13 Michileute, deren sämmtliches steuerpflichtiges Hab und Gut noch keine hundert rh. Gulden[2]) wert war.

Zwischen beiden bestund übrigens kein wesentlicher Unterschied. Allein schon der Umstand, dass alle armen Bürger — fünf Familien ausgenommen — weder Haus noch Hof noch überhaupt einigen Liegenschaftsbesitz hatten, qualificirte dieselben als Glieder der gleichen Besitzstandsgruppe, die sich in scharfen ökonomischen und socialen Gegensatz zur grundansässigen übrigen Bevölkerung setzte. Und ebenso gleichartig verlief ihr Wirtschaftsleben. Sämmtliche Mitglieder der Armenclasse — eventuell von den 5 Familien wieder abgesehen — sassen, soweit sie eigenen Haushalt führten, in der Miethe und bestritten die Kosten ihres Lebensunterhalts von ihrem Arbeitseinkommen, das sie meist wohl als Taglöhner oder als Reb- und Marktknechte im Privat- und Stadtdienst sich erwarben, nur mit dem einen Unterschiede, dass dabei die einen noch kleine (steuerpflichtige) Lebensmittel- und vielleicht auch Baargeldvorräte erübrigten,[3]) während bei den andern der

---

[1]) Ungerechnet die im Steuerbuch nicht verzeichneten, ins Spital um Gottes Willen aufgenommenen Personen, deren Anzahl sich 1608 auf ca. 80/90 belief. cfr. pag. 81 Anm. 3.
[2]) 542 Mk.
[3]) Die relative Höhe des Pfandschaftsvermögens der Armenclasse (1799 rh. fl., 27 % des Classenvermögens, verteilt auf 36 Bürger, 27,5 % der besitzenden Classenangehörigen) hatte ihren Grund wohl darin, dass die bei der Bürgeraufnahme an Stelle der für Frauen auf 50 fl. normirten wirklichen Vermögensobjecte zulässigen Bürgschaftsscheine in den steuertechnischen Begriff der Pfandschaft miteingeschlossen waren.

tägliche Erwerb im täglichen Bedarf aufging. Auch wird ein Teil derselben als **Hausgesinde** — mit und ohne Ersparnisse — Kost und Logis erhalten haben, und einige wenige waren **Gewerbetreibende**, so z. B. ein Uhrenmacher mit 34 rh. fl., ein Balbierer mit 41 rh. fl., ein Kübler und Weber mit 57 rh. fl., ein Büchsenschmied mit 69 rh. fl. Vermögen.[1]) Bei eintretender Erwerbsunfähigkeit fielen die armen Bürger dem Spital, die Michileute der Familie ihrer bürgerlichen Schutzherren zur Last, die bei ihrer Aufnahme in die Michi sich schriftlich für ihren eventuellen Notbedarf verbürgt hatten. (cfr. pag. 27.)

Das Hauptcharakteristikum, wodurch sich der **Mittelstand**, dessen Vermögen in 4 verschiedenen nach socialen Gesichtspunkten aufgestellten Classen zwischen 100 und 2700 rh. fl.[2]) zu liegen kamen, von der Armenbevölkerung unterschied, war seine **Grundansässigkeit**. Wie scharf in dieser Hinsicht die Grenze gezogen war, zeigen am deutlichsten die Besitzverhältnisse der untersten Classe des Mittelstandes. (Tab. Cl. III.) Während nämlich von dem vermöglichen Teile der Armenclasse (Tab. Cl. II.) nur fünf Personen oder nur 3,8 % aller Classenangehörigen liegende Güter versteuerten, die, auf 311 rh. fl. taxirt, noch keine 5 % des Classenvermögens ausmachten, finden wir bereits auf der untersten Stufe des Mittelstandes, also in Tab. Cl. III. 115 Personen, d. i. 57 % aller Classenangehörigen als **Grundbesitzer**, deren Liegenschaftswerte die Höhe von 20826 rh. fl., 52 % des gesammten Classenvermögens erreichten. Und dies Verhältniss steigerte sich noch in den 3 folgenden Classen (Tab. Class. IV—VI.) in raschem Tempo[3]) bis zur Höhe von 90 % der Classenmitglieder und 70,7 % des Classenvermögens. Mithin waren, im Gegensatz zur mietsansässigen Armenbevölkerung ohne Grundbesitz, durchschnittlich **über drei Vierteil** (463 Personen, 75,5 %) der Angehörigen des Mittelstandes in Überlingen **grundansässig**, teils als **Hauseigentümer**, teils als **Weinbergbesitzer** oder auch in beider Eigenschaft, und ihre Liegenschaftswerte (327467 rh. fl.) stellten mehr als drei Fünf-

---

[1]) cfr. Steuerbuch Bl. 24, 8ᵃ, 43, 60, 42ᵃ.
[2]) 14634 Mk.
[3]) In Cl. IV. 79 % der Classenangehörigen, 61 % des Cl.-Vermögens.
In Cl. V. 86 % „ „ 68 % „ „
In Cl. VI. 90 % „ „ 70,7 % „ „

teile zum Gesammtvermögen des Mittelstandes. Von den wohlhabenden und reichen Bürgerclassen trennte sodann den Mittelstand hauptsächlich das Moment, dass seine Angehörigen, trotzdem sie gleich den wohlhabenden und reichen Bürgern Vermögensrente (nicht blosses Arbeitseinkommen) bezogen, doch nicht wie jene, die zum Teil in öffentlichen Diensten unentgeldlich ihre Zeit und Kraft verbrauchten, auf selbstthätige Erwerbsarbeit verzichten durften, wenn anders sie das wirtschaftliche Gleichgewicht nicht verlieren wollten. Mit andern Worten: das Einkommen des Mittelstandes bestund zwar teilweise aus Vermögensrente, bei der aber die Arbeitskraft des Vermögenbesitzenden als Productionsfactor wesentlich mit in Betracht kam. Die Bürger des Überlinger Mittelstandes waren dem Mehrteil nach selbstthätige Weinproducenten und Einzelne Gewerbetreibende, deren Vermögen zu einem blossen Rentengenuss, in Pachtung oder in anderem Weg bezogen, nicht ausreichte. Gerade unter dem Gesichtspunkt des Arbeitszwanges berührten sich selbst noch die beiden äussersten Flanken des Mittelstandes, deren Aufwandsfähigkeit im übrigen weit auseinander ging, und insofern bildet der Arbeitszwang das Classificirungsprincip des Mittelstandes gegenüber den höchstvermögenden Bürgerclassen. Innerhalb des Mittelstandes, der 600 Bürger und 13 Michileute, 59,5 % der Bürgerschaft umfasste, existirten nun aber eine ganze Reihe von Abstufungen, anfangend mit dem kleinen Weinberger unterster Classe (Tab. Cl. III.), der sich vor den armen Leuten nur durch den Besitz eines eigenen Herdes oder eines Stückchen Reblandes auszeichnete, bis hinauf zu denjenigen Bürgern, deren Einnahmen bei einem Vermögenswert von 2700 rh. fl. den höchsten Besoldungssätzen der akademisch gebildeten Überlinger Beamten gleichkamen (cfr. pag. 75). Alle diese Vermögensstufen, die wir in den Bemerkungen zu Anl. I. skizzirt haben, gingen so unvermerklich in einander über, dass von einem besonderen Wirtschafts- bzw. Wohlstandscharakter der einzelnen sich eigentlich nicht wohl reden, wenigstens nichts Besonderes hierüber sich beibringen lässt.

Wichtig dagegen ist das Anteilverhältniss der Gewerbetreibenden an den einzelnen Vermögensclassen, da hienach der ganze Überlinger Mittelstand in 2 Hauptgruppen zerfiel: in eine aus Gewerbetreibenden und Weinbauern gemischte Gruppe, und in eine 2. Gruppe des vorwiegend Weinbau- und Weinhandel treibenden Mittelstandes. Soviel geht nämlich, trotz der Dürftigkeit unserer Quellen, aus den Gewerbeangaben des Vermögenssteuerbuches von 1608 deutlich hervor, dass die sämmtlichen mit handwerksmässigem Kleinbetrieb beschäftigten Überlinger Gewerbetreibenden ihrem Vermögensbesitz nach mit wenigen Ausnahmen in die Vermögensclassen von 100—1300 rh. fl.[1]) (Tab. Cl. III—V.) gehörten und nicht in höhere Vermögenslagen aufstiegen.

Wir zählten im Steuerbuch von 1608 — ungerechnet die Gewerbetreibenden der Armenclasse — einen Sauerbeck, Weber und Sattler mit 119—260 rh. fl. Vermögen (Tab. Cl. III.), einen Tuchscherer, Buchbinder, Weissbeck und Zimmermeister mit 397—478 rh. fl. Vermögen (Tab. Cl. IV.), einen Schmied, Armbruster, Müller und Krämer mit 800—857 rh. fl. Vermögen (Tab. Cl. V.), ferner 23 Fischer und Schiffer mit Vermögen von unter 100 rh. fl. bis 800 rh. fl. (Tab. Cl. II—V.), und nur einen Beck und zwei Wirthe mit 1826 und 1438 bezw. 8745 rh. fl. Vermögen (Tab. Cl. VI—VIII.).[2]) Die Mehrzahl der Gewerbetreibenden gehörte hienach sicher zum ärmeren Teile des Mittelstandes, der an sich die grössere Hälfte, 478 Personen oder 78% des Mittelstandes, in sich begriff.

Die drei folgenden Vermögensclassen von 2700 bis 5300[3]) bezw. 10700[4]) rh. fl. und darüber (Tab. Cl. VII—IX.) enthielten die Vermögen der wohlhabenden und reichen Bürger. Den in diesem Umfange begüterten Personen konnte ihre Vermögensrente, die selbst bei einem Vermögen von nur 4000 rh. fl. — dem Durchschnitt der untersten Classe (Tab. Cl. VII.) des wohlhabenden Bürgerstandes — zu 5% berechnet, die höchsten Überlinger Beamtenbesoldungen weit übertraf, zu einer standesgemässen Lebensführung ausreichen, ohne dass selbstthätige Erwerbsarbeit oder gewerblicher Nebenverdienst notwendig gewesen wäre; die wirtschaftliche Existenz dieser Bürgerkreise

---

[1]) 7046 Mk.
[2]) cfr. Steuerbuch Bl. 55, 1ᵃ, 56, 2ᵃ, 18, 44ᵃ, 43, 48, 42ᵃ, 67, 53, 51ᵃ, 55ᵃ, 55, 60ᵃ.
[3]) 28726 Mk.
[4]) 57994 Mk.

war vermögensrechtlich gesichert. Der beste und officiellste Beleg hiefür ist der Umstand, dass von der VII. Vermögensclasse ab „der Spithal" aus unseren Tabellen verschwindet, es Spitalpfründner mit mehr als 2700 rh. fl. Vermögen in Überlingen nicht gab. Vielleicht hatte die Stadt in ihrem Kampf gegen das überhandnehmende Spitälertum zu Anfang des 17. Jahrhunderts eine Verordnung erlassen, durch welche die Aufnahmefähigkeit ins Spital bei einer mittleren Vermögensgrösse begrenzt wurde, wenn nicht, so hielten es jedenfalls thatsächlich diejenigen Bürger, deren Vermögen im Allgemeinen über 2700 rh. fl. hinausgingen, für unnötig und ihrem gesellschaftlichen Ansehen nicht entsprechend, bei Führung ihres Privathaushaltes gleich minderbegüterten Bürgern an die Unterstützung des Spitals zu appelliren. Thatsache ist ferner, dass die höchsten Beamten, die mit unbesoldeten Ehrenämtern betrauten obersten Regierungs- und Verwaltungsbeamten, alle ausnahmslos Mitglieder dieser obersten Vermögensclassen waren. Der neue (regierende) Bürgermeister des Jahres 1608 Junker J. Reutlinger hatte z. B. ein Vermögen von 6562 rh. fl. (Tab. Cl. VIII.), der alte Bürgermeister Jkr. J. Kessenring ein solches von 12372 rh. fl. (Tab. Cl. IX.). Ein früherer Bürgermeister, M. Messmer besass Vermögensobjecte im Wert von 5175 rh. fl. (Tab. Cl. VII.). Das Vermögen des Stadtammans vom Jahre 1608 Jkr. G. Haan betrug 13669 rh. fl. (Tab. Cl. IX.), das der beiden Rentstüblinsherren L. Bschor und Jkr. H. Schulthais 19338 und 23789 rh. fl. (Tab. Cl. IX.), das der beiden Ungelterherren J. Ronbüchel und Jkr. S. Reutlinger 4848 bezw. 6160 rh. fl.[1]) (Tab. Cl. VII und VIII.), und so fort. Daran reihten sich ferner die Vermögen der besoldeten Überlinger Beamten. Beispielsweise das Vermögen des Kanzleiverwalters Dr. jur. H. J. Beck mit 10168 rh. fl. (Tab. Cl. VIII.), das Vermögen des Rentstüblinsschreibers Th. Eudrisch mit 4096 rh. fl. (Tab. Cl. VII.), des lateinischen Schulmeisters S. Pfau mit 4096 rh. fl. (Tab. Cl. VII.), des Jkrs. A. Oschwald, Vogts zu Ittendorf, mit 5960 rh. fl. (Tab. Cl. VIII.), der beiden Vogteiamtleute, der Jkr. Ch. Moser und A. Betz mit 5808 bezw.

---

[1]) cfr. Steuerbuch Bl. 43 a, 41, 42, 27 a, 31 a, 23, 44 a, 44.

20064 rh. fl.¹) (Tab. Cl. VIII und IX.) etc. Endlich beweisen noch eine Anzahl weiterer Patriziervermögen den vornehmen Reichtum dieser Vermögensclassen. So z. B. das Vermögen des Jkrs. F. Brandenburger im Umfange von 13000 rh. fl., des Jkrs. C. Esslinsberger im Umfange von 13640 rh. fl., des Jkrs. H. v. Freyburg im Betrag von 15752 rh. fl., des Jkrs. H. Aechbegg im Betrag von 16646 rh. fl., des Jkrs. Rochus Reichlin v. Meldegg im Betrag von 24040 rh. fl. und schliesslich das Vermögen des reichsten Überlinger Bürgers, des Jkrs. Sebastian Reutlinger, im Wert von 38800 rh. fl.,²) (210296 Mk.). Ausser den zahlreichen Beamten- und Patrizierfamilien gehörten auch bestimmte zunftbürgerliche Familien, besonders die Zunftmeisterfamilien (z. B. der Oberstzunftmeister A. Waibel mit 10200 rh. fl. Vermögen)³) zu den wohlhabenden und reichen Überlingern, unter denen im übrigen der Gewerbestand gar spärlich, unseres Wissens eigentlich nur durch den Ochsenwirth H. Rüefer und dessen Vermögen von 8745 rh. fl. vertreten war.

Im ganzen lebten anno 1608 in Überlingen 117 wohlhabende und 15 reiche d. h. solche Bürger, deren Vermögen grösser als 10700 rh. fl. waren. Sie alle, 132 an der Zahl, 12,8 % der Bürgerschaft, hatten Grundbesitz — überwiegend natürlich Rebgüter —, der gleich wie beim Mittelstand ca. drei Fünftel des Classenvermögens ausmachte. Ausserdem besassen 98 Personen (ca. 75 % der Classenangehörigen) Wertpapiervermögen in dem beträchtlichen Umfange von 23 % des Classenvermögens, hinter dem der Mittelstand mit nur 9,3 % Pfandbriefvermögen, verteilt auf 174 Inhaber oder ca. 28 % seiner Mitglieder, erheblich zurückstund.

Recapituliren wir kurz das Gesagte, so gliederte sich also die Überlinger Bevölkerung in drei scharf umgrenzte Besitz- und Wohlstandsgruppen. Zu unterst kamen die armen, lediglich von ihrem Arbeitseinkommen lebenden Überlinger Mietsleute; in der Mitte der grundansässige, aus Weinbauern und Gewerbetreibenden (Handwerkern) zusammengesetzte, von Vermögensrente und Arbeitsertrag sich nährende Mittelstand,

---

¹) cfr. l. c. Bl. 46, 46ᵃ, 27ᵃ, 18ᵃ, 61ᵃ, 60ᵃ.
²) cfr. l. c. Bl. 32, 26ᵃ, 39ᵃ, 37, 44, 39ᵃ.
³) cfr. l. c. Bl. 18ᵃ.

und als oberste Bevölkerungsschichte die grundansässigen Patrizier, Beamten und sonstigen in Wohlstand und Reichtum lebenden Bürger, deren Haupteinkommen ihre vielfach ohne Anstrengung und eigene Arbeit bezogene Vermögens- und Kapitalrente bildete.

Unter diese drei Gruppen verteilte sich aber das Gesammtvermögen folgendermassen: Die Armenclasse mit 285 Köpfen besass 6604 rh. fl. Vermögen, die 613 Angehörigen des Mittelstandes hatten 487215 rh. fl., und die oberen 132 Bürger 877705 rh. fl. im Vermögen; folglich entfielen von den Gesammtvermögenswerten auf 27,6 % der Bevölkerung etwa ein halb Procent, auf 59,5 % der Bevölkerung 35,5 % und auf 12,8 % der Bevölkerung 64 %. Eine volkswirtschaftlich sicher nicht günstig zu nennende Verteilung, insofern etwa sieben Achtel der Bevölkerung sich mit nicht ganz zwei Fünftel des Gesammtvermögens, also mit einer geringeren Vermögensquote behelfen mussten, als das reichere eine Achtel, in dessen Händen die Hauptvermögensmassen, über drei Fünftel des Gesammtvermögens, lagen. Besonders ungünstig wird aber diese Verteilung noch dadurch, dass gerade auch beim wichtigsten Überlinger Vermögens- und Productionsfactor, beim Grund und Boden, der mittlere und kleine Grundbesitzer in ähnlicher Weise zu kurz kam. Während nämlich diese letzteren, 468 Mann stark, fast vier Fünftel aller Grundbesitzer in ihren Reihen zählten, und der Stand der wohlhabenden und reichen Grundbesitzer mit nur 132 Köpfen vertreten war, hatte des ungeachtet die reichere Classe 544703 rh. fl. d. i. über drei Fünftel aller Immobiliarwerte im Besitz, der viel zahlreichere Mittelstand dagegen einschliesslich der 5 armen Grundbesitzer nur 327778 rh. fl. d. h. nicht ganz zwei Fünftel.

Wahrscheinlich waren die Erkenntniss dieser Thatsache und die Furcht, schliesslich allen Grundbesitz in den Händen einiger wenigen Patrizierfamilien monopolisirt zu sehen, die Ursache, warum, vermutlich um die Wende des 16. Jahrhunderts, den Geschlechtern der Erwerb von mehr als einem Gut obrigkeitlich untersagt wurde.[1]) Und in derselben Richtung wirkten die allerdings zunächst an das Ausmärkertum adressirten

---

[1]) cfr. Sevin Häuserb. pag. 16, wo leider das Datum obigen Beschlusses nicht angegeben wird.

Ratsbeschlüsse vom Jahr 1622[1]), in denen der Rat sich das Recht ausbehielt, die Güter der mit Aufgabe des Bürgerrechts Abziehenden „in billigem Wert oder auf unserer geschworenen Schätzer Anschlag und Schätzung zu gemeiner unserer Stadt Handen zu nehmen und unserer Gelegenheit nach unter unsere Bürger wiederum hinzugeben und zu verkaufen, wie uns bemelter unserer Stadt und der Unseren halber iederzeit für ratsamlich nutz und gut anstehen würde". Anscheinend, hielten demgemäss die Überlinger Behörden selbst die bestehenden Grundbesitzverhältnisse für nicht befriedigende und suchten, soweit ihr Einfluss reichte, einer gleichmässigeren Verteilung des Grundbesitzes Vorschub zu leisten.

Und dies, können wir sagen, mit gutem Fug und Recht. Denn alles in allem hatte die Mehrzahl der Überlinger Bürger keine grossen, nicht ein Mal erhebliche Vermögen, und das Einkommen der meisten stund vermögensrechtlich auf recht schwachen Füssen, wenigstens von modernem Standpunkt aus. Wir würden einer Stadt mit 4 bis 5000 Einwohnern, wovon sieben Achtteile durchschnittlich nicht mehr als 3400 Mk. (625 rh. fl., das Durchschnittsvermögen der Classen I—VI.) Vermögen besässen, schwerlich das Prädicat wohlhabend beilegen, geschweige denn sie reich heissen. Nach unseren Begriffen könnten nur die 115 Angehörigen der VII. und VIII. Classe mit einem Durchschnittsvermögen von 30000 Mk. (6000 rh. fl. ca.) etwa als der wohlhabende Mittelstand gelten, dem dann einerseits die 15 reichen Bürger mit Vermögen von 100—150000 Mk. (ca. 25000 rh. fl. im Durchschnitt), und andererseits die Masse der Bevölkerung als kleine Weinbauern und Handwerker und als Taglöhnerproletariat gegenüber stünden.

Freilich urteilten die früheren Jahrhunderte hierin etwas anders, sie beurteilten mehr noch als wir den Wohlstand einer

---

[1]) cfr. Arch. I, 51, 185. Satzung vom 19. Mai 1622. „über Verkaufung und Veränderung der Güter an Ewigkeit und andere unzulässige Ort", motivirt mit den Worten: „da solchem durch gebührende Mittel nicht sollte gesteuert werden, die liegenden Güter mit der Zeit gar von der Bürgerschaft in fremde Hand kommen möchten". anno 1608 betrug der Anteil der Ausleute am Gesammtliegenschaftsvermögen 81523 rh. fl., c. 8 %. cfr. Anl. I.

Stadt nach dem Arbeitseinkommen,[1]) der Aufwandfähigkeit und dem thatsächlichen Aufwande ihrer Einwohner. Und in diesen Punkten allerdings blieben die alten Überlinger selbst hinter den wegen ihres Luxus im Mittelalter berühmten Baslern kaum viel zurück.[2]) Warum auch? Gab es doch Verdienst und Verdienstgelegenheit die Menge! Führte nicht jeder Markttag die fremden Käufer und Consumenten schaarenweise nach Überlingen? Trug nicht der kleinste Rebhügel Trauben in Hülle und Fülle? Und schliesslich: sicherte nicht der „riche Spithal" jedem — Unglücklichen eine Zufluchtsstätte, wo er frei von Nahrungssorgen seine Tage in Ruhe beenden konnte? — Dafür kannten aber auch die alten Überlinger trotz der grossen Vermögensunterschiede keine socialen Classenkämpfe. Schiedlich und friedlich wohnten Reich und Arm gemischt-ansässig[3]) nebeneinander, lebten reichlich von den reichen Einkünften, die täglich zuflossen, bis — der 30 jähr. Krieg die Verdienstgelegenheit abschnitt, die schlechtgefüllten Cassen leerte, und so mit einem Mal die Sorglosigkeit aufdeckte, mit der die Stadt und Bürgerschaft lange Zeit in den Tag hineingewirtschaftet hatten.

---

[1]) In folgerichtiger Entwicklung ihres gegen den Grosscapitalismus gerichteten Kleinbetriebsprincips.

[2]) Was zahlreiche gegen den Kleider- und Festmählerluxus gerichtete Ratsdecrete beweisen. cfr. z. B. Arch. I, 52, 147. Gebote u. Verbote des 16. Jahrh.

[3]) Wie aus jeder unserer Tab.-Classen mehr oder weniger ersichtlich ist. Beispielsweise sei hier nur auf die Mischbevölkerung des stärksten Überl. Steuerquartiers, des St. Lutzenbergs verwiesen, wo 44 Arme, 66 Mittelbürger und 22 Reiche ihre Behausung hatten.

III. Capitel.
Der Überlinger Stadthaushalt.

Die Quellen, aus denen der öffentliche Bedarf der Stadt Überlingen ausgangs des 16. und anfangs des 17. Jahrhunderts befriedigt wurde, waren teils privatwirtschaftlicher, teils gemeinwirtschaftlicher Natur. Privatwirtschaftlich nennen wir alle die Einkünfte Überlingens, die aus dem Grundbesitz, dem privaten Erwerbsbetrieb und den privaten Geldgeschäften der Stadt flossen; zu den gemeinwirtschaftlichen Einnahmen gehörte der Ertrag der öffentlichen, dem Gemeinwohl dienenden Anstalten Überlingens, ferner der Eingang an Gebühren, an direkten und indirekten Steuern und die städtische Schuldanleihe.

Eine Prüfung der Einkommensquellen des Stadthaushaltes in der angegebenen Reihenfolge führte uns also zunächst zum städtischen Grundbesitz und dessen Ertrag.

Den Hauptteil des städtischen Grundbesitzes bildeten die Vogteien Ramsberg, Ittendorf und Hohenbodman, deren Grundherrschaft Überlingen nach früher Gesagtem im Laufe des 15. und 16. Jahrhunderts um den Preis von 17666 rh. fl. und 4400 fl. guter Heller erworben hatte. (cfr. pag. 41.) Diese 3 Vogteien umschlossen im Jahr 1615[1]) 9 Dörfer, 5 Weiler und 22 Höfe, mit im ganzen 578 anlage- d. h. steuerpflichtigen Einwohnern, und einer Gesammtgemarkung von etwa einer Quadratmeile.

Weitaus die wertvollste der 3 Vogteien war die östlich von Überlingen bei Meersburg gelegene Vogtei Ittendorf,[2]) deren Kaufschilling seiner Zeit nahezu die Hälfte sämmtlicher auf den Vogteikauf verwendeter Geldsummen betragen hatte. (cfr. pag. 41.) Ittendorf war fast so gross wie Ramsberg und Hohenbodman zusammen. Sein Gebiet hatte eine Länge von $1^1/_2$ Stunden und eine Breite von einer Stunde, im Umfange

---

[1]) cfr. Arch. I, 7, 182. Ordnung der Anlage d. a. 1615.
[2]) cfr. Münchner Commiss.-Ber. Abschn. 2.

also beinahe eine halbe Quadratmeile. Auch gehörten zu Ittendorf 5 Dörfer, 10 Höfe[1]) und 378 steuerpflichtige Insassen.

Über die landwirtschaftliche Bedeutung Ittendorfs berichtet der kurbayrische Commissär, der im Jahr 1644 mit Junker Daniel v. Steinbach, einem früheren Vogt Ittendorfs, die ittendorfer Gemarkung abritt: Die Vogtei sei selbst in ihrem damaligen Zustande, nachdem also die Kriegswetter von bald 20 Jahren über ihre Fluren dahingezogen, noch eine „schöne Gelegenheit" gewesen. Er rühmt die Güte ihrer Felder, die Schönheit des Gehölzes, und vor allem den vortrefflichen Weinwachs, der zumal in dem „herrlichen" Dorfe Hagenau, das 3 Dörfern gleichkomme und mehr einem Marktflecken, denn einem Dorfe ähnlich sehe, den besten Wein am ganzen Bodensee hervorbringe. Derselbe Gewährsmann berichtet sodann auch über die Vogteien Ramsberg und Hohenbodman, die er in Begleitung ihres Vogtes, des Junkers H. W. von Reichlingen gleichfalls besichtigt hatte.

Beide Vogteien, im Norden von Überlingen gelegen, bildeten mit ihren Territorien ein Ganzes, dem nur ein kleines Stück Heiligenberger Feld beigemengt war. Ihr Gesammtgebiet war eine halbe Quadratmeile gross. In demselben lagen 4 Dörfer, 5 Weiler und 12 Höfe,[2]) deren steuerpflichtige Bewohnerschaft 200 Köpfe zählte. Von dem Dorfe Altheim (Vogtei Hohenbodman), in dem Wein gepflanzt wurde, abgesehen, beschränkte sich in beiden Vogteien die landwirtschaftliche Production ausschliesslich auf den Körner- und Futterbau, der bei der hervorragenden Güte des Acker- und Wiesenbodens sehr rentabel gewesen ist. Einen besonders hohen Ertrag scheinen die 9 Höfe der Vogtei Bodman abgeworfen zu haben, wenigstens

---

[1]) cfr. Arch. l. c. Zu Ittendorf gehörten die 5 Dörfer: Immerstaad, Küppenhausen, Hagenau, Ittendorf, Achhausen; und die Höfe: Frenkenbach, Reuthin, Hundweiler, Felben, Breitenbach, Stehelinsweiler, Riedern, Burgberg. Kriegwangen, Löweisen.

[2]) cfr. Arch. l. c. Zu Ramsberg gehörten die Dörfer: Grossschönach und Kürnbach, und die Weiler und Höfe: Heinetschweiler, Rickeratsweiler, Hattenweiler, Heilgenholz, Katzensteig, Fürth, Pferendorf, Neuweiler. Zu Hohenbodman die Dörfer: Hohenbodman und Altheim, und die Weiler bzw. Höfe: Honberg, Reuthin, Hohenreuthin, Utzen-Reuthin, Niederweiler, Steinhof, Heusern, Regnatshausen, Hellwang.

erklärt unser bayrischer Berichterstatter: „dieselben sind so einträglich gewesen, dass sich auch einer von Adel dabei begünnen (d. h. ernähren) könnte". Dazu kam noch etwas Forstwirtschaft in dem „schönen Gehölz", das vor allem die Vogtei Ramsberg auszeichnete.

In diesen 3 Vogteien besass nun Überlingen laut seiner Kaufbriefe das freie Eigentumsrecht am gesammten Grund und Boden. Alle Vogteibewohner waren seine Grundholden, und ausserdem war die Mehrzahl derselben ihm noch leibeigen. Diesem doppelten, dinglich-persönlichen Abhängigkeitsverhältniss der Vogteibewohner entsprangen die mannigfachen und vielgestalten Abgaben, die jährlich unter den allerverschiedensten Rechtstiteln teils in Naturalien, teils in Geld von ihnen erhoben wurden. Also alle die Grundzinse, Renten, Hofgülten, Herdzinse, Kopfzinse etc., aus denen sich das nicht unerhebliche privatwirtschaftliche Einnahmebudget der 3 Vogteien zusammensetzte. Über letzteres geben uns die Stadtrechnungen Überlingens und insbesondere die Rechnungen der städtischen Kornherren aus den Jahren 1620—26, denen wir unseren Einblick in den Fruchtgültenertrag der Vogteien verdanken, genügenden Aufschluss. Nach Ausweis der Kornrechnungen belief sich in den Jahren 1620—26 der jährliche Naturalertrag der Vogteien auf durchschnittlich 130 Malter Veesen, 63 Malter Roggen und 133 Malter Haber, insgesammt also auf 326 Malter Frucht. Daran participirte das höfereiche Bodman mit 140, Ittendorf mit 98 und Ramsberg als kleinste der Vogteien mit 88 Malter. Da aber nach den Fruchtpreisen der 20er Jahre des 17. Jahrhunderts das Malter Veesen 11 rh. fl. 26 xr. (10 fl.) und das Malter Roggen und Haber 9 rh. fl. 9 xr. (8 fl.) kostete,[1]) so repräsentirten obige 326 Malter Frucht in jenen Zeiten einen Geldwert von 3273 rh. fl.[2]) Hiezu kamen während derselben Periode im Durchschnitt noch jährlich 1062 rh. fl.[3]) Baareinnahmen, (cfr. Anl. II a.) — 477 fl. von Ittendorf, 335 fl. von Ramsberg und 250 fl. von Bodman — sodass mithin das gesammte privatwirtschaftliche Einnahmebudget der Vogteien auf

---

[1]) cfr. Arch. I, 7, 181. Steuerauschläge d. J. 1623—27.
[2]) Der Münchner Commiss.-Ber. verzeichnet 3000 rh. fl.
[3]) l. c. verzeichnet 1000 rh. fl.

jährlich 4340 rh. fl. oder nach moderner Währung¹) auf rund 25000 Mk. zu stehen kam. Natürlich differirten diese Ziffern, die vom Ausfall der Ernte und auch sonst noch von mancherlei Zufälligkeiten abhingen, in den einzelnen Jahrgängen ab und zu um ein paar Hundert Gulden: so hatte z. B. eine frühere Periode von 1608—16 (cfr. Anl. II, 1, a.) eine Baareinnahme von durchschnittlich 828 rb. fl. aufzuweisen, und die Frucht galt damals nur 6 bzw. 5 rh. fl. pro Malter.²) Aber das privatwirtschaftliche Gesammtterträgnis der Vogteien blieb des ungeachtet doch immer ein sehr gutes, zumal wenn man damit das Anlagecapital vergleicht und die Geringfügigkeit der Verwaltungskosten. Diese letzteren, die sich hauptsächlich auf die Instandhaltung der 3 Vogteischlösser beschränkten, da der Vogt selbst im Genuss einer Pfründe war, deren Ertragswerte (60—100 fl., cfr. weiter unten) natürlich in die Vogteirechnung nicht miteingeschlossen wurden, erreichten in den Jahren 1620—26 durchschnittlich die Höhe von 241 rh. fl. Wirklich bedeutend wurden dieselben nur ein Mal, anno 1608, wo es sich offenbar um teilweise Neubauten handelte, deren Kosten sich auf 2915 rh. fl. beliefen. (cfr. Anl. II, 2, b, u. 1, b.) Aus dem allem ergiebt sich, dass die Überlinger Gesandten, die bei Gelegenheit der Einschätzung in die Reichsmatrikel im Gedanken an den blühenden Stand ihrer Vogteien in etwas grosssprecherischer Weise von ihrer „Grafschaft" redeten,³) im Grunde nicht so Unrecht hatten, denn thatsächlich waren die 3 Überlinger Vogteien, wenn man ihre gemeinwirtschaftliche Abgabenleistung noch in Rechnung zieht, (cfr. weiter unten) eine Finanzquelle, wie sie nur den grösseren Reichsbaronen und Grafen und selbst diesen nicht immer zur Verfügung stand.

Ausser den Vogteien hatte Überlingen an Grundbesitz nur noch den Waldhof.⁴) Derselbe lag 2 Stunden nördlich von der Stadt mitten im Walde. Er bildete den Mittelpunkt einer Wald- und Weidewirtschaft, die Überlingen im Jahr 1590⁵) von Frau

---

¹) Der rh. Gulden zu 5 Mk. 76 ₰ berechnet. cfr. pag. 80 Anm. 3.
²) cfr. Arch. I, 7, 182 ª. Ordnung der Anlage d. a. 1595, 1607 und 1615.
³) cfr. Münchner Commiss.-Ber. Abschn. 10.
⁴) cfr. l. c. Abschn. 2.
⁵) cfr. Ratsprot. v. 30. Januar 1590.

Anna v. Freyberg, einer geb. v. Landenberg, um 8000 rh. fl. gekauft hatte. Für den Viehstand und das Wirtschaftsinventar des Hofes waren noch 500 rh. fl. extra bezahlt worden.[1]) Überlingen hatte diesen Hof in Selbstbewirtschaftung, d. h. die Stadt liess durch einen Maier und dessen Knechte das Vieh, besonders Schweine, auf die Weide treiben und den Wald bewachen. Seinem Gerichtszwang nach gehörte der Waldhof zur Vogtei Ramsberg. Auch mussten die Vögte von Ramsberg und Hohenbodman jeder wöchentlich 1 bis 2 Mal „auf den Wald reiten und sehen, dass kein Schaden darin beschehe, sondern nach Notdurft gebannet werde",[2]) d. h. sie hatten die Oberaufsicht über den Wirtschaftsbetrieb des Hofes. Bezüglich der Rentabilität des Waldhofes lässt sich actenmässig nicht viel behaupten. Zwar verzeichnen die Stadtrechnungen der Jahre 1608—16 und 1620 bis 1626 (cfr. Anl. II, 1 a u. 2 a.) einen durchschnittlichen Holzerlös aus den Forsten des Waldhofes von jährlich 45 bzw. 78 rh. fl. Dem stehen aber in den gleichen Zeiträumen Unterhaltungskosten von 53 und 160 rh. fl. gegenüber,[3]) sodass hienach von einer Rentabilität des Hofes nicht gesprochen werden könnte. Doch ist es wahrscheinlich, dass der Waldhof im Verein mit den Vogteiforsten das Brenn- und Bauholz lieferte, dessen die Stadt zur Versorgung der städtischen Bediensteten und zur Ergänzung der Festungswerke, vornehmlich der Thore und Brücken und der sturmfesten Palissadenreihen auf der Seeseite, alljährlich in ganz beträchtlichen Mengen bedurfte. Eine Nutzung, die sicher für die städtische Wohlfahrt von grösster Wichtigkeit war, wennschon sie in den Stadtrechnungen nicht zu entsprechendem Ausdruck kommt.

Als zweite privatwirtschaftliche Einnahmequelle haben wir sodann den **privatwirtschaftlichen Erwerbsbetrieb der Stadt** verzeichnet. Die beiden wichtigsten Zweige desselben waren der Salzhandel und der Weinhandel. Daran reihte sich noch die städtische Fischzucht aber mit ganz unbedeutendem Ertrag.

---

[1]) cfr. Ratsprot. v. 24. Februar 1590.
[2]) cfr. Ratsprot. v. 27. Februar 1590.
[3]) cfr. Anl. II. 1 u. 2 b.

Bezüglich des Salzhandels besass Überlingen das Salzhandelsmonopol, das Carl V. im Jahr 1547 der Stadt in seinem Marktprivileg verliehen hatte (cfr. pag. 69). Diese ksl. Freiheit sicherte Überlingen den Alleinbetrieb des Salzhandels im Umkreis von 2 Meilen, soweit nicht ältere Privilege dadurch verletzt wurden. Ausserdem herrschte Kaufzwang für die Einwohner der Stadt und Landschaft Überlingen in dem Sinne, dass dieselben ihren Salzbedarf bei Strafe der Confiscation von niemand als den Salzbeamten Überlingens kaufen durften.[1]) Daran hielt Überlingen zum lebhaften Verdrusse seiner Nachbarn fest, deren Einreden und Monopolbruchversuche immer wieder an dem ksl. Privilege scheiterten. Überlingen hatte ein Salzhaus, auch Salzstadel genannt (in der Nähe der alten Ratscanzlei), mit einem Kaufladen. Hausmeister war der Salzknecht, dessen Obliegenheiten — von seinen Pflichten als Kleinzoller abgesehen — in der Instandhaltung des Salzlagers und dem ladenmässigen Détailverkauf des Salzes bestunden.[2]) Letztere Aufgabe fiel in den Vogteien und der spitälischen Landschaft den Amtleuten, den Ammanen der einzelnen Dörfer und den Wirten zu, denen nach Bedürfniss Salz hinausgeliefert wurde, das sie wöchentlich der Stadt verrechnen mussten.[3]) An der Spitze des ganzen Salzhandels stunden 3 Salzherren. Sie besorgten den Engroseinkauf und überwachten zusammen mit dem Rentstüblinsschreiber den Salzverschleiss in der Landschaft und die Buchung des ganzen Handels. Jede Woche fand Rechnungsabschluss statt, wobei die Überschüsse an die Stadtcasse, das Rentstüblein, abgeführt werden mussten.[4]) Das in Überlingen verkaufte Salz war jederzeit bayrisches; tiroler und württembergisches Salz — in Sulz gewonnen — waren ihrer geringen Qualität halber vom Überlinger Handel ausgeschlossen. Gewöhnlich nahm die Stadt ihren Salzbedarf von Landsberg, Mindelheim oder Memmingen. Derselbe wurde ihr entweder direct und auf dem Landwege zugeführt oder durch Vermittlung des Salz-

---

[1]) cfr. Münchner Commiss.-Ber. Abschn. 6.
[2]) cfr. Arch. II, 4, 21. Bestallungsbuch d. Stadtbeamten d. a. 1550 bis 1594 s. t. Salzknecht.
[3]) cfr. l. c. Blatt 17 und Ratsprot. v. 16. Juni u. 7. Juli 1553.
[4]) Bestallungsbuch 16. Jahrh. s. t. Salzherren, Arch. l. c.

factors der Stadt Wangen im Allgäu per Schiff von Lindau aus. Dabei fand in der Regel ein eigentlicher Geldkauf nicht statt, das Salz wurde vielmehr gegen Wein eingetauscht und nach der Scheibe berechnet.[1]

Über den Salzverbrauch Überlingens sind uns einigermassen zuverlässige Nachrichten nur aus den 20er Jahren des 17ten Jahrhunderts in sog. Salzbüchern erhalten, die aber nicht practisch, oder, wie der Münchner Commissär sich auszudrücken beliebte, „gar schlecht und einfältig" geführt sind, und über den jährlichen Aufwand für Salzkauf nur mittelbaren Aufschluss geben. Darnach wurden in den Jahren 1620—26[2]) im Durchschnitt jährlich 930 Scheiben Salz verkauft. Der Einkaufspreis der Scheibe Salz betrug während dieser Zeit durchschnittlich 5 rh. fl. Das ergäbe eine jährliche Belastung des Ausgabekontos der Stadt Überlingen für Salz mit 4650 rh. fl., womit aber selbstredend die thatsächliche Belastung der einzelnen Jahre nicht eruirt ist. Verkauft wurde die Scheibe Salz während obiger 7 Jahre zu durchschnittlich 11 rh. fl., so dass also Überlingen vom Salzhandel eine jährliche Bruttoeinnahme von 10230 rh. fl. und einen jährlichen Durchschnittsgewinn von 5580 fl. hatte. Dieser hohe Gewinnsatz dürfte jedoch in früheren Decennien kaum erzielt worden sein. Es ist wohl zu beachten, dass in unsere Rechnungsperiode 2 Jahre fallen, in denen offenbar unter dem Druck des pfälzischen Krieges die Salzpreise zu ganz enormer Höhe anwuchsen, von der sie erst nach geraumer Zeit und allmälig wieder herabsanken, und dass Überlingen diese günstige Marktconjunctur gut zu nutzen verstund. Noch zu Anfang des Jahres 1622 notirte Überlingen als Einkaufspreis der Scheibe Salz 6 rh. fl. und als Verkaufspreis 6 fl. 32 xr. Bald darauf stieg der Einkaufspreis auf 10 rh. fl., um welche Summe Überlingen noch Salz aufgekauft zu haben scheint. Von da ab wurde der Salzeinkauf sistirt und dagegen der vorhandene Vorrat, als die Preise in raschem Tempo bis zu 39 rh. fl. für die Scheibe anwuchsen, auf den Markt geworfen. Diese Preishöhe hielt sich noch in den ersten Monaten des Jahres 1623, sank dann auf 30 rh. fl. und so fort, bis sie schliesslich fast

---

[1]) Münchner Commiss.-Ber. Abschn. 6.
[2]) cfr. Arch. III, 3, 203. Acten den Salzkauf betr.

ihre ursprüngliche Stufe mit 6 fl. 52 xr. wieder erreicht hatte. Im Verlaufe dieser 2 Jahre nun hat Überlingen 2040 Scheiben Salz zu keinem geringeren Durchschnittspreise als 20—24 rh. fl. die Scheibe verkauft und damit augenscheinlich — insofern höhere Einkaufspreise als 10 rh. fl. die Scheibe in den Salzregistern der beiden Jahre nicht verzeichnet, also auch nicht erlegt worden sind — einen sehr erheblichen Speculationsgewinn gemacht. Dadurch wurde aber begreiflicherweise auch das Durchschnittsergebniss der ganzen Periode wesentlich in die Höhe und über den Punkt hinausgerückt, den es in normalen Zeiten zu erreichen pflegte. Das Normale wird vielmehr ein Kaufpreis von 4—5 rh. fl. die Scheibe, ein Verkaufspreis von c. 6 rh. fl. und ein Salzconsum von jährlich rund 900 Scheiben gewesen sein; Daten, die sich bei Weglassung der Jahre 1622 und 1623 als fünfjähriger Durchschnitt obiger Periode ergeben. Es reducirte sich mithin, in Übereinstimmung mit den Angaben des Münchner Commiss.-Berichtes, der Nutzen, den die Stadt am Verkauf einer Scheibe hatte, — die Scheibe im Einzelverkauf zu 2,5 Mäss berechnet[1]) — auf etwa einen rh. Gulden, der Jahresgewinn, ohne Anschlag des Zinsverlustes, der Verwaltungskosten und des verdorbenen Salzes, auf etwa 900—1000 rh. fl.[2]) So allein ist es dann auch verständlich, warum der bayrische Commissär zu verschiedenen Malen die „geringe Importanz", die „geringe Quantität" und den „schlechten Gewinn" des Überlinger Salzhandels glaubte tadeln zu müssen.[3]) Den Grund hiefür fand der Commissär darin, „dass mans (nämlich den höhern Ertrag) nicht sucht oder begehrt." Der Überlinger Salzhandel beschränke sich „allein auf die Stadt und Landschaft Überlingen". Man habe nie den Versuch gemacht, den Salzverkauf auf die Schweiz auszudehnen, trotzdem der Fruchtverkauf in die Schweiz hiezu die günstigste Gelegenheit bot. Ebensowenig habe man in die Frucht exportirenden Lande Salz vertrieben. Diese Vorwürfe, die durch die sonstige Verwaltungspraxis Überlingens nicht gerade widerlegt werden, mochten zum

---

[1]) cfr. Arch. I, 51, 130. Satzung d. a. 1461 und die Salzbücher des 17. Jahrhunderts.
[2]) 5760 Mk.
[3]) cfr. Münchner Commiss.-Ber. Abschn. 1 und 6.

Teil berechtigt sein. Nur ist dabei vielleicht das eine Moment zu wenig berücksichtigt, dass auch andere Herrschaften ihre Salzmonopole hatten, und dass Überlingen ohnedies seines Salzprivilegs halber in stetem Streite mit seinen Nachbarn lebte, der einem erfolgreicheren Betrieb des Salzhandels die grössten Schwierigkeiten bereitete. Im Norden waren es die Grafen von Heiligenberg, im Osten die Äbte von Salem, im Süden die Stadt und das Spital Constanz, und im Westen die Beamten der Landgrafschaft Nellenburg, die — von kleineren Gegnern ganz zu schweigen — immer und immer wieder eigenmächtige Eingriffe in das Überlinger Salzmonopol teils offen verübten, teils heimlich begünstigten und dadurch, auch wenn sie schliesslich ihr Unrecht büssen mussten, dem Überlinger Salzhandel grossen Abbruch thaten.[1]

Gleich einträglich ungefähr war der städtische Weinhandel. Derselbe zählte aber nicht unter die jährlichen Einkommensquellen der Stadt, seine Kauferlöse traten nur periodisch im Stadtbudget auf. Der Grund hiefür lag darin, dass die Stadt keinen Weinbau trieb, sondern nach Art der privaten Weinspeculanten in billigen Jahrgängen neuen Wein aufkaufte, denselben im Keller ablagerte und erst, wenn die Preise hochgingen, auf den Markt brachte.[2] Dass auf diese Weise grosse Gewinnste erzielt wurden, haben wir bei Besprechung der privaten Weinwirtschaft bereits gezeigt. Dasselbe Resultat lässt sich aber auch bezüglich des städtischen Weinhandels an den Stadtrechnungen des 17. Jahrhunderts zahlenmässig nachweisen. Besonders instructiv in dieser Hinsicht sind die Jahre 1608—16 und 1620—26.

Während der 7jährigen Periode von 1608—16[3] hatte Überlingen 6 gute Herbste und einen Fehlherbst, diesen a. 1608.

---

[1] cfr. die Ratsprotocolle vom 18. März und 14. Mai 1599, vom 27. März 1601, v. 29. März 1604 und das Missivprotocoll vom 27. Juni 1603 betr. Beschwerden Überlingens an K. Rudolf II. wegen Missachtung seines Salzprivilegs.

[2] cfr. Münchner Commiss.-Ber. Abschn. 1.

[3] Über die Herbsterträge und Weinpreise cfr. Kutzle, Überlinger Stadtchronik pag. 330, über die Weinkauf- und Verkaufsummen cfr. Anl. II. 1. a u. b.

Das Herbstergebniss der 6 guten Jahrgänge betrug durchschnittlich 2503 Fuder, ging also noch um 211 Fuder über den Überlinger Normalherbst (2292 Fuder cfr. pag. 49) hinaus. Dabei hielt sich der neue Wein in mässiger Preishöhe, das Fuder kam durchschnittlich auf 43 rh. fl.[1]) zu stehen. Diese 6 Jahre über konnte aber die Stadt nicht wohl verkaufen. Sie hatte in den Jahren 1601—7 durchschnittlich 49 rh. fl. und a. 1608 gar 68 rh. fl. für das Fuder bezahlt und machte, wenn sie jetzt vorzeitig ihre Weine losschlug, selbst an den besseren Preisen, die der abgelagerte Wein galt, einen höchst geringen Profit. Dagegen benutzte Überlingen die günstige Einkaufgelegenheit und füllte seine Weinkeller während obiger 6 Jahre mit rund 160 Fuder,[2]) deren Kaufpreis, da das Hauptquantum in dem billigen Weinjahr 1610/11 eingelegt wurde, sich auf durchschnittlich nur 36 rh. fl. belief, also noch um 7 rh. fl. unter dem gewöhnlichen Preissatz blieb. Im Ganzen wurden damals 5805 rh. fl. für Weinkauf verausgabt.

Anders in den Jahren 1608 und 1620—26. Das Jahr 1608 brachte einen Fehlherbst, auf der Überlinger Gemarkung waren nur 937 Fuder gewachsen. In Folge dessen gingen die Preise in die Höhe, der Neue galt 68 rh. fl., und es konnten die alten Weine, die s. Zt. 49 rh. fl. das Fuder gekostet hatten und nun sicher noch besser[3]) als der neue Wein bezahlt wurden, mit Gewinn abgestossen werden. Dementsprechend verkaufte die Stadt a. 1608 für 1704 rh. fl. Wein. Nach dem Preise des neuen Weines berechnet wären dies 25 Fuder, an denen zum mindesten 475 rh. fl. gewonnen wurden. Der Einkauf beschränkte sich auf c. 7 Fuder zu 460 rh. fl. Später in den 20er

---

[1]) Das Fuder neuen Weines kostete a. 1610/11 — 28 rh. fl.
a. 1611/12 — 60 rh. fl.
a. 1612/13 — 40 rh. fl.
a. 1614/15 — 48 rh. fl.
a. 1615/16 — 48 rh. fl.
a. 1616/17 — 35 rh. fl.

[2]) Dividirt wurden die Kaufsummen der einzelnen Jahre (cfr. Anl. II, 1, b.) durch die entsprechenden Weinpreise. cfr. Anm. 1.

[3]) Die Preise des alten Weines in den Jahren 1608—16 sind im Einzelnen uns nicht bekannt.

Jahren¹) wurde sodann der Weinverkauf in grösserem Massstabe fortgesetzt. Auch während dieser Zeit verursachten in erster Reihe die geringen Herbste, die durchschnittlich mit 720 Fuder hinter dem Normalherbstertrag zurückstunden, eine Preissteigerung des Weines. Dazu kam aber als zweiter und wesentlicher Factor noch der Krieg, der sich den nichtbeteiligten Ländern jeweils zuerst in den Lebensmittelpreisen fühlbar machte. In Überlingen stieg der Preis des neuen Weines²) von 43 auf 67 rh. fl., gleichzeitig wurde der alte Wein mit durchschnittlich 84 rh. fl.³) pro Fuder bezahlt. Dass daraus auch die Stadt Vorteil zog, war selbstverständlich. Z. B. verkauften die Stadtkeller im Jahr 1624/25, das den höchsten Preisgang aufzuweisen hatte, für 10498 rh. fl. Wein: 92 Fuder zu 114 rh. fl., in den übrigen Jahren: 87, 63, 47, 32, 7 und 3 Fuder.⁴) Dabei verstunden sich die städtischen Kellermeister wie beim Einkauf auf kluge Ausnützung der günstigsten Marktlagen. Sie setzten dadurch ihre Weinvorräte noch über dem Durchschnittspreis und zwar das Fuder zu durchschnittlich 91 rh. fl. ab, so dass aus dem Gesammtverkauf von rund 331 Fuder während obiger 7 Jahre 30255 rh. fl. gelöst wurden. Daran profitirte Überlingen, wenn wir für 160 Fuder die Kaufsumme der Jahre 1609—16 mit 5805 rh. fl., für 7 Fuder die des Jahres 1608 mit 460 rh. fl., und für die weiteren 164 Fuder den Durch-

---

¹) Über die Weinerträge und'-Preise cfr. Arch. III, 4, 209. Weinerträge von 1602—1682. und Arch. III, 3. nicht nummerirtes Fascikel, die Weinpreise d. a. 1588—1774. Über das städtische Weinhandelsbudget cfr. Anl. II, 2 a u. b.

²) Von welchem die Stadt nur 22 Fuder zu 1450 rh. fl. einlegte, deren verkaufsweise Verwertung aber erst in eine spätere Periode gefallen sein dürfte.

³) cfr. Arch. I, 7, 181. Wein-Steueranschläge. Das Fuder alten Weines kostete: 1620 : 68 rh. fl.,
1621 : 60 rh. fl.,
1622 : 109 rh. fl.,
1623 : 64 rh. fl.,
1624 . 114 rh. fl.,
1625 : 80 rh. fl.,
1626 : 91 rh. fl.

⁴) Die Berechnungsart ist die pag. 103 Anm. 2 angegebene: Division der jährlichen Kauferlöse (cfr. Anl. II, 2, a.) durch die entsprechenden Jahrespreise des alten Weines. cfr. Anm. 3.

schnittskaufpreis der Jahre 1601—7 mit 49 rh. fl. pro Fuder insgesammt also ein Anlagecapital von 14301 rh. fl. annehmen: 15954 rh. fl. Der Gesammtgewinn, der in den genannten 14 Jahren aus den städtischen Weinkellern gezogen wurde, erreichte mithin die Höhe von 16429 rh. fl.,[1]) woraus sich ein Jahresgewinn von 1174 rh. fl. ergab.

Diese Daten, die einen Wertzuwachs der Weine von 34, 86 und 153 $^0/_0$ aufweisen, repräsentirten jedoch keineswegs den Reinertrag des städtischen Weinhandels. Solche Resultate konnten nur durch Kellerlagerung während längerer Zeiträume erreicht werden, so dass der Wiederersatz des Zinsverlustes, der Kellereiverwaltungskosten und des natürlichen Weinabganges jeweils noch einen beträchtlichen Abstrich am Reingewinn wird verursacht haben. Dass aber auch so noch die Rentabilität des Weinhandels eine ganz vorzügliche blieb, ist nach allem, was wir früher betreffs der Überlinger Weincultur beizubringen vermochten, schlechthin selbstverständlich.

Freilich ist damit noch nichts über die Bedeutung der städtischen Weinhandelsgewinnste für das städtische Jahresbudget behauptet. In dieser Hinsicht wird man füglich das Urteil wiederholen können, womit der bayrische Commissär s. Zt. die Überlinger Salzgewinnste kritisirte: sie sind von geringer Quantität und geringer Importanz gewesen. Zweifelsohne konnte nämlich die Stadt, wenn sie ihren Handelsbetrieb dem Gesammtumsatze angepasst oder auf eine allmälige Erweiterung desselben hingearbeitet hätte, aus dem Weinhandel viel bedeutendere Summen lösen, als die wenigen Hundert Gulden jährlich. Woraus jedoch der Stadtverwaltung kein Vorwurf gemacht werden soll. Denn erstens gehörte hiezu mehr Geld, als nach der gewöhnlichen Jahresbilanz in den Stadtcassen übrig zu sein pflegte, und zweitens waren es sehr triftige Gründe volkswirtschaftlicher Natur, die dem städtischen Weinhandel entgegenstunden. Es darf nicht vergessen werden, dass der Weinbau die Hauptnahrungsquelle der Bürgerschaft bildete, und dass darum eine andauernde und erfolgreiche Concurrenz von Seiten der Stadt gerade auf diesem Gebiet nicht ohne die Gefahr einer schweren Schädigung der gesammten Überlinger Volkswirtschaft

---

[1]) 15954 rh. fl. plus 475 rh. fl. Gewinn des Jahres 1608.

durchgeführt werden konnte. Diesen Fehler vermied aber die städtische Handelspolitik, indem sie klugerweise das Privatinteresse ihrer Weinspeculation mit den Interessen der Weinproducenten zu vereinen suchte und im übrigen den Weinverkauf der Stadtkellerei in engen Grenzen hielt.

Volkswirtschaftlich betrachtet beschränkte sich der städtische Weinverkauf zeitlich auf diejenigen Jahre, in denen wegen geringer Herbste oder aus sonstigen Gründen der Markt mit Wein nicht überführt war, die Verkaufgelegenheit für jedermann günstig lag, ein hoher Preis erzielt und darum die städtische Concurrenz am wenigsten empfunden wurde. Ausserdem nahm die Stadt nur als Käuferin am Weinmarkt teil und vermehrte so die Nachfrage zu Gunsten der Wein anbietenden Bürgerschaft. Daneben war der städtische Weinverschleiss noch quantitativ beschränkt und hatte selbst in seinen Höchstbeträgen auf den Gang der 55 Überlinger Markttage wenig Einfluss. Z. B. lieferten die a. 1625 aus den Stadtkellern verkauften 92 Fuder zum Absatzconto der einzelnen Markttage von 24 Fuder nur 1,7 Fuder, fielen also dem Jahresumsatz von 1320 Fuder[1]) gegenüber kaum ins Gewicht. Und dies war der Höchstbetrag eines Jahres während dreier Decennien. In den anderen Jahren sank das städtische Verkaufsquantum eines Markttages bei ungefähr gleichem Jahresumsatz auf ein Fuder, ein halb Fuder und selbst noch tiefer.[2])

Mehr nur zum Privatgebrauch, um bei den Ratsmahlzeiten und Ratsverehrungen (Geschenken an Nachbarstände, z. B. an die Äbte von Salem) Fische beliebig verwenden zu können, denn um des Erwerbs willen trieb die Stadt Fischzucht.[3]) Gelegenheit hiezu boten 4 Weiher, einer dicht bei Überlingen und 3 in der Landschaft bei Hohenbodman, Grünwangen und Neuweier gelegen, die für gewöhnlich mit 2—3000 Stück Karpfen besetzt

---

[1]) In den Jahren 1608—16 belief sich der jährliche Umsatz auf durchschnittlich 1091 Fuder (cfr. pag. 57.) Aus den 20er Jahren liess sich auf Grund der Stadtrechnungen nur das Jahr 1622/23 und 1624/25 mit einem Umsatz von 1130 bzw. 1320 Fuder namhaft machen.

[2]) Zu berechnen vermittelst Division der Verkaufsquanten der einzelnen Jahre durch die Zahl der Markttage.

[3]) cfr. Münchner Commiss.-Ber. Abschn. 2 und Ratsprot. v. 21. Nov. 1566. Ferner Anlage II, 1 u. 2, a u. b.

wurden. Zwei derselben dienten ausschliesslich der Fischzucht, dem Halten von Setzlingen und Laichfischen, in den beiden andern waren die Essfische. Da der Hauptteil des Fischertrages in den officiellen Gastereien und Geschenken aufzugehen pflegte, so war der Erlös aus dem Fischverkauf natürlich geringfügig. Z. B. blieben in den Jahren 1608—16 nach Abzug von 27 rh. fl. Unterhaltungskosten als Reingewinn durchschnittlich noch 26 rh. fl. übrig. Manchmal, wie in den J. 1620/26, wurde durch den Fischverkauf nicht ein Mal der Kostenaufwand für den Unterhalt der Weiher gedeckt. Selbstverständlich ohne dass daraus auf Unrentabilität der städtischen Fischzucht geschlossen werden müsste, es entziehen sich eben die Zahl und der Kaufwert der „zu eigener und fremder Ergetzlichkeit" verbrauchten Fische, ohne welche eine genauere Schätzung des Ertragsumfanges überhaupt unmöglich ist, unserer Berechnung.

An letzter Stelle wären unter den privatwirtschaftlichen Einnahmequellen Überlingens noch die städtischen Geldgeschäfte zu erwähnen, doch müssen wir uns hiebei kurz fassen, „dieweil (bereits im Jahr 1644) beim Rentstüblin eine grosse Confusion in allen diesen Sachen gewesen"[1]) und die Überlieferung inzwischen begreiflicherweise nicht besser geworden ist. Dass die Stadt Überlingen privatwirtschaftlich Geldgeschäfte machte, d. h. zum Zwecke der Zinsgewinnung Geld an Privatpersonen auslieh, geht sowohl aus den Stadtrechnungen, wie aus einer Reihe von Ratsdecreten hervor, die sich mit der städtischen Geldleihe befassen. Darnach erfolgte die Ausgabe städtischer Darlehen in doppelter Weise: „gegen gebührende Obligation" und „auf gebührende Recognition", also auf Unterpfand und auf Handschrift. Der reine Personalcredit kam jedoch in der Regel nur ganz vertrauten Schuldnern und nur bei kurzfristigen Geldleihen zur Anwendung. Die üblichste Creditform war der Realcredit mit einer Rückzahlungsfrist von einem oder mehreren Jahren. Der Zinsfuss, der bei diesen Geldgeschäften angesetzt wurde, betrug die seit Ausgang des 16ten und Anfang des 17. Jahrhunderts landesüblichen 5 %.

In erster Linie benutzten den städtischen Credit natürlich die Bürger und Landesunterthanen Überlingens, und zwar sowohl

---

[1]) cfr. Münchner Commiss.-Ber. Abschn. 1.

der Einzelne wie die ganze Bürgerschaft. Unter den privaten Creditnehmern befanden sich besonders häufig die städtischen Maier, die Erbpächter der städtischen Höfe. In schlechten Jahren oder zu Zeiten, wo der Fruchtverkauf und der Umsatz der sonstigen landwirtschaftlichen Erzeugnisse in Geld nicht in genügender Menge oder nicht rasch genug bewerkstelligt werden konnte, entliehen diese Maier regelmässig Betriebscapital vom Rentstüblein gegen Verpfändung ihrer Eigentumsrechte oder Erblehensgerechtigkeiten. Heimbezahlt wurde in solchen Fällen gemeiniglich erst nach Verfluss einer Wirtschaftsperiode, also eines Jahres. Auch war der Credit nach Bedürfniss noch langfristiger, er konnte sich auf 6—8 Jahre erstrecken.[1]) Consumtivcredit, der Privatpersonen wohl seltener gewährt wurde, begehrten sodann öfters die städtischen Klöster und Stiftungen zur Deckung vorübergehender Kassendeficits, die eine baldige Abtragung der Schuld erwarten liessen. In diesem Sinne entlieh z. B. a. 1587 das Spital 1000 rh. fl. und a. 1604 das Überlinger Barfüsserkloster 100 rh. fl. aus der Stadtcasse. Sie verpflichteten sich durch Handschrift zur ungesäumten Rückzahlung, sobald die Restanzen eingingen oder auf andere Art, etwa durch Weinverkauf, Gelder flüssig würden.[2]) Der Fall, dass die ganze Bürgerschaft und ganze Landgemeinden den Stadtcredit in Anspruch nahmen, wodurch die städtische Geldleihe den Charakter einer vorwiegend volkswirtschaftlichen Massregel bekam, gehörte zu den Eigentümlichkeiten anormaler Zeiten. Doch lässt auch hiefür sich ein Beispiel anführen. So eröffnete der Überlinger Magistrat im Jahr 1586[3]) „wegen dieser beschwerlichen, leidigen und beharrlichen theueren Zeiten gemeiner Burgerschaft und den armen Unterthanen auf dem Land" einen Gesammtcredit von 10000 rh. fl., welche die Stadt selbst zuvor in Ulm aufgenommen hatte. Damals erhielten alle Bürger und Landesunterthanen, die „genugsame Versicherung" stellen konnten, und ebenso die Behörden der einzelnen Landgemeinden für sich und ihre Gemeindemitglieder gegen Verschreibung „gemeiner Mark" bei der

---

[1]) cfr. die Ratsprotocolle v. 23. Mai 1586, 12. Januar 1591, 20. Aug. 1596, 28. Oktober 1605, 5. November 1607.

[2]) cfr. die Ratsprot. v. 22. Juni 1587 und 22. Januar 1604.

[3]) cfr. die Ratsprot. v. 23. Mai und 6. Juli 1586.

Stadtcasse „um gebührlichen 5 %, Zins" Vorschüsse, die erst nach 6—8 Jahren zurückbezahlt werden mussten.

Zu den auswärtigen Schuldnern gehörten, soweit aus Ratsprotocollen ersichtlich, vorab die Nachbarn Überlingens. a. 1590[1]) z. B. entlieh der Prälat von Salem auf 5 Jahre gegen Versicherung 2000 rh. fl. und der Bischof von Constanz 3000 rh. fl. gegen gebührende Recognition auf zwei Monate von Überlingen. 1563[2]) wurden Graf Haug v. Montfort, a. 1584[3]) die Stadt Buchhorn (das heutige Friedrichshafen) mit 500 bezw. 1000 rh. fl. auf 8 Jahre gegen gebührende Obligation und 5 % Zins die Schuldner Überlingens u. s. w. Alle diese Capitalaufnahmen bedurften zunächst der Genehmigung des Rates, darauf konnte das Geld beim Rentstüblin erhoben werden.

In den Jahren 1608/16 hatte die Stadt im Ganzen ungefähr 30 000 rh. fl. ausstehen. Sie bezog davon im Durchschnitt jährlich 1461 rh. fl. Zins. Capitalheimzahlung und Capitalanlage hielten sich während dieser Zeit beinahe das Gleichgewicht. Heimbezahlt wurden in summa 13 709 rh. fl., ausgeliehen 11 084 rh. fl. In den 20er Jahren machte sich der Einfluss der Kriegsläufte bemerkbar. Die rückständigen Zinsen wurden besonders in den Jahren 1621/22 und 1622/23 eingetrieben, die Capitale im Umfange von cc. 19 000 rh. fl. gekündigt, der Credit auf 2636 rh. fl. herabgesetzt. (cfr. Anl. II.).

Die zweite Hauptclasse des städtischen Einnahmeétats umschloss die Einkünfte gemeinwirtschaftlicher Natur. An ihre Spitze stellen wir, gleichsam zur Überleitung, den Ertrag derjenigen Anstalten, die, obschon sie öffentlichen Zwecken dienten und nach staatswirtschaftlichen, nicht privatwirtschaftlichen Grundsätzen verwaltet wurden, gelegentlich auch privatwirtschaftlichen Gewinn abwarfen. Hierher zählen die Einkünfte der städtischen Kornlauben, des Kalkhauses, des Marstalles und Zeughauses.

Zum Beweis der Gemeinnützigkeit der den beiden Kornherren[4]) unterstellten Frucht- oder Kornlauben citiren wir

---

[1]) cfr. die Ratsprot. v. 20. Juni und 10. Septbr. 1590.
[2]) cfr. Ratsprot v. 29. Juli 1563.
[3]) cfr. Ratsprot. v. 26. Dezbr. 1584.
[4]) cfr. Bestallungsbuch der Stadtbeamten. 16. Jahrh. s. t. Kornherren, u. die Ratswahlbücher der J. 1600/16.

drei Ratsdecrete, aus denen die Grundsätze der städtischen Kornkaufpolitik unzweifelhaft erhellen. Am 26. Oktober 1570 beschloss der Überlinger Rat: wegen gegenwärtiger klemmer Zeiten gemeiner Stadt ein Anzahl Korn au Veesen im Vorrat einzukaufen; am 15. Juni 1559: es sollen die verordneten Kornherren, dieweil das Korn in solchem Jahr in grossen Aufschlag kommen, ein Wochen 5 oder 6 an einem Wochenmarkt 60—80 Malter verkaufen und nit länger, denn bis neu Korn kommt; am 23. Mai 1586: die Kornherren sollen sehen, ob sie allenwegen in künftigen Märkten zur Verhütung hoher und grosser Aufschläg etwan den ersten Kauf um 12, 13 oder 13,5 rh. fl. thun können, dadurch möchte der Markt vor Aufschlag erhalten werden und die andern Kauf dem ersten nachfolgen.[1])

Die Aufgabe des städtischen Kornkaufs war demnach im 16. Jahrhundert eine rein volkswirtschaftliche. Bezweckt wurde die Erhaltung und Verbilligung des Brotes zum Nutzen der Bürgerschaft. Dazu griffen die städtischen Kornlauben, deren Hauptvorräte aus den Vogteierträgen resultirten, bald kauf- bald verkaufsweise in den Kornmarkt ein, aber nur wenn und nur so lange als die Getreidezufuhr stockte und die Preise hoch stunden. Sobald die Theuerung vorüber ist, die Ernte neuen Vorrat gebracht hat, wird — nach dem ausdrücklichen Gebot des Ratsdecrets von 1559 — der städtische Verkauf wieder eingestellt, der Markt den privaten Händlern wieder überlassen. An dieser Auffassung hielt auch das Stadtregiment des 17. Jahrhunderts im Wesentlichen fest, wenigstens wurde kein eigentlicher Kornhandel, kein gewerbsmässiger Kornaufkauf und -Verkauf getrieben. Die Stadtrechnungen der Jahre 1608—16 enthalten einen, die der Jahre 1620—26 keinen Ausgabeposten für Kornkauf. Dagegen war in der ersten Periode der Kornverkauf allerdings ziemlich einträglich, er brachte im Jahr durchschnittlich 754 rh. fl. ein. Es ist nun möglich, dass hiebei auch privatwirtschaftliche Interessen mitunterliefen, dass die Stadt, was sie an Korn nicht zu Besoldungen brauchte oder auf Lager halten wollte, zu versilbern suchte. Jedenfalls kam aber auch dies mit Willen des Rates dem gemeinen Nutzen zu gut,

---

[1]) cfr. die Ratsprot. der cit. Jahre.

denn die Kornpreise sanken in jenen Jahren fast auf das normale Durchschnittsniveau. (4—5 rh. fl. für leichte, 5—6 rh. fl. für schwere Frucht cfr. weiter unten). Das leichte Korn galt 4—6 rh. fl., das schwere 5—7 rh. fl. pro Malter.[1]) Später hörte der städtische Kornkauf, vom Jahr 1620/21 abgesehen, gänzlich auf. (cfr. Anl. II.).

Das städtische Kalkhaus hatte den Charakter einer Waarencreditanstalt. Es unterstund der Leitung zweier Bauerherren[2]) und enthielt das gesammte für einen Hausbau notwendige Baumaterial, also Kalk, Steine, Ziegel, Holz, Bretter, Eisen, Nägel etc. Sein ursprünglicher Zweck war der Unterhalt der städtischen Bauten. Gegen Ende des 16. Jahrhunderts erweiterte sich jedoch seine Bestimmung im gemeinnützigen Sinne aus Anlass grösserer Stadtbrände am St. Lutzenberg, die eine Unterstützung der Brandbeschädigten aus öffentlichen Mitteln notwendig machten. Nunmehr erhielt jeder Brandbeschädigte und in der Folge überhaupt jeder Baulustige „allen notwendigen Bauzeug um ein leidlichen und ziemlichen Anschlag aus dem Kalkhaus dargestreckt". Dabei wurden die Zahltermine, die Zieler, so gelegt, „dass sie es wohl erleiden und bezahlen mögen jährlich zur Herbstzeit mit Wein oder Geld".[3]) Von da ab weisen die Kalkhausrechnungen eine starke Frequenz des Kalkhauses auf. Seine Ausgaben beliefen sich im 2. und 3ten Decennium des 17. Jahrhunderts auf jährlich 1490 bezw. 2045 rh. fl., seine Einnahmen, die, eben weil gestundet wurde, hinter den Ausgaben zurückblieben, auf durchschnittlich 957 und 902 rh. fl. (cfr. Anl. II.).

Die Aufgabe des städtischen Marstalles war eine friedliche und kriegerische. In Friedenszeiten diente der Marstall hauptsächlich dem Nachrichtenverkehr. Die Pferde der reitenden Stadtboten wurden vom Marstall geliefert. Auch wer sonst berittene Botschaft schicken wollte, erhielt gegen entsprechendes Reitgelt von einem der beiden Stallmeister[4]) Ross und Reiter zur Verfügung gestellt. Ausserdem durften die

---

[1]) cfr. Arch. I, 7, 182. Steueranschläge der J. 1566—1615.
[2]) cfr. d. Bestallungsbuch des 16. Jahrh. s. t.: Bauherren und d. Ratswahlb. des 17. Jahrh.
[3]) cfr. die Ratsprotoc. v. 9. Juli 1572 u. 16. Mai 1600.
[4]) cfr. d. Ratswahlb. des 17. Jahrh.

Pferde nur von den Ratsherren geritten werden, Privatpersonen wurden sie nicht geliehen.[1]) Hiezu kam im Kriege der Pferdebedarf der reisigen Stadtknechte und die Bespannung der Geschütze. Für die Geschütze wurden ständig 14 besonders schwere Pferde gehalten.[2]) Ob die Stadt Pferdezucht und -Handel trieb, lässt sich nicht mehr entscheiden, die Wahrscheinlichkeit spricht aber dagegen. Sicher ist, dass ab und zu ein Pferd verkauft und dann wenn möglich mit Gewinn verkauft wurde, und ebenso sicher ist, dass die Stadt besonders schöne und wertvolle Pferde besessen haben muss, denn der Preis ihrer Pferde betrug im 16. Jahrhundert gemeinhin das Doppelte von dem Preise eines gewöhnlichen Ackerpferdes. Laut Ratsbeschluss vom Jahr 1582 und 1596[3]) durfte keines der städtischen Pferde, gleichviel ob alt oder jung, unter 40 rh. fl. abgegeben werden, während damals ein Ackerpferd nur 17—25 rh. fl. kostete.[4])

In den 20er Jahren des 17. Jahrhunderts muss der städtische Marstall gänzlich geräumt und mit frischen Pferden besetzt worden sein. Innerhalb 7 Jahren wurden 3586 rh. fl. aus dem Marstalle vereinnahmt und gleichzeitig 3527 rh. fl. verausgabt. Auch hier stunden die Kriegsjahre 1622 und 1623 mit einer Einnahme von 2973 rh. fl. und einer Ausgabe von 2313 rh. fl. obenan (cfr. Anl. II.). In den ruhigeren Zeiten vor dem Krieg war das Budget des Marstalls viel kleiner. Der Jahresaufwand für denselben stellte sich, ohne den Haferverbrauch, der aus den Fruchtlauben bestritten wurde, auf durchschnittlich 112 rh. fl. Einnahmen gab es nur in einzelnen Jahren und in so geringem Betrage — in summa 369 rh. fl. —, dass hienach ein directer und gewerbsmässiger Geldgewinn des Marstalles ausgeschlossen erscheint.

Über Zweck und Bedeutung des städtischen Zeughauses gibt sein Inventar den beredtesten Aufschluss. Anno 1611[5])

---

[1]) cfr. Ratsprot. v. 19. Juni 1582.
[2]) cfr. Arch. I, 63, 705, das Zeughaus betr. d. d. 5. März 1611.
[3]) cfr. die Ratsprot. v. 27. März 1582 u. 22. Juni 1596.
[4]) cfr. Arch. I, 7, 182. Anlageordnungen, der Steuerpreis eines Pferdes der Landschaft Überlingen betrug a. 1566 u. 1583: 17 rh. fl., a. 1595: 20 rh. fl., a. 1607: 23 rh. fl., a. 1615: 25 rh. fl.
[5]) cfr. Arch. I, 63, 705. Inventar d. d. 5. März 1611 und Missivprot. v. 7. Okt. 1610 an die Kriegsräte in Ulm, Waffenbestellung betr.

lagerten in den Rüstkammern der Stadt Überlingen 15 Falkenetlein, 27 Scharpfendeinlin, 2 Schlangen, 3 Böller, 156 Doppelhagen, 13 kurze Hagen, 24 Pirschbüchsen, 25 Zielbüchsen, 342 Musqueten, 21 Schwerter, 300 Hellebarden, 71 Harnische, alles sammt Zubehör. Ferner 15 Zentner Pulver, Blei und Lunten. Dazu Pechringe, Feuerpfannen und Sturmleitern in erklecklicher Anzahl. Alle diese für die Wehrhaftigkeit einer Reichsstadt hochwichtigen Waffen- und Munitionsvorräte wurden jährlich unter Führung des Zeugmeisters von den Bau- und Stüblinsherren inspicirt, was alt und unbrauchbar befunden, wurde ausgeschieden, verkauft und neu ersetzt.[1]) Das kostete in Friedenszeiten durchschnittlich 241 rh. fl. jährlich, sobald Kriegsgefahr drohte, wuchs der Aufwand. In der Zeit von 1620—26 erreichten z. B. die Armirungskosten des Zeughauses fast den doppelten Satz der früheren Jahre, anstatt 241 durchschnittlich 466 rh. fl. Dem standen als Einnahmeétat die Kauferlöse aus abgängigen Waffen und aus Geschossen gegenüber, die die Büchsen- und Armbrustschützengesellschaften[2]) und Privatpersonen dem Zeughaus abgenommen hatten, im Betrag von jährlich 56 und 68 rh. fl. (cfr. Anl. II.).

Verschieden nach der Art des Betriebs, in Absicht des Zweckes aber nahe verwandt mit den besprochenen Instituten war eine andere Gruppe städtischer Anstalten, deren Ertrag in Form von Nutzungsgebühren erhoben wurde: die städtischen Zimmerhütten, Bauchkessel und Brennöfen oder -Hütten.

Die älteste dieser drei Anstalten, die im Jahre 1552[3]) errichteten Zimmerhütten, lagen abseits der Stadt im Westen vor dem Grundthor. Sie waren zerlegbar und bestanden aus einer Haupthütte und zwei Nebenhütten, die den privaten und städtischen Zimmermeistern als Arbeitsraum gegen Entschädigung überlassen wurden. Auch herrschte Benutzungszwang, damit das Publicum von dem Lärm und den Fährlichkeiten der Zimmermannsarbeit verschont bleibe.

Wesentlich feuerpolizeilichen Rücksichten verdankten die

---

[1]) cfr. Ratsprot. v. 23. März 1589.
[2]) cfr. Ratsprot. v. 24. April 1615.
[3]) cfr. Ratsprot. v. 19. Aug. 1552.

städtischen Bauchkessel und Brennöfen ihre Entstehung. Beängstigt durch grosse Schadenfeuer, die in Folge leichtsinniger Handhabung der privaten Bauchkessel d. i. Waschkessel und Brennöfen mehrmals rasch hintereinander aufgingen, erliess der Rat im Jahre 1579[1]) eine Bauchkessel- und 1587[2]) eine Brennofenordnung, durch welche zunächst die Erbauung einer städtischen Waschküche und Brennhütte an feuersicherem Orte in den Vischenheusern beschlossen und folgends jeder Hausbesitzer verpflichtet wurde, nirgends anders als in den städtischen Bauchkesseln waschen und nirgends anders Ziegel oder Backsteine brennen zu lassen, als in der städtischen Brennhütte. Insbesondere wurden die Mitglieder des ehrbaren Handwerks der Hafner befohlen, alle privaten Brennöfen niederzureissen und sich ausschliesslich der städtischen Brennöfen zu bedienen. Eine scharfe Controle von Seiten der beiden officiellen Bauherren und empfindliche Geldstrafen sollten dieser Sicherheitsmassregel Nachdruck verleihen. Im übrigen hing der Betrieb sowohl der Zimmerhütten wie der Waschküche und der Brennöfen lediglich vom Bedürfniss des Publikums ab. Sie stunden jedermann jederzeit um gebührenden Jahreszins zur Benutzung offen. Aus dem Ertrag dieser Nutzungsgebühren, die in guten Jahren durchschnittlich 542 rh. fl., in geringeren 296 rh. fl. abwarfen (cfr. Anl. II.), bestritt die Stadt die Unterhaltungskosten der Anstalten, deren Summen jedoch in den Stadtrechnungen nicht extra gebucht sind, vielmehr im Ausgabebudget des Kalkhauses zu suchen sein dürften.

In das Capitel der städtischen Gebühren gehörten ferner die Gewerbepolizeiabgaben und die Bürgeraufnahmegelder, auch reihen wir hier die nicht weiter rubricirbaren Strafgelder der öffentlichen Rechtspflege an.

Schon seit dem 15. Jahrhundert[3]) hing der Gewerbebetrieb für neu ins Bürgerrecht eintretende Personen in Überlingen von einer speciellen Ratserlaubniss und von dem Entscheid der sieben Zunftmeister ab, die den Petenten in eine bestimmte (in die

---

[1]) cfr. Ratsprot. v. 29. Dezbr. 1579.
[2]) cfr. Ratsprot. v. 16. März 1587 u. 16. Mai 1600.
[3]) cfr. Arch. I, 51, 130. Ordnung d. a. 1426 und l. c. II, 15, 135. Gemeine Zunftartikel v. ca. 1506.

entsprechende) Zunft einwiesen, der er unweigerlich zu gehorsamen hatte. Dafür erhob der Rat gewisse ihrem Einzelsatz nach uns nicht näher bekannte Sporteln, die wir Gewerbebetriebs-Erlaubnissgebühren nennen. Die übrigen Gebühren, die Pfechten-, Schau- und Strafgelder resultirten aus dem Gewerbebetrieb selbst und seiner Überwachung durch die städtischen und zünftigen Polizeiorgane.

Pfechten- oder Eichgelder erhob das städtische Eichamt,[1]) bestehend aus den beiden Ungelderherren, den Bauherren und dem Eichmeister. Seine Hauptaufgabe war die Controle der in Privathänden befindlichen Masse, Wagen und Gewichte.[2]) Alle Fronfasten, d. h. vierteljährlich, fand Revision hierüber statt, wobei das Ungehörige corrigirt und event. auch zur Anzeige gebracht und bestraft wurde.

Bezüglich der Schau- und Strafgelder, deren Ursprung im Einzelnen nicht weiter zu verfolgen ist, bleibt nur noch zu erinnern, dass die Stadt und die Zünfte sich von altersher darein teilten,[3]) die in den Rechnungen verzeichneten Summen also nur die Hälfte des Ertrages ausmachen. Dem zähen Flusse des Überlinger Gewerbelebens entsprechend war das Gesammtergebniss der städtischen Gewerbepolizeigebühren durch Jahrzehnte das gleiche und gleich geringfügige. In den Jahren 1608—16 gingen durchschnittlich 147 rh. fl., in den Jahren 1620—26 durchschnittlich 139 rh. fl. aus diesem Verwaltungszweige jährlich ein. (cfr. Anl. II.)

Über die Bedeutung der Bürgeraufnahmegelder ist in der Einleitung pag. 26 bereits gehandelt. Zu bemerken wäre nur, dass sich der relative jährliche Bürgerzuwachs vermittelst Division der jährlichen Bürgergelder durch die obligate Einkaufsumme von 20 fl., nicht ermitteln lässt, sintemal

---

[1]) cfr. das Bestallungsb. d. 16. Jahrh. s. t. c.

[2]) cfr. Arch I, 52, 141. Ordnungen des 16. Jahrh. Überlingen hatte doppeltes Gewicht: Fein- oder Pfeffergewicht und Schwergewicht. Ersteres (aus Messing?) war rund, letzteres 4eckig und aus Eisen. Die Gewichtseinheit war das Pfund, 100 Pfund machten einen Zentner. Die Gewichtsstücke des Schwergewichts, die in Privathäusern bis zu 25 Pfund gebraucht werden durften, waren: ein halb Vierling, ein Vierling, ein halb Pfund, ein Pfund, 2, 4 und 6 Pfund. Für schwerere Waare war die Benutzung der Stadtwagen obligatorisch.

[3]) cfr. Arch. II, 15, 135. Gemeine Zunftartikel d. a. 1482 u. 1524.

das Bürgeraufnahmegeld nicht auf ein Mal, sondern nach Anzahlung von 5 ℔₰ durch 15 Jahre pfundweise erhoben wurde. Immerhin geht aber aus dem Vergleich der Budgetperioden 1608/16 und 1620/26 mit einer Durchschnittsjahreseinnahme von 182 bzw. 253 rh. fl. soviel hervor, dass mit zunehmender Kriegsgefahr auch der Zudrang zum Überlinger Bürgerrecht sich verstärkte.

Interessant in mehrfacher Hinsicht sind die Strafgelder der Überlinger Justizverwaltung. Spiegelt sich in den Strafgeldsätzen, also in der relativen Höhe des dem Richter bzw. der Gerichtsgemeinde, der Stadt, gezahlten Wettgeldes die Strafwürdigkeit der einzelnen Delicte wieder, so unterschied das Überlinger Strafrecht des 17. Jahrhunderts, von den mit peinlichen Strafen belegten Ungerichten abgesehen, zweierlei Arten strafbarer Handlungen: schwere Vergehen gegen die staatliche und kirchliche Autorität gerichtet, denen strafrechtlich das Vergehen an fremdem Eigentum gleichstund, und minder strafbare Vergehen, bestehend in der Gefährdung und Schädigung von Leib und Leben. Es war also nach Überlinger Stadtrecht in Abweichung von unseren heutigen, aber übereinstimmend mit allgemein verbreiteten Rechtsanschauungen früherer Jahrhunderte, der dingliche Rechtsschutz relativ grösser als der persönliche. So wurden z. B. die Delicte[1]: Diebstahl, Sachbeschädigung an Haus und Hof, Falsch, d. h. Betrügereien allerlei Art, mit der „grossen Ainung", mit 40 ℔₰, fahrlässige Brandstiftung, Wucher und Bankerott mit 20 ℔₰ bestraft, während gleichzeitig der Strafsatz für Körperverletzung selbst bei nachfolgendem Tod, sofern derselbe erst 6 Wochen und 2 Tage nach der That eintrat, höchstens 6 ℔₰, bei ungefährlicherem Ausgang nur 1 bis 3 ℔₰ betrug. Mit diesen Strafsätzen contrastiren ebensosehr die Strafmasse solcher Vergehen, die wir als Auflehnung und Widerstand gegen die Staatsgewalt bezeichnen würden. Unerlaubte Appellation an fremde Gerichte, Übertretung des Friedbots wurden mit 40 ℔₰, Verhöhnung und Hinterziehung der angesetzten Strafen und Auflehnung gegen Ratsgebote mit 20 bis 40 ℔₰, Angriffe auf die Stadtwache und andere öffentliche

---

[1] Sämmtliche Strafsätze finden sich Arch. I, 51, 135. Satzungen der Jahre 1591—1622.

Diener mit 13 ₰ geahndet. Und gleich hoch — 20 bis 40 ₰ — waren die Strafsätze für Meineid, Kuppelei, Ehebruch und sonstige Unsauberkeiten, deren Aburteilung ursprünglich nach kanonischem Recht erfolgte.[1]) Aus letzterer Gruppe bedürfen die sog. Hochzeiterinengelder, die zusammen mit den Ehebruchstrafgeldern eine besondere Einnahmeposition bildeten, noch der Erklärung. Sie beziehen sich auf ein Ratsgebot vom Jahr 1602,[2]) auf Grund dessen diejenige Hochzeiterin, die am Hochzeitstage schwanger ging, von den beiden Stadthebammen zur Kirche geleitet und daraus abgeholt wurde, wer sich aber dieser öffentlichen Blossstellung durch auswärtige Hochzeit entziehen wollte, 40 ₰ Strafe zu entrichten hatte.

Der jährliche Eingang an Strafgeldern, die für jeden Nichtbürger den doppelten Satz betrugen, war in Friedenszeiten unbedeutend, in den Jahren 1608—16 durchschnittlich 230 rh. fl. (cfr. Anl. II, 1 a.) Später steigerte sich diese Summe auf mehr als das vierfache. Den Höchstbetrag hatten die Jahre 1621 und 1622 mit 2049 und 2276 rh. fl. aufzuweisen. Specielle Veranlassung hiezu gaben allerlei militärische Massregeln: Truppenaushebungen und -Einquartierungen, die Errichtung eines Musterplatzes in der Landschaft Überlingen und dergleichen, wodurch die Stadt im Verein mit anderen Bodenseeständen sich gegen den drohenden Einfall der Mansfeldischen Armada zu schützen suchte. Bei der Rohheit und Disciplinlosigkeit der ausgehobenen Mannschaften trugen aber diese Vorkehrungen, deren militärische Stärke zum Glück für die Verbündeten nicht auf die Probe gestellt wurde, eher zur Vermehrung als zur Minderung der allgemeinen Unsicherheit bei. In Dutzenden von Fällen sahen sich die städtischen und ländlichen Gerichtsbehörden Überlingens „um des gemeinen Frieds willen" genötigt einzuschreiten, ein Heer von Strafmandaten war die Folge.[3]) Mittlerweile tagten auch in Überlingen zur Vorbereitung und Durchführung jener Sicherheitsmassregeln 3 grosse

---

[1]) cfr. Oberrh.-Z. Bd. 29 pag. 300.
[2]) cfr. Arch. III, 13, 157. Schadenstraferordnung.
[3]) cfr. besonders die Jahresrechnungen der Vogteien Ittendorf und Bodman, in deren Gebiet (laut Ratsprot. vom 30. März 1622) der Musterplatz verlegt war.

Particularversammlungen schwäbischer Kreisstände,[1]) deren grösste im Dezember 1621 von 25 Ständen mit 39 Gesandten beschickt war. Dadurch wurde die Stadt der Tummelplatz vielen fremden Volkes, „darunter sich gar vil unnutz Gesindlein befunden", das den städtischen Sicherheitsbeamten wohl des öftern zu schaffen machte. Dazu gesellten sich im Jahr 1622 und 1623 vorübergehende Truppeneinlagerungen, Marschquartiere ksl. Kriegsvolkes in den Dörfern Überlingens, wobei es von Seiten der (befreundeten) Kaiserlichen zu rohen Excessen kam, wegen deren sich die Stadt nachmals bei Erzherzog Leopold beschwerte und Busse verlangte.[2])

Alle diese Umstände bewirkten zusammen jene ungewöhnliche Steigerung der Strafgeldereinnahmen in den Jahren 1622 und 1623 (cfr. Anl. II, 2a), die aber, sobald die Kriegswetter in die Ferne zogen und die Stadt wieder abrüsten konnte, sich auch sogleich dem normalen Durchschnittssatze wieder näherten.

Den Gerichtseinnahmen entsprachen nur in seltenen Fällen, in den von uns tabellarisch dargestellten Perioden nur zwei Mal directe Ausgaben: a. 1608 und 1609 zwei Ausgabeposten von insgesammt 185 rh. fl. für die Verhaftung und Hinrichtung malefizischer Personen. (cfr. Anl. II. 1b.) Sonst bestund ihr Äquivalent (wenn man rein fiscalisch von einem solchen sprechen

---

[1]) Über deren Geschichte, die den schlagendsten Beweis liefert für die Unzulänglichkeit der Kreisverfassung in militärischer und politischer Hinsicht, wir in der Fortsetzung vorliegender Arbeit an der Hand eines ausgiebigen Quellenmaterials zu referiren gedenken. Vorläufig sei nur erwähnt, dass sich auf diesen Tagsatzungen (16—20. Dezember 1621, 1—4. März 1622, 12. Juni 1623) 25 Stände (5 fürstliche, 8 praelatische, 7 gräflich-freiherrliche und 5 Reichsstädte) unter der politischen Führung des Bischofs Jacob von Constanz und dem Kommando des Grafen Egon v. Fürstenberg, im Gegensatz zu dem Kreisausschreibenden protestantischen Fürsten Herzog Joh. Friedrich v. Württemberg, zu einer Particulardefension oder particularen Landschirmvereinigung verbanden, zur Abwehr des Mansfelders und seiner Armada Landvolk durch gediente Soldaten „abrichten" liessen, damit die Kinzigthalpässe besetzten und dasselbe schliesslich „ob summum periculum eines Aufstandes zwischen den Soldaten und der Bürgerschaft" ohne Schwertstreich, aber mit viel Unkosten wieder abführen mussten. cfr. Arch. I, 64, 708. Protocoll der Landschirmvereinigung in Überlingen.

[2]) cfr. Missivprot. v. 5. Januar und 30. Aug. 1622 und Ratsprot. vom 23. Oktober 1623.

will) gleichwie bei den Verwaltungsgebühren in den persönlichen Dienstleistungen der betreffenden Stadtbeamten, die ihrerseits für ihre Mühewaltung aus der Stadtcasse besoldet wurden.

Wenden wir uns nunmehr zur Betrachtung der Hauptfinanzquelle des Überlinger Stadthaushaltes, der städtischen Steuerwirtschaft, so wäre vorab zu betonen, dass es sich hiebei ausschliesslich um ordentliche Steuern handelt. Ausserordentliche Steuern nach Art der von Schönberg dargestellten Basler Steuern sind zu Überlingen innerhalb des von uns behandelten Zeitraums niemals erhoben, und wie es scheint, von der Überlinger Steuergesetzgebung principiell vermieden worden. An ihre Stelle trat, so oft eine ausserordentliche Steigerung des Finanzbedarfes dazu Anlass gab, eine ausserordentliche Erhöhung der bestehenden Steuern, wobei ganz nach modernen Steuerprincipien Steuersubject und -Object unverändert blieben und nur der Steuersatz um einen Bruchteil seiner selbst erhöht wurde. Wir werden darauf bei Besprechung der Überlinger Vermögenssteuern kurz zurückkommen.

Die ordentlichen Überlinger Steuern zerfielen in 2 Classen: in directe Vermögens- und Ertragssteuern, und in indirecte Aufwandsteuern. Zu den ersteren gehörten die bürgerliche Steuer oder Jahressteuer; die Anlage und der Abzug oder die Nachsteuer; zu den letzteren das Weinungeld und die städtischen Zölle.

Die bürgerliche oder Jahressteuer, die erste der hier zu betrachtenden Steuern, war, wie schon ihr Name sagt, eine periodisch, jährlich wiederkehrende Abgabe, die (in erster Linie) von dem Vermögen der Bürgerschaft erhoben wurde. Sie war die älteste der städtischen Steuern, wir finden sie bereits im Jahr 1241,[1]) also schon zur Zeit der Stauferherrschaft in Überlingen, unter dem Namen einer exactio den städtischen

---

[1]) In einem Vergleich zwischen der Stadt Überlingen und der Cistercienserabtei Salem vom 5. Mai 1241 verpflichtet sich Salem bei etwaigen Häuserschenkungen, die dem Kloster in Überlingen gemacht würden, das geschenkte Haus, nachdem es Jahr und Tag (per diem et annum) von der Stadtsteuer frei gewesen, gleich einem andern gleichwertigen Haus in Über-

Grundstücken und Gebäuden als ordentliche jährliche Grund- und Häusersteuer auferlegt. Damit verband sich im Laufe des 14ten Jahrhunderts eine zweite Vermögenssteuer, deren Gegenstand das **fahrende Vermögen** war,[1]) hiezu trat geraume Zeit später — vermutlich erst im 16ten Jahrhundert[2]) — eine **Leibsteuer** d. h. eine partielle Personalsteuer in Form einer Kopfsteuer. Die bürgerliche oder Jahressteuer, so wie sie in den Steuergesetzen des 16. und 17. Jahrhunderts uns erhalten ist, war mithin combinirt aus 2 Vermögenssteuern und einer partiellen Personalsteuer.

Nach dem Hauptsteuergesetz vom Jahre 1560,[3]) dessen wesentlichste Bestimmungen in den Steuerbüchern der ersten Hälfte des 17. Jahrhunderts[4]) wiederholt werden und darum für diese ganze Zeit (von wenigen Kriegsjahren abgesehen, cfr. weiter unten) Gültigkeit beanspruchen, umfasste das steuerpflichtige **liegende Vermögen** principiell (über einzelne Einschränkungen cfr. weiter unten.) den **gesammten Liegenschaftsbesitz** des Steuersubjectes, gleichviel unter welchem Rechtstitel derselbe ihm angehörte, also sowohl die „eigenen liegenden Güter", wie die rentenpflichtigen Güter, die sog. „Güter de censu", wie die „Lehen". Zum steuerpflichtigen **fahrenden Vermögen** zählten: Die Wein-, Korn- und Hafer-

---

lingen zu versteuern: exactionem facient in illam domum, qualis in aliam equivalentem fieri solet. Und ebenso soll ein geschenkter Weinberg im ersten Jahre steuerfrei sein, in den folgenden Jahren aber die gewöhnliche Steuer entrichten: in sequentibus vero annis . . . imponent (cives) vinee illi summam, que alii vinee ejusdem quantitatis imponi solet. cfr. Oberrh. Z. Bd. 35 pag. 243.

[1]) cfr. Arch. I, 51, 130. Satzung v. c. 1390. Pfandschaft soll in der Steuer „ouch als varend guet" versteuert werden; woraus die Existenz der Steuer von fahrendem Gut vor 1390 erhellt.

[2]) Die Leibsteuer findet sich erstmals in einem Ratsprot. v. 22. Nov. 1557, das die **Ausdehnung** der Leibsteuer auf Michileute ausspricht. Folgerichtig muss die Leibsteuer schon vor 1557 erhoben worden sein, wird aber als ordentliche Steuer kaum ins 15. Jahrh. oder noch weiter zurückreichen, da die Stadtsatzungen der früheren Jahrh. sie nirgends erwähnen.

[3]) cfr. Arch. I, 7, 182.

[4]) Beispielsweise seien angeführt die von uns eingesehenen Steuerbücher der Jahre 1608, 1609, 1610 und 1650.

vorräte; das Baargeld; (die Gewerbecapitalien)[1]); die Zinsbriefe, und zwar sowohl die Unterpfandsbriefe, die sog. „Pfandschaft", wie die „gemeinen Schuldbriefe"; die Leibgedingsrechte und die Schulden. Steuerfrei blieb demnach nur das Nutzvermögen. Alle diese Vermögensobjekte waren insofern Steuerobjekte, als sie durch ein weiter unten zu besprechendes Verfahren von den Steuerbehörden in ihrem Geldwert erfasst, und diese Geldwertbeträge zum Anlass und Massstab der Besteuerung gemacht wurden. Dabei bediente sich die Überlinger Steuergesetzgebung als Steuereinheit der Mark, eines wahrscheinlich von einer älteren Geldgewichtseinheit,[2]) über die aber nichts weiter bekannt ist, übernommenen Begriffes. Diese Steuermark war jedoch verschieden bewertet, jenachdem es sich um Besteuerung von liegendem oder fahrendem Vermögen handelte. In Liegenschaftsvermögen betrug der Steuerwert der Mark 3 ℔, bei fahrendem Vermögen 2 ℔. Nach demselben Gesichtspunkt stufte sich ferner auch der Steuersatz ab: auf die Mark liegenden Gutes, also auf einen drei Pfund wertigen Liegenschaftsbesitz entfiel 1 ₰ (0,14 %), auf die Mark fahrenden Gutes, also auf zwei Pfund wertiges fahrendes Vermögen entfielen 2 ₰ (0,42 %) Steuer. Ausserdem war aber auf die Höhe des Steuersatzes noch von Einfluss die politisch-rechtliche Stellung der Steuersubjecte. Die Überlinger Steuerzahler schieden sich nämlich in 2 Classen: in die bevorzugtere Classe der Bürger, Überlinger Priester, Gottshäuser und Klöster, für die die angeführten Steuersätze galten, und in die höher besteuerte Classe der Michileute, der nichtbürgerlichen sonstigen Einwohner, der fremden Privat-

---

[1]) Dass die Gewerbecapitalien in den Begriff des fahrenden Vermögens miteingeschlossen waren oder wenigstens im 17. Jahrhundert miteingeschlossen wurden, ergiebt sich indirect aus den Vermögenssteuerbüchern des 17. Jahrhunderts. Die Schiffer und Fischer fatiren „varends de navibus" und „an reissern" (Netzen), die Schuhmacher und Sattler declariren den Wert ihres „ledergezüges". Auch ist die Steuerpflicht der gewerblichen Capitalien direct in dem Steuergesetz über die ländliche Anlage ausgesprochen. cfr. weiter unten. Wir sind darum geneigt, dieselbe auch in die Jahressteuer des 16. Jahrh. aufzunehmen, obwohl das (etwas summarisch abgefasste) Gesetz von 1560 darüber schweigt, und dies um so mehr, als die von 1552 an complet erhaltenen Ratsprotocolle keinen diesbezüglichen Neubeschluss enthalten.

[2]) cfr. z. B. die mittelalterliche Kölnische, Strassburger, Basler Mark etc.

personen und der fremden Spitäler und Klöster, also der
Satzbürger, der Gäste und Ausmärker. Diese letzteren mussten
den doppelten Steuerbetrag entrichten: vom Liegenschaftsbesitz
pro Mark 2 ℔ (0,28 %) und vom fahrenden Vermögen pro
Mark 4 ℔ (0,84 %).

Dies das Überlinger Jahressteuergesetz von 1560 in seiner
einfachsten, gleichsam abstractesten Form, von der die Praxis
allerdings in nicht unwesentlichen Punkten abwich. Die Einschränkungen, die das Gesetz practisch erfuhr, waren meist traditioneller Natur, teils beruhten sie auf altem Gebrauch und
Herkommen, teils auf älteren noch zu Recht bestehenden Verträgen, durch welche die Wirkung der Jahressteuer zu Gunsten
einzelner Personen oder Stände eingeschränkt und abgeschwächt
wurde.

Fürs erste erstreckte sich naturgemäss die Steuerhoheit
Überlingens über das Ausmärkertum nur auf die Mobiliar- und
Immobiliarvermögen der Ausmärker und deren Nutzungen, soweit
dieselben in der Stadt oder Gemarkung Überlingen zu
liegen kamen bzw. hier gewonnen wurden, während das
auswärtige Vermögen der Ausmärker sich selbstverständlich
der städtischen Steuergewalt entzog. Steuern mussten also die
Ausmärker im Wesentlichen nur von den Grundstücken und Gebäuden, die sie innerhalb des Stadtetters besassen, und von dem
Wein, den sie aus dem Stadtetter zogen. (cfr. weiter unten.) Diese
Schranke der Überlinger Steuerhoheit wurde in einem späteren
Gesetz von c. 1570[1]) ausdrücklich betont im Gegensatz zu
der Bürger- und Einwohnerschaft Überlingens und dem Land-
und Ausbürgertum, in deren Steuerpflicht sämmtliches auswärtige Vermögen miteingeschlossen war.[2])

Eine exemptionelle Stellung in der Überlinger Steuerwirtschaft nahm ferner und zwar von altersher die Priesterschaft
ein. Nicht nur dass dieselbe, auch ohne das Bürgerrecht zu erwerben, zur Classe der meistbegünstigten Steuerzahler gehörte,

---

[1]) cfr. Arch. I, 7, 182. Ordnung von c. 1570. Dasselbe geht auch aus
den Vermögenssteuerbüchern, Rubrik „Ausleute", hervor, deren Vermögen nur
in den angeführten Grenzen als steuerpflichtig verzeichnet ist.

[2]) cfr. hiezu auch die Ratsprotocolle v. 10. Januar 1597, 10. Okt. 1605.
Die Erledigung diesbezüglicher Streitfälle v. 17. Septbr. 1573 und 27. November 1603.

sie hatte auch noch besondere Privilegien vor den übrigen Mitgliedern ihrer Steuerclasse voraus. Dieselben basirten auf einem Vertrage Überlingens mit dem Bistumsvikar Joh. Vest in Constanz vom 31. August 1470,[1]) auf Grund dessen die Priesterschaft ihre Pfründgüter innerhalb des Überlinger Etters nach den gewöhnlichen bürgerlichen Steuersätzen versteuern sollte, während für die „ausseretter Benefizgüter" ihr eine Steuerermässigung auf 198 ₰ von 1000 ₰ Wert (an Stelle der gesetzlichen 333 ₰) bewilligt wurde. Für ihr Privatvermögen steuerte die Priesterschaft gleich den Bürgern, doch wurde ihr auch in diesem Punkte im Jahr 1558[2]) eine Concession gemacht dahin gehend, dass der neuaufziehende Priester das Wertpapiervermögen, die Zinsbriefe, die er mitbrachte, steuerfrei behalten durfte, hingegen er eventuelle neue Capitalerwerbungen nach dem Gesetz veranlagen musste. Im Weitern wurde sodann, besonders häufig mit benachbarten Stiftern und Klöstern, eine Pauschalsumme ein für alle Mal vereinbart, die an Stelle der ordentlichen Steuer treten sollte. Solche Verträge existirten z. B. mit dem Spital Constanz,[3]) das für sein, übrigens genau specificirtes, Besitztum in Überlingen jährlich 12 ₰ 10 β₰ Steuer bezahlte, ebenso mit dem Kloster Petershausen[4]) bei Constanz, dessen Jahressteuer für ein Haus und bestimmte Rebstücke sich auf 10 ₰ 10 β₰ belief, und so noch mit andern. Solche Abmachungen hatten ihr Gutes, insofern sie auf Gegenseitigkeit beruhten, trugen andererseits aber, wie fast jeder Jahrgang der Ratsprotocolle aufweist, gar manchmal den Keim langwieriger Streitigkeiten in sich, da bei jeder Veränderung des besteuerten Besitzstandes die Rechtsverbindlichkeit des Vertrages von der einen oder andern Seite in Frage gestellt werden konnte.

Fast gänzlich steuerfrei, nur mit einem halben Pfund belegt, war das Vermögen der adeligen Geschlechtergesellschaft zum Löwen.[5]) Woher diese privilegirte Stellung des Löwen stammte,

---

[1]) cfr. Arch. IV, 10, 375.
[2]) cfr. Ratsprot. v. 15. December 1558.
[3]) cfr. Arch. I, 6, 166. Urk. v. 14. März 1411.
[4]) cfr. Arch. VII, 4, 835 u. 843. Urkk. v. 2. Dzbr. 1412 und 15. April 1521.
[5]) cfr. die Vermögenssteuerbücher des 17. Jahrh.: „der Lew gibt 12 β₰."

ist urkundlich nicht zu erhärten. Die Geringfügigkeit des Steuerbetrages legt aber den Gedanken nahe, dass es sich hier, ähnlich wie auf privatrechtlichem Gebiet bei den Zinszahlungen zur Anerkennung von Obereigentumsrechten, lediglich um die officielle Anerkennung der neuconstituirten städtischen Finanzhoheit handelte, die dem widerwilligen Patriziat zu Ausgang des 13ten Jahrhunderts von der obsiegenden Democratie abgenötigt wurde. Möglich, dass dieses Reservatrecht eine Stipulation jener grossen, uns leider im Original verloren gegangenen, „Ainung" war, (cfr. pag. 14), die um die Wende des 13ten Jahrhunderts den Kampf zwischen den alten Ratsgeschlechtern und der zünftigen Gemeinde versöhnend abschloss. Wohlverbrieft muss dieses Vorrecht jedenfalls gewesen sein. Denn die Entwicklung des Überlinger Steuerrechts zeigt in der 2. Hälfte des 16. und noch mehr im 17. Jahrhundert die ausgesprochene Tendenz, alle Sonderrechte zu beseitigen: Die Zunftvermögen waren steuerpflichtig, die geistlichen Bruderschaften, die bis 1597[1]) sich mit einer kleinen Geldsumme abgefunden hatten, gingen ihres Sonderrechts verlustig, das Spital, von dem sogleich des Weiteren die Rede sein wird, wurde in verstärktem Masse zur Steuer herangezogen, — und trotzdem ist an diesem Vorrecht der Geschlechter unseres Wissens, von den Notzeiten des 30jähr. Krieges abgesehen, niemals gerüttelt worden.

Ungleich viel durchsichtiger für uns ist die steuerrechtliche Stellung des Überlinger Spitals, das gleichfalls durch Pauschalsummen seiner Steuerpflicht genügte. Bis zum Jahr 1555 wurde, nach dem übereinstimmenden Bericht zweier Ratsprotocolle,[2]) von des Spitals Gütern „ein gar geringfügige, schlechte Steuer" erhoben. Das Spital versteuerte nur seinen Liegenschaftsbesitz, und selbst dieser war „um ein gar geringes und gar bei weitem nicht wie anderer Bürger und Einsässen Güter" in die Steuer gelegt. Diese Schonung des Spitals entsprang jedoch keineswegs den menschenfreundlichen Bestrebungen einer uneigennützigen Armenpolitik, vielmehr lag ihr Hauptgrund in dem für die Überlinger Finanzverwaltung so überaus bezeichnenden Verwaltungsgrundsatz, dass „gemeine Stadt und der Spital einander

---

[1]) cfr. Ratsprot. v. 25. Januar 1597.
[2]) cfr. Ratsprot. v. 27. Januar 1553 u. 15. März 1555.

zu Hülf kommen und also ein Seckel sein soll".[1]) Mit anderen Worten, der Überlinger Magistrat hatte, wie dies auch der Münchner Commissions-Bericht scharf tadelnd hervorhebt, (cfr. weiter unten), seit Jahrzehnten, wenn nicht seit Jahrhunderten, die Gepflogenheit, dem städtischen Finanzbedarf, wenn immer Deficits sich einstellten, durch Anleihen bei der Spitalcasse aufzuhelfen, deren Verzinsung und Rückzahlung zum mindesten nicht übereilt wurde, und als Entgeld dafür erfuhr dann das Spital eine solch' irrationell glimpfliche Behandlung. Mit dem Jahr 1555 trat hierin eine Änderung ein, der Anstoss dazu kam von aussen. Bekanntlich wurde auf der in Trient von 1545—63 tagenden Kirchenversammlung unter anderem auch der Gedanke erwogen, die grossen weltlichen Stiftungen, vor allem also die grossen Spitäler Deutschlands zu secularisiren und unter einheitliche Verwaltung zu bringen. Diese Absicht fand in der Überlinger Ratsstube begreiflicherweise den heftigsten Widerspruch; die tridentinischen Pläne wurden am 15. und 27. Mai 1555[2]) der Gegenstand zweier aufgeregten Ratssitzungen. Man erinnerte sich nun plötzlich der langjährigen ungerechten Steuervergünstigungen, die das Spital genossen, und knüpfte daran den Plan, „zur Salvirung der spitälischen Güter". Unter Zugrundlegung der gesetzlichen Steuersätze und unter Anrechnung des fahrenden Vermögens wurden die Steuerrückstände des Spitals von 75 Jahren eruirt, das Jahr wurde — offenbar pauschaliter — mit 1000 ℔ belastet und so eine spitälische Steuerschuld von 75000 ℔ construirt, für die das Spital laut (zurückdatierter) Urkunde vom 15. März 1555[3]) sein ganzes Vermögen, liegendes wie fahrendes, sammt allen Nutzungen und Einkünften der Stadt verpfändete. Zugleich musste das Spital, um den Vertrag rechtskräftiger erscheinen zu lassen, eine Anzahlung von 5000 ℔ sogleich entrichten, der Rest sollte in jährlichen Raten von 1000 ℔ amortisirt werden. Inzwischen ging jene Gefahr der Secularisation glücklich vorüber, die spitälische Schuld wurde niemals abgetragen. Dagegen erhielt sich fortan der Satz von 1000 ℔ als die officiell anerkannte jährliche Steuer-

---

[1]) cfr. Ratsprot. v. 27. Januar 1553.
[2]) cfr. die Ratsprot. d. d. c.
[3]) cfr. Spitalarch. VII, 110.

schuldigkeit des Spitals, und obiger Vertrag wurde durch Ratsbeschluss vom 5. Dezember 1558[1]) in diesem Sinne abgeändert. Wirklich bezahlt dürfte das Spital die angesetzte Summe allerdings nur zeitweise im 16. Jahrhundert haben, denn die städtische Casse war bald wieder beim Spital in so tiefe Schulden geraten, dass bereits Anfangs des 17. Jahrhunderts die jährliche Spitalsteuer in den Steuerbüchern[2]) zwar nominell mit 1000 ℔₰ angesetzt wird, die sich aber durch „haderraitung", modern gesagt durch Contocorrentrechnung, auf jährlich 100 ℔₰ verringerten.

Endlich gestattete die Überlinger Steuergesetzgebung noch in gewissen Fällen einen gänzlichen Nachlass der Steuer, und zwar ein Mal für die Personen, bei denen überhaupt nichts zu erheben war, für die Spitäler, die um Gotts Willen aufgenommen worden, und ferner für die Waisen und Halbwaisen, deren liegendes und fahrendes Vermögen bis zu 30 bzw. 25 Mark inclusive steuerfrei blieb.[3])

Sieht man von den in Obigem angeführten Ausnahmebestimmungen ab, so war für alle übrigen Steuerzahler das Gesetz von 1560 seinem vollen Inhalt nach zu Recht bestehend. Dieselben waren verpflichtet, ihre sämmtlichen Vermögensobjecte einschliesslich der Passiva und mit alleiniger Ausnahme des Nutzvermögens in Geld- bzw. Markwerten zu fatiren und den hieraus resultirenden gesetzlichen Steuerbetrag zu bezahlen.

Die Fatirung[4]) der Steuerobjekte beruhte, soweit fahrendes Vermögen in Betracht kam, im Wesentlichen auf dem Princip der Selbsteinschätzung. Nur in 2 Fällen traten die Überlinger Verwaltungsbehörden dem Fatirenden behülflich zur Seite, bei der Bewertung des Weines und der Früchte. Der Wein- und der Fruchtpreis wurde jeweils nach beendetem Herbst mit Hülfe der früher besprochenen Enquêtereisen amtlich pro Fuder und pro Malter fixirt, und dieser amtliche „Anschlag" musste

---

[1]) cfr. Ratsprot. d. d. c.
[2]) cfr. die Steuerbücher d. J. 1608/10.
[3]) cfr. die den Steuerbüchern hinten eingetragenen Gesetze.
[4]) cfr. Arch. I, 52, 147. Ratsverordnungen des 16. Jahrh., zweites Steuergesetz v. 1560, hauptsächlich Steuertechnisches enthaltend.

von dem Fatirenden der Bewertung seiner Wein- und Kornvorräte zu Grund gelegt werden. Alle übrigen Angaben dagegen blieben der Gewissenhaftigkeit des Einzelnen überlassen, die man durch scharfe Strafbestimmungen, vor allem durch Confiscation der hinterzogenen oder zu gering fatirten Vermögensteile,[1]) wach zu halten suchte. Nicht so beim **Liegenschaftsvermögen**. Hier hatten die Steuerbehörden seit Anfang des 16. Jahrhunderts[2]) die Einschätzung selbst vorgenommen und dadurch im Laufe der Zeit einen **Steuerkataster**, ein „Grundbuech", (das leider verloren gegangen zu sein scheint), über sämmtliche in der Steuermark liegende Grundstücke und Gebäude hergestellt. In dasselbe waren die Werte der städtischen Grundstücke und Gebäude nach der Schätzung der vereidigten städtischen **Häuser- und Rebgartenschätzer** eingetragen, deren es in Überlingen im 16. Jahrhundert 6, später 7 gab.[3]) Bei dieser offiziellen Schätzung muss man nach dem System der **Bonitirung** verfahren sein, denn es verbietet das Gesetz von 1560 direct jede Steuereinschätzung von Immobiliargütern nach den blossen Tausch- oder Kaufpreisen oder Erbanschlägen. An diesem Grundbuch besassen nun aber die Überlinger Steuerbehörden ein sehr brauchbares Hilfsmittel zur Controle der Immobiliarwertdeclarationen, denn es konnten durch Vergleich mit den Grundbucheinträgen die Angaben der Fatirenden jederzeit nachgeprüft werden; auch wurde dadurch das Einsteuerungsverfahren wesentlich vereinfacht. So lange nämlich ein Immobiliarvermögen den Besitzer nicht wechselte, blieb dasselbe zu dem ursprünglichen Anschlag in dem Kataster und der Steuer liegen, und es konnte so der darauf entfallende Steuerbetrag jedes Jahr ohne Weiteres in die Steuerrolle, das sog. **Spectavitbuch**, übernommen werden. Nur musste für den Fall, dass ein Gut in Abgang kam, dasselbe aus der Steuer gezogen und eventuell im Kataster getilgt werden; und andererseits mussten alle Häusermeliorationen, deren Wert 20 ℔ ₰ überstieg, und ebenso alle Neubauten fatirt, neueingetragen und

---

[1]) cfr. Ratsprot. v. 21. April 1603.
[2]) Die städtischen Güterschätzer treten erstmals a. 1500 in den Ratswahlverzeichnissen auf.
[3]) cfr. die Ratswahlbücher des 16. u. 17. Jahrh.

versteuert werden. Dagegen blieben Gütermeliorationen von der Steuer zunächst unberücksichtigt. Rectificirt und erneuert wurde sodann der Steuerkataster im Anschluss an die einzelnen Acte des Immobiliarverkehrs. Beim Gütertausch oder -Verkauf, sowie bei Besitzänderungen durch Todfall machte das Steuergesetz von 1560 die Neueinschätzung der getauschten, verkauften oder vererbten Güter durch die städtische Schatzungscommission obligatorisch; dabei wurden die in Verkehr kommenden Güter nach dem alten Anschlag aus der Steuer gezogen. Diese Gesetzesbestimmung hatte einerseits den Zweck durch objective Prüfung der Immobiliarwerte von Seiten unparteiischer Organe deren Steuer- und Effectivwert in möglichste Übereinstimmung zu bringen, — so konnten hier z. B. eventuelle Gütermeliorationen in Anschlag gebracht werden — andererseits sollte aber durch diese Massregel, wie das Gesetz ausdrücklich betont, jede Steuereinschätzung von Immobiliargütern nach dem blossen Tausch- oder Kaufpreis oder Erbanschlägen verhindert und damit die Hauptgelegenheit zu Steuerhinterziehungen und anderen betrügerischen Manipulationen abgeschnitten werden. In den Steuerkataster nicht eingetragen waren endlich die Güter in fremder Mark. Bezüglich ihrer begnügte man sich mit der Selbsteinschätzung des Besitzers, der sie versteuern soll „als lieb die ihme seindt".[1])

Über den Gang der Steuerveranlagung und Steuererhebung bestimmt sodann das (zweite) Steuergesetz von 1560 noch Folgendes. Der Beginn der Steuerveranlagung fällt in die Zeit nach beendetem Herbst, gewöhnlich in den Anfang des Monat Dezember.[2]) Sie wird damit eröffnet, dass die Wein- und Fruchtsteuerpreise vom kleinen und grossen Rat festgesetzt und Sonntags darauf durch den Rentstüblinsschreiber nach der Frühmesse in der Kirche der Einwohnerschaft eröffnet werden. 8 Tage später hat derselbe Beamte am selben Ort nach der Frühmesse den Anfang des Fatirungsgeschäftes anzukündigen, nachdem inzwischen die auswärtigen Steuerzahler Überlingens entweder schriftlich oder durch Vermittlung der Pfarrherrn und Verkündigung in der Kirche von dem Anfang des Fatirungsgeschäftes

---

[1]) cfr. Ratsprot. v. 17. Septbr. 1573.
[2]) cfr. pag. 46 u. 61.

und von ihren speciellen Fatirungsterminen, die etwas später fielen, verständigt worden. Nach Verfluss weiterer 8—14 Tage an einem Montag beginnt darauf das eigentliche Fatirungsgeschäft auf dem Überlinger Rathause. Die Mitglieder der Steuercommission, die sich aus den beiden Bürgermeistern, den 7 Amtszunftmeistern, den beiden Stüblinsherren und dem Rentstüblins- und Ratschreiber zusammensetzte, und von dem Rats- und Ungelterknecht und dem Büttel unterstützt wurde, sitzen von da ab — wie der steuertechnische Ausdruck jener Zeit lautet — an der Steuer. Es werden nun die steuerpflichtigen Einwohner Überlingens, das sich in 12 Steuerquartiere teilte, alle einzeln, bei Wittwen und Waisen deren Vögte und Pfleger, nach den Steuerquartieren vom Ungelterknecht zur Fatirung vorgeladen unter Androhung von 1 ℔ Strafe im Falle des Nichterscheinens. Die Geladenen haben in dem von uns bereits des Nähern erläuterten Umfange den Wert ihrer steuerpflichtigen Vermögensobjecte nach Mark berechnet anzugeben. Diese Angaben werden in ein nach den 12 Steuerquartieren abgeteiltes Vermögenssteuerbuch beim Namen des Fatirenden unter den Rubriken Eigen und Lehen, und Pfandschaft und Fahrendes eingetragen. Hat der letzte Überlinger fatirt, so ist damit das städtische Hauptfatirungsgeschäft beschlossen. Eine weitere Frist von 14 Tagen bis 3 Wochen giebt darauf den städtischen Haus- und Rebgartenschätzern Gelegenheit, die event. Neueinschätzungen vorzunehmen. Ist dies geschehen, so tritt die Steuercommission zum zweiten Mal zusammen, um die Fatirung der neueingeschätzten Güter und die Fassionen der auswärtigen Steuerzahler Überlingens entgegenzunehmen. Die Letzteren konnten dieser Pflicht übrigens auch schriftlich genügen und werden wohl meist nur, wenn Anstände vorlagen, persönlich erschienen sein.[1]) Schliesslich werden dann in Gegenwart der Steuercommission die in Mark fatirten Steuerwerte von den beiden Rentstüblinsherren und dem Rentstüblinsschreiber in die Überlinger Courantmünze, den rheinischen Gulden, umgesetzt, darnach die individuellen Steuerschuldigkeiten der Einzelnen berechnet und diese sammt den Namen der Steuerzahler in eine Steuerrolle, das **Spectavitbuch**

---

[1]) cfr. Ratsprot. v. 12. April 1601 u. Schreiben des Stadtschreibers J. Michel von Waldsee d. d. 26. Nov. 1610. Beilage z. Steuerbuch v. 1609.

genannt, eingeschrieben. Dieser letzte Act hiess der Steuerbeschluss. Nach dem Steuerbeschluss tritt eine längere Pause ein, während welcher die Steuerzahler von den Steuerbehörden unbehelligt blieben. Erst im Frühjahr, Montag nach Reminiscere, wird mit dem Steuereinzug der Anfang gemacht. Binnen 14 Tagen nach Reminiscere muss die Steuer von jedermann auf dem Rathaus im Rentstüblin den beiden Rentstüblinsherren bezahlt werden. Der Steuerbetrag wird jedem einzeln quittirt, und mit Ausstellung der letzten Steuerquittung hat der Geschäftskreis der Jahressteuer seinen definitiven Abschluss erreicht.

Bei dem ganzen Verfahren waren übrigens die Steuerbehörden durch harte Strafbestimmungen kräftig unterstützt. Es wurde demjenigen, der innerhalb der gesetzlichen Fatirungszeit die Fassion versäumt hatte, ohne Rücksicht auf Stellung oder Stand, der sog. Pönfall[1]) angesetzt, d. h. ein Drittel des gesammten Vermögens, das er im Jahr zuvor versteuert, wurde zur Strafe weiter angerechnet und zwar das ganze als fahrendes Vermögen, wodurch sein Strafsteuerbetrag gemäss der Bestimmung über den höheren Steuersatz des fahrenden Vermögens sich noch wesentlich erhöhte. Wer aber gar seine Steuer nicht vorschriftsmässig längstens bis zum Ave-Maria-Läuten am Sonntag Lätare bezahlt hatte, der musste als Bürger oder Einwohner von Stund an die Stadt verlassen und konnte ohne Gefahr der Einthürmung vor Entrichtung seiner Steuerschuldigkeit nicht mehr zurückkehren, traf es aber einen auswärtigen Steuerpflichtigen, dem wurde „alsbald alles Werk in Gütern verlegt", d. h. der Bau seiner Güter sistirt.[2])

Eng verknüpft mit der Jahressteuer war die schon oben erwähnte Leibsteuer.[3]) Sie hatte die Form einer partiellen Personalsteuer mit gleichem Steuerfuss für alle Steuerpflichtigen, also einer Kopfsteuer.[4]) Ihr Steuersatz betrug 5 β.₰. Sie musste von allen Bürgern eo ipso entrichtet werden und ausserdem von denjenigen Satzbürgern, Einwohnern und Priestern, die Liegenschaftsvermögen eigentümlich besassen. Leibsteuerfrei

---

[1]) cfr. Arch. I, 7, 182. Erstes Steuergesetz von 1560.
[2]) cfr. das II. Steuergesetz von 1560 u. Ratsprot. v. 3. Aug. 1564.
[3]) Die Archivquellen sind dieselben.
[4]) cfr. G. Schönberg. Die Finanzverh. d. Stadt Basel im XIV. u. XV. Jahrh. pag. 2 Anm. 1.

waren die fremden Ausmärker, die besitzlosen Spitäler und die Waisen und Halbwaisen mit den pag. 126 angegebenen Minimalvermögen. Erhoben wurde die Leibsteuer zugleich mit der Jahressteuer. Was endlich die Gesammthöhe der Überlinger Jahressteuercapitalien und deren Finanzerträgniss anlangt, so belief sich im Jahr 1608 der Gesammtwert aller in Privathänden befindlichen Steuerobjecte auf 1,587456 rh. fl.[1]) Hiezu kamen aber noch weitere 66648 rh. fl.[2]) als Steuercapitalien juristischer Personen, wie der 7 Zünfte, der verschiedenen geistlichen Bruderschaften, des Armenhauses, des St. Gallerklosters, des Spendfonds[3]) u. s. w. Doch waren hierin nicht eingeschlossen die Vermögenswerte der mit Pauschalsummen sich abfindenden Steuerpflichtigen, insbesondere also nicht die umfangreichen spitälischen Besitzungen und Einkünfte, und ausserdem muss noch hervorgehoben werden, dass obige Summen die Schulden der Überlinger Privatwirtschaften und Corporationen mitenthielten. Kann man diese etwa dem fünften Teil[4]) (= 55527 rh. fl.) des fahrenden Vermögens (272428 rh. fl. plus 5208 rh. fl. fahrendes Vermögen der juristischen Personen) gleichsetzen, so stellten sich die Activ-Steuercapitalien Überlingens a. 1608 auf 1,598577 rh. fl.[5]) (1,587456 rh. fl. plus 66648 rh. fl. Vermögen der juristischen Personen, minus 55527 rh. fl. Schulden). Davon bestunden cc. 66 % (1,031493 rh. fl. plus 22200 rh. fl. Liegenschaftsvermögen der juristischen Personen) in Grund- und Häusersteuercapitalien, und diese bildeten wegen ihrer nur wenig und langsam sich ändernden Grössenverhältnisse die feste Grundlage, von der aus sich, trotz des bei der Jahressteuer vorherrschenden Quotitätsprincips, ein bestimmtes jährliches Minimalfinanzerträgnis der Jahressteuer vorausberechnen liess. Ein Moment von nicht zu unterschätzender Bedeutung für den im Ganzen ohne État wirtschaftenden Überlinger Stadthaushalt.

---

[1]) 8,604012 Mk. cfr. pag. 84 Anm. 1.
[2]) 22200 rh. fl. liegendes, 5208 rh. fl. fahrendes Vermögen und 39240 rh. fl. Pfandschaft. Berechnet aus dem Vermögenssteuerbuch v. 1608.
[3]) Der Spendfonds wurde a. 1438 gestiftet zur Verabreichung von Almosen an arme Bürger. cfr. Gedr. Vorber. z. spitäl. Rechnung pag. 2.
[4]) cfr. pag. 83 Anm. 4.
[5]) 8,664287 Mk.

Und daraus erklärt sich denn auch die bei einer aus so verschiedenartigen Quellen resultirenden Steuer auffällige Concordanz der einzelnen Jahreserträgnisse. Dieselben schwankten während der 7jährigen Periode von 1620/26 (cfr. Anl. II, 2 a.) innerhalb 6 Jahren zwischen 5129 und 5930 rh. fl. und überstiegen nur ein Mal — in dem Kriegsjahr 1622/23 — die Summe von 6000 rh. fl. Auch müssen vor Ausbruch des Krieges die Schwankungen noch geringer gewesen sein. Zwischen den aus jener Zeit (cfr. Anl. II, 1 a.) uns überlieferten drei Jahressteuererträgen betrug die Differenz noch keine 300 rh. fl. Der Durchschnittsertrag der Jahressteuer erreichte in den Jahren 1620/26 die Höhe von 5759 rh. fl.,[1]) womit dieselbe an die Spitze sämmtlicher (nicht bloss der steuerwirtschaftlichen) **ordentlichen Einnahmen** Überlingens trat und sich als die **wichtigste** von ihnen bekundete.

Als zweite ordentliche Vermögenssteuer existirte in Überlingen seit Ausgang des 15ten Jahrhunderts die **ländliche Steuer oder die Anlag**. Sie hatte ihren Rechtsgrund in einem Privileg K. Friedrichs III. vom 8. August 1482,[2]) das Überlingen in Erwägung der gegen Herzog Karl von Burgund und K. Matthias von Ungarn geleisteten Kriegsdienste die Erlaubnis gab, **in seinem ganzen Gebiet An- und Auflagen zu erheben.** Der Gebrauch, den die Stadt von diesem Steuerprivileg machte, war jedoch ein sehr mässiger. Obwohl berechtigt, ihre Landschaft jährlich zu schatzen, — wesshalb wir theoretisch auch die Anlage als ordentliche Steuer qualificirten — sind doch die Bauern, so meldet der Münchner Commissionsbericht,[3]) ab und zu ein Jahr überhupft worden. Ja dieses „ab und zu" war im 17. Jahrhundert so zur Regel geworden, dass thatsächlich die Anlage fast den Charakter einer ausserordentlichen Steuer annahm. Während der in Anlage II. dargestellten 2 siebenjährigen Budgetperioden ist die Anlage nur 5 Mal erhoben worden.

Das Steuergebiet der Anlage war die **Landschaft** Überlingen, sowohl die spitälische wie die städtische. Der städtische Teil der Landschaft Überlingen umfasste die im Früheren in

---

[1]) 33172 Mk. cfr. pag. 80 Anm. 3.
[2]) cfr. Oberrh. Z. Bd. 22 pag. 259.
[3]) cfr. l. c. Abschn. 1.

ihren ökonomischen Verhältnissen geschilderten 36 Dörfer, Weiler und Höfe der Vogteien Ramsberg, Ittendorf und Hohenbodman mit 578 anlagepflichtigen Einwohnern. Dem Spital gehörten die 5 Ämter Sernatingen, Bonndorf, Sohl, Denkingen und Bamberg mit 33 Dörfern, Weilern und Höfen[1]) und 426 Steuerzahlern. Es bildete demnach die Landschaft Überlingen ungefähr ein Dreieck, dessen Spitze landeinwärts im Norden bei Pfullendorf lag und dessen beide Schenkel auf der Seelinie Stockach-Immenstaad aufstunden. Freilich war dies kein geschlossenes Gebiet, vielmehr fanden sich besonders die spitälischen Feldmarken, deren Erwerb aus frommen Stiftungen und Gelegenheitskäufen datirte, häufig in Gemenglage mit fremden, den Nachbarständen Überlingens eigentümlichen Grundstücken. Aber trotzdem zählten die spitälischen Güter zu den bestunterhaltenen und bestrentirenden der Seegegend.[2]) Um die Lage der Landwirtschaft in den spitälischen Ämtern mit kurzen Worten zu charakterisiren, sei hier auf folgende Daten hingewiesen, die das Anlagebuch von 1615 enthält. Im Jahr 1615 betrug der Gesammtumfang des zu landwirtschaftlicher Bodencultur in der spitälischen Landschaft benutzten Areals etwa 1500 altbadische Morgen. Davon waren 545 Hofstatt, rund 56 Morgen,[3]) mit Reben und 1730 Juchart, rund 1073 Morgen, mit Getreide bepflanzt; circa weitere 600 Juchart oder 362 Morgen lagen brach. Daraus folgt zunächst in Übereinstimmung mit dem bezüglich der städtischen Vogteien Ausgeführten (cfr. pag. 95 ff.), dass im Gegensatz zu der ausschliesslich Weinbau treibenden städtischen Bevölkerung der Schwerpunkt der landwirtschaftlichen Production in der Landschaft Überlingen auf

---

[1]) cfr. Arch. I, 60 686. Anlagebuch: des h. Geist Spitals Unterthanen. In das Amt Sernatingen (das heutige Ludwigshafen) gehörten: Sernatingen, Regnoltzschweiler, Ainrach; in das Amt Bonndorf: Bonndorf, Walpenschweiler, Helchenhof, Egelhof, Buoch, Nesselwang, Halden, Reüthin, Mahlspeuren, Eggenweiler, Hiltegrundt; in das Amt Sohl: Sohl, Reüthin ob den bergen, Affolterberg, Eck, Aderatsweiler, Klein-Schönach, Tobelhof; in das Amt Denkingen: Mooss, Strauss, Rickeratsreüthin, Andelspach, Langengassen, Hilppensperg, Denkingen; in das Amt Bamberg: Bamberg, Rickenbach, Deissendorf, Riethove, Untersiggingen.

[2]) Münchner Commiss.-Ber. Abschn. 12.

[3]) cfr. pag. 48 Anm. 4.

den Kornbau fiel. Das System, nach dem der Kornbau betrieben wurde, war das der reinen Dreifelderwirtschaft; Winter- und Sommerfrucht wechselten ab, jedes dritte Jahr trat Brache ein.[1]) Über einen Teil der Brachzeit dienten die Brachfluren, da Wiesen nur spärlich angeblümt wurden, als gemeinsame Viehwaide und gaben so Gelegenheit zu einer nach damaligen Verhältnissen hochentwickelten Viehzucht. Wie die Veranlagung von 1609 den Viehbestand der spitälischen Landschaft feststellte, umfasste derselbe 509 Pferde und 1330 Stück „Hauptvieh", dazu über 900 Schweine und eine geringere Anzahl Ziegen und Schafe. Derselbe repräsentirte nach damaligen Viehpreisen[2]) einen Wert von über 28000 rh. fl., in unserer Währung über 157000 Mark.[3])

Der durchschnittliche Jahresertrag der Kornfelder belief sich pro Juchart (0,62 Morgen) auf 3 Malter Winterfrucht und 2 Malter Sommerfrucht. (cfr. pag. 137). Dies ergab einen mittleren jährlichen Fruchtertrag der spitälischen Landschaft von 2595 Malter Winterfrucht und 1730 Malter Sommerfrucht, deren Geldwert sich bei einem Durchschnittspreis von 4 ℳ₰ für das Malter Winterfrucht und 3 ℳ₰ für das Malter Sommerfrucht auf (15570 ℳ₰) 17794 rh. fl. oder rund 100000 Mark belief. Rechnet man hiezu die sicher nicht unerheblichen Einnahmen aus der Pferde-, Rindvieh- und Schweinezucht und die Weinerträgnisse, die wohl kaum hinter den Überlinger zurückstunden, so dürfte die wirtschaftliche Lage der bäuerlichen Bevölkerung[4]) in der spitälischen Landschaft nicht minder wie in den Vogteien so günstig gewesen sein, als sie bei einem un-

---

[1]) cfr. Ratsprot. v. 7. Septbr. 1560. Betriebsvorschriften für den Spitalmeister zu Goldbach betr.

[2]) Nach der Anlageordnung v. 1615 stellte sich der Steuerwert eines Pferdes auf 25 rh. fl., des Hauptviehes durchaus auf 11 rh. fl, eines Schweines auf 48 xr.

[3]) Hanauer l. c. berechnet die Kaufkraft des rh. Gulden für 1615 auf 7 frcs. 5 c. = rund 5 Mk. 60 ₰.

[4]) Deren Kopfzahl Staiger l. c. pag. 170 für frühere Jahrhunderte auf 14000 angiebt, was jedenfalls viel zu hochgegriffen ist. Angenommen die sämmtlichen 1004 Anlagepflichtigen der Landschaft im Jahr 1615 wären Familienväter gewesen, — da doch ein Teil derselben sicher unverheiratetes landwirtschaftliches Hilfspersonal war, — so ergäbe sich selbst dann (bei einer Familienziffer von 5 Köpfen) nur eine Bevölkerung von 5020 Köpfen.

freien, dem Mehrteil nach leibeigenen Bauernstande nur immer sein konnte. Jedenfalls bot die Landschaft ein Steuerobject, dessen Steuerkraft bei planmässiger Ausnützung eine der vorzüglichsten Finanzquellen Überlingens sein konnte. Über den Steuerplan und das Finanzerträgnis der Anlage nun im Folgenden.

Gleich der Jahressteuer war auch die Anlage[1]) eine combinirte Steuer, combinirt aus einer Vermögenssteuer, einer landwirtschaftlichen Ertragssteuer, einer Leibrenten- und Besoldungssteuer und einer partiellen Personalsteuer. Steuersubject waren die ländlichen Unterthanen Überlingens weltlichen und geistlichen Standes.

Die Vermögenssteuer unterschied liegendes und fahrendes Gut. Zum liegenden Gut, das sowohl die eigentümlichen liegenden Güter, wie die Erb- und Schupflehen umschloss, zählten im Sinne der Anlageordnung alle Häuser, Hofstätten, Baum- und Krautgärten, Äcker, Wiesen, Reben und Waldungen. Gegenstand des fahrenden Vermögens waren: das Baargeld, die Pfand- und Zinsbriefe, die Leibrentencapitalien, die Gewerbe- und landwirtschaftlichen Betriebscapitalien, speciell also die Waaren und Werkzeuge der Handwerker und Gewerbetreibenden und die landwirtschaftlichen Geräthe; und endlich die Schulden.

Hiezu trat ergänzend eine landwirtschaftliche Ertragssteuer, treffend ein Mal den jährlichen Ertrag an landwirtschaftlichen Bodenproducten, also den Veesen-, Gerste-, Roggen-, Haber-, Heu-, Stroh- und Weinertrag, und ferner den Ertrag der ländlichen Pferde-, Rindvieh-, Schweine-, Schaf- und Geflügelzucht.

Diese sämmtlichen Steuerobjecte wurden nach ihrem Geldwert in Überlinger Pfund veranschlagt und procentmässig besteuert. Der Steuersatz betrug 10 ₰ oder 0,5 %, doch erhöhte sich derselbe bei Vermögen von unter 100 Pfund auf ein und ein halb Pfennig pro ein Pfund oder auf 0,62 %.

Die Leibrentensteuer traf den Ertrag der Leibgedingsrechte, der von der Anlagegesetzgebung als besonderes Steuerobject behandelt und mit 8 % belastet wurde. Gleichfalls 8 % mussten

---

[1]) cfr. Arch. I, 7, 182. Anlageordnungen v. 1519—1626. Unserer Darstellung liegt zu Grund die Anlageordnung von 1607 als die besterhaltene und ausführlichste. Mit ihr stimmen sachlich durchaus überein die etwas kürzeren Anlageordnungen von 1566, 1583 u. 1595.

die geistlichen und weltlichen Beamten der Landschaft von ihrem Besoldungseinkommen entrichten, sofern dasselbe 100 fl.₰ und darüber betrug; nur dass bei dieser Besoldungssteuer der Steuersatz um ein ganz geringfügiges nach unten zunahm. Die Besoldungen unter 100 fl.₰ scheinen auf 80 fl.₰ und 60 fl.₰ fixirt gewesen zu sein. Bei 80 fl.₰ Besoldungseinkommen stellte sich der Steuerbetrag auf 6 fl.₰ 9 β.₰ (an Stelle von 6 fl.₰ 8 β.₰), bei 60 fl.₰ auf 4 fl.₰ 18 β.₰ (an Stelle von 4 fl.₰ 16 β.₰ bei gleichbleibendem Steuerfuss).

Endlich wurde auch auf dem Lande eine Leibsteuer erhoben, aber weder allgemein noch bei allen Steuerobjecten nach demselben Steuerfuss. Leibsteuerfrei waren vielmehr alle Personen mit Vermögenswerten von 200 fl.₰ und darüber, und andererseits junge Dienstboten, die „noch nicht zum hochwürdigen Sacrament gegangen", also ein Alter von 13—14 Jahren noch nicht erreicht hatten. Die übrigen leibsteuerpflichtigen Landbewohner schieden sich in 3 Vermögensclassen und die Dienstboten mit verschieden abgestuften Steuersätzen. Vermögenslose traf die Leibsteuer mit 7 β.₰, solche, die bis zu 100 fl.₰ Vermögen besassen, mit 6 β.₰, solche, die 100—200 fl.₰ besassen, mit 5 β.₰; männliche Dienstboten hatten 2 β.₰, weibliche 1 β.₰ Leibsteuer zu geben.

Ebenso wie bei der bürgerlichen Steuer ruhte das Einsteuerungsverfahren der Anlage auf dem Princip der Verbindung von Selbsteinschätzung und staatlicher Taxation. Aber während dort vornehmlich das Liegenschaftsvermögen der behördlichen Einschätzung vorbehalten war, richtete die Anlageordnung ihr Hauptaugenmerk auf den Ertrag und dessen amtliche Bewertung. Die liegenden Güter sollten vom Anlagepflichtigen taxirt werden „als lieb ime die aniezo seyen", d. h. nach dem subjectiven derzeitigen Werte, den sie für ihn hatten. Doch wurde diese subjective Wertschätzung bei Erb- und Schupflehengütern dahin erläutert, dass der wirkliche Wert und nicht das Hofgeld vom Fatirenden zum Ausgangspunkt seiner Preisbildung zu machen sei, und ausserdem war dem Schupflehen der Wert eines erblichen Gutes beizumessen, von dem dann nach Gutdünken der Steuerbehörden eine bestimmte Quote, etwa ein Fünftel, zur Compensation der Minderwertigkeit der Schupfleheneigentumsgerechtigkeiten abgezogen werden konnte. Auch durfte die Verschuldung des Steuerobjectes nicht in Abzug gebracht werden, was bekanntlich auch heute nicht der Fall ist. Darnach war es also fast vollständig ins Belieben des Einzelnen gestellt, welchen Wert er seinen Gütern beilegen wollte. Übrigens dürfte aus der Zusatzbestimmung bezüglich der Erb- und Schupflehen, die offenbar eine Gutsbewertung bloss nach dem capitalisirten Pachtzins verhindern wollte, wenigstens soviel hervorgehen, dass man im Allgemeinen eine Ertragsberechnung und die Fatirung des capitalisirten Durchschnittsertrages von den Fatirenden erwartete.

Nach dem Grundsatz der Selbsteinschätzung, aber ohne jede beschränkende Vorschrift, wurden ferner die Steuerwerte des fahrenden Vermögens und der Geldbetrag der Leibrenten und Besoldungen eruirt. Declarirt musste werden der Umfang der Baarschaft, der Leibrenten, Besoldungen und Schulden; weiter das „Hauptgut", d. h. der Geldpreis bzw. Kaufpreis der Pfand- und Zinsbriefe und Leibgedingsrechte, endlich der subjective Wert (als lieb etc.) der Waaren und Werkzeuge der Handwerker und Gewerbetreibenden und der landwirtschaftlichen Geräte. Anders war das Verfahren zur Feststellung der ländlichen Frucht- und Viehzucht- etc. Ertragswerte. Diese Fassionen hatten sich lediglich auf Angabe der Stückzahl der jährlichen Ertragsobjecte zu beschränken, die dann ohne Zuthun des Fatirenden nach amtlich aufgestellten Preistabellen bewertet wurden. Nur in einem Fall, wenn nämlich die Anlage zu einer Zeit, wo der zu erwartende Ernteertrag noch im Boden ruhte oder auf dem Halm stund, also im Frühjahr oder Sommer, ausgeschrieben wurde, schob die Anlageordnung dem grundbesitzenden Bauern selbst die Geldwertertragsberechnung zu. In diesem Fall waren als normaler Durchschnittsertrag vom Juchart 3 Malter Winterfrucht und 2 Malter Sommerfrucht anzusetzen und diese nach einem Normaldurchschnittspreis von 4 bzw. 3 ₰ pro Malter in Geldwert zu fatiren. Diese sämmtlichen Fassionen, die also nur das Nutzvermögen unberücksichtigt liessen, mussten vom Anlagepflichtigen auf seinen Eid genommen werden, „er soll bei seinem Eid veranlagen", wer falsch declarirte, war „meineid" und kam, von Vermögensstrafen abgesehen, in Überlingen oder auf einem der Vogteischlösser in den Thurm. Entsprechend der zwischen Stadt und

Spital Überlingen in den localen Unterbehörden geteilten Verwaltung der städtischen und spitälischen Landschaft wurde auch die Steuerveranlagung und -Erhebung[1]) von 2 verschiedenen Anlageobercommissionen besorgt. Die oberste Leitung der Veranlagung der städtischen Vogteien ruhte in den Händen der städtischen Anlagecommission, in der ein Ratsherr, einer der Rentstüblinsherren und der Rentstüblinsschreiber sassen. Diesen unterstellt war eine Untercommission der localen Vogteibehörden, bestehend aus dem Ausvogt, dem Vogt und dem Amtmann der Vogtei. Es war Aufgabe dieser zweiten Commission unter Beisitz eines Rates des Überlinger Landgerichts in einem der grösseren Orte der Vogtei entweder auf dem Rathaus oder in einem Wirtshaus das Fatirungsgeschäft vorzunehmen und die fatirten Steuerobjecte in ein sogenanntes Anlagebuch beim Namen des Anlagepflichtigen einzeln nach der Stückzahl und dem Preise einzutragen. War dies geschehen, so wurde das Anlagebuch der Obercommission in Überlingen eingereicht und diese hatte die städtischen Vogteien zu beschreiben, d. h. auf Grund der gemachten Erhebungen die Steuerschuldigkeit des Einzelnen zu berechnen und im Anlagebuch anzunotiren. Der Steuereinzug erfolgte darauf wieder durch den Vogt und seine Unterbeamten; die Abführung des Geldes an das Überlinger Rentstüblin war Sache des Vogtes. Genau so ging auch die Veranlagung der spitälischen Ämter vor sich. Hier hatte die Oberleitung ein Spitalpfleger. Die locale Fatirungscommission bildeten der betr. spitälische Amtmann und ein Überlinger Landgerichtsrat. Die Beschreibung und Ablieferung der eingezogenen Steuerbeträge besorgte der Spitalpfleger. Über das Finanzerträgnis der Anlage geben unsere Budgettabellen (cfr. Anl. II, 1 a u. 2 a) den nötigen Aufschluss. Dasselbe schwankte im Allgemeinen zwischen 5000 und 6000 rh. fl. und kam somit seinem fiskalischen Wert nach dem der bürgerlichen Jahressteuer ziemlich nahe.

Bevor wir im Folgenden zu einem kritischen Rückblick auf die besprochene Jahressteuer und Anlage übergehen, wäre hier noch die Form zu erwähnen, in der die ausserordentlichen Steuern Überlingens erhoben wurden. Wie im Früheren bereits

---

[1]) cfr. hierüber auch das Anlagebuch von 1578.

bemerkt, geschah dies mittelst Erhöhung der bestehenden ordentlichen Steuern, so dass Steuersubject und -Object die nämlichen blieben und nur der Steuerfuss sich änderte. Das Beispiel einer solchen ausserordentlichen Steuererhöhung liefert im 16. Jahrhundert ein Ratsprotocoll vom 18. November 1594. Um den hochgespannten Reichscontributionsanforderungen K. Maximilians entsprechen zu können, wurde (zunächst für die Dauer von 6 Jahren) der Steuerfuss der Anlage von 8 β.₰ auf 10 β.₰ — auf den Satz, der sich nachgehends als normaler erhielt, — erhöht und der Bürgerschaft für 5 Jahre zur ordentlichen Steuer noch eine halbe Steuer auferlegt. Letzteres geschah in der denkbar einfachsten Weise, indem man die ordentliche Jahressteuerschuldigkeit des Einzelnen gerade um die Hälfte erhöhte.

Durch diese Steuerzuschläge und vermittelst einer Schuldaufnahme von 60000 rh. fl. (cfr. pag. 159) wurde es Überlingen möglich, innerhalb 10 Jahren, bis zum Jahr 1604, dem Reich eine Contribution von über 100000 rh. fl. zu zahlen.[1]) Daneben fanden wir ein Mal im Laufe des 17. Jahrhunderts, a. 1644,[2]) als die Geldnot Überlingens aufs höchste gestiegen war, neben der ordentlichen Steuer eine andere ausserordentliche Steuer mit total verändertem Steuerfuss und neuen Steuerobjecten. Damals wurden, um es kurz zu sagen, alle Steuerprivilegien suspendirt und auch das Nutzvermögen der ordentlichen Besteuerung unterworfen, und ausserdem musste von jedem Gulden Einnahme, mochte dieselbe herkommen, aus was immer sie wollte, monatlich 2 xr. Steuer an das Rentstüblein abgeliefert werden. — Und nunmehr ein paar kritische Bemerkungen.

Wir haben im Anfange dieses Abschnittes die Jahressteuer eine Vermögenssteuer genannt, wir hätten sie auch eine partielle Vermögenssteuer nennen können, da nur das werbende Vermögen zur Steuer herangezogen wurde. Nach unserer Auffassung vom Sinne der Steuergesetzgebung des 16. und 17. Jahrhunderts waren nämlich Object der Jahressteuer alle diejenigen Güter, die im Augenblicke der Steuerveranlagung den Vermögensbesitz des Steuerpflichtigen

---

[1]) cfr. Ratsprot. v. 21. Febr. 1604.
[2]) cfr. Arch. I, 7, 182. Steuerordnung v. 3. Oktober 1644.

ausmachten. Dass darunter auch solche sich befanden, die nach modernen Steuerbegriffen als Vermögensertrag bezeichnet und mit besonderen Ertragssteuern belegt wurden, ist dabei gleichgültig. Denn die Jahressteuer wollte u. E. nicht den Ertrag als solchen, sondern nur den Ertrag als Vermögensobject besteuern. Dies beweist vor allem der Umstand, dass nicht der ganze Jahresertrag, z. B. nicht der ganze Weinertrag, sondern nur der z. Z. der Fatirung noch im Eigentumsrechte des Fatirenden befindliche Vorrat an Ertragsgütern versteuert werden musste. So unterlagen auch nicht die sämmtlichen das ganze Jahr über aus Kauferlösen, Zins- und Rentenbezügen und dergl. hervorgegangenen Baareinnahmen der Jahressteuer, sondern nur der momentane Baargeldvorrat. Dafür spricht aber auch ferner die ausdrücklich als Fremdenrecht bzw. Fremdenpflicht statuirte Ausnahmebestimmung, dass jeder fremde Ausmärker den Wein, der ihm im Überlinger Etter erwachsen, „ob er denselben vor der Steuer verkauft, an raitung (Zahlungsstatt) gibt oder behält", zu versteuern habe.[1]) Allerdings ist nicht zu bestreiten, dass dadurch die Besteuerung des fahrenden Vermögens in ihrer thatsächlichen Wirkung einer partiellen Ertragssteuer gleichkam. Auch wird vielleicht die Einsicht in die ökonomische Natur des Ertrags es mit veranlasst haben, dass das fahrende Vermögen um so viel höher besteuert wurde, als das Liegenschaftsvermögen. Aber zur klaren Erfassung und practischen Verwirklichung dieses Gedankens in Form einer besonderen Ertragssteuer ist damals die städtische Steuergesetzgebung noch nicht gekommen, denn es werden andererseits auch Teile des Stammvermögens, wie z. B. das gesammte Wertpapiervermögen, demselben Steuerdruck unterstellt wie die Ertragsgüter.

Einen wesentlichen Fortschritt in diesem Punkte bedeuten dagegen die Satzungen der Anlage. Diese unterscheidet scharf zwischen Steuerobjecten, die sie als Vermögensobjecte und solchen, die sie als Ertragsobjecte treffen will, wennschon die landwirtschaftliche Ertragssteuer am selben Steuersatz festhält wie die Vermögenssteuer. Sie bestimmt ausdrücklich: „es soll ein ieder bei seinem eid veranlagen die Gült und Nutzung, soweit ein jeder davon jährlich eingehendes hat." Sie erlässt

---

[1]) cfr. Arch. I, 7, 182. Gesetz v. 1560.

Normativbestimmungen zur Vorausschätzung des noch in der Erde ruhenden oder auf dem Halme stehenden Jahresertrages. Der Pächter muss, wie bei der Bonitirung der zu katastrirenden Stadtgüter, den Wert seines Pachtgutes nach dem wirklichen Ertragswert veranlagen. Die Ertragsgüter werden der Gegenstand der amtlichen Bewertung etc. So tritt der Begriff des Ertrages hier überall in den Vordergrund, die ältere, rohere Form der Vermögenssteuer verdrängend, am deutlichsten natürlich bei der Leibrenten- und Besoldungssteuer. Hier entwickelt sich bereits der Begriff des Reinertrags, des Einkommens, das eine ungleich höhere Belastung erträgt und erfährt, als das Stammvermögen, 8 % gegenüber 0,5 %.

Aber auch sonst noch zeigt die Anlage eine viel jüngere Physiognomie als die Jahressteuer. Nehmen wir z. B. nur die Leibsteuer. Die städtische Leibsteuer ist eine Kopfsteuer, die von jedem Steuerpflichtigen ohne Rücksicht auf dessen Leistungsfähigkeit in demselben Betrage erhoben wird, dagegen die Leibsteuer der Landschaft sich nach Classen abstuft und nach unten zunimmt. Sie will das Arbeitseinkommen, das nach der bestehenden Vermögenssteuerordnung zu gut wegkam, nur, soweit es im Baargeldvorrat sich vorfand, besteuert wurde, im Interesse einer gerechteren Verteilung der Steuerlast noch in der Person des Arbeitenden beiziehen, daher auch die Leibsteuerfreiheit von einer bestimmten Vermögensgrenze ab. Ferner gehört hierher die Verschiedenheit der Bestimmungen rücksichtlich eines zweiten Grundsatzes der Gerechtigkeit, rücksichtlich der Steuerallgemeinheit. Auf dem Lande finden wir sie durchgeführt, da hat kein Anlagepflichtiger vor dem andern das Geringste voraus; die Stadtsteuer dagegen schafft Privilegirte und Nichtprivilegirte.

Auch abgesehen vom materiellen Steuerrecht, auch in Einzelheiten der Steuertechnik zeigt sich derselbe Unterschied. Trotzdem z. B. die allgemeine Geldwerteinheit im 16. Jahrhundert längst das Hundert ist, man nach Procenten rechnet, hält die bürgerliche Steuer den uralten Markbegriff als Steuereinheit fest, die Anlage erhebt vom Hundert. Der Städter fatirt nach Mark, der Landbewohner nach Pfund, hier ein einfacheres, dort ein complicirteres Rechnungsverfahren, und so fort.

Fragen wir aber, woher diese merkwürdige Verschiedenheit

der Jahressteuer und der Anlage kommt, da doch beide demselben gesetzgebenden Körper entstammten, so fällt für die Jahressteuer vor allem ins Gewicht, dass sie eine **uralte Einrichtung**, eine Schöpfung von Jahrhunderten war und seit Jahrhunderten sich eingebürgert hatte. Ihre enge Verknüpfung mit dem Werdeprocess der Stadt selbst, mit deren politischen, socialen und wirtschaftlichen Zuständen,[1]) wahrte ihr in den Augen vieler Steuerzahler in gewissem Sinne den Charakter eines altehrwürdigen Instituts, an dessen Grundlagen selbst der einsichtigste Rat nicht rütteln konnte, ohne auf heftigen Widerspruch bei der Bürgerschaft zu stossen, die sich in ihren wohlersessenen Privilegien, in ihren altgewohnten Einrichtungen verletzt fühlte. Daher auch jede Reform auf dem Gebiete des städtischen Steuerwesens mehr oder minder immer nur die Folge eines gewaltsamen Druckes von aussen war[2]) und man trotz mannigfacher Verbesserungen späterer Jahrhunderte zu durchgreifenden Reformen in den Zeiten der Reichsunmittelbarkeit sich überhaupt nicht entschloss.

Ein weiterer Grund dürfte ferner die **grössere Vielgestaltigkeit** des städtischen Wirtschaftslebens gewesen sein, die allerdings rationell den Gedanken einer Systematisirung der Steuern um so näher legen musste, dessen Durchführung aber auch um so schwieriger erscheinen liess.

---

[1]) Wir haben dabei die steuergeschichtlich interessante Thatsache im Auge, der zu Folge, so lange die Überlinger Bürgergemeinde eine ausschliessliche **Realgemeinde** war, also in den Zeiten der staufischen Geschlechterherrschaft, die **Grund- und Häusersteuer** genügte; als nach dem Siege der Zünfte die dinglichen Banden des Bürgerrechts sich mehr und mehr lockerten, man im 14ten Jahrhundert zur Besteuerung des **fahrenden** Vermögens griff, und als schliesslich der Gemeindecörper sich noch mehr erweiterte, eine eigene Classe **vermögensloser**, vom **Arbeitseinkommen** lebender Bürger sich herausbildete, die **Leibsteuer** im 16ten Jahrhundert eingeführt wurde. Somit zeigt die Entwicklung des Überlinger Steuerrechts den **intimsten Anschluss** an die Entwicklung des Bürgerrechts bzw. an die ganze Stadtrechts- und Verfassungsentwicklung Überlingens.

[2]) Durch den **Verfassungsumsturz Carls V.** wurde 1552 das Zunftvermögen steuerpflichtig, durch die **Gefahr der Secularisation** 1555 die Spitalsteuer verändert. Der 30jähr. Krieg und seine Folgen hoben zeitweise die Steuerexemptionen auf, aber erst die **Secularisation** Überlingens und dessen Anfall an Baden im J. 1802 brachte eine völlige Neuordnung des Steuerwesens.

Auf dem Lande dagegen lagen die Dinge viel einfacher und günstiger. Ohne historische Tradition glich die Landschaft Überlingen einer tabula rasa, der man Gesetze aufschreiben konnte nach Belieben. Von den Landbewohnern, die Hörigkeit und Leibeigenschaft zu jedem rechtlichen Widerstande unfähig machte, war dabei nichts zu fürchten, und die steuerpflichtigen Productionsfactoren und Producte der Landwirtschaft konnten von der Steuergesetzgebung mit Leichtigkeit einzeln erfasst werden. Darum zog die Anlage wohl von Anfang an in Gestalt einer verbesserten Stadtsteuer in die Landschaft ein, wo sie allmälig sich immer freier gestaltete und im 18. Jahrhundert[1]) vorübergehend nicht ohne verjüngende Rückwirkung blieb auf den verknöcherten städtischen Steuercörper. Von diesen relativen Vorzügen, den Ansätzen zu einer volkswirtschaftlich rationelleren Besteuerung abgesehen, entsprach aber im übrigen die Anlage ebensowenig wie die Jahressteuer den Anforderungen, die man von modernem Standpunkt aus an eine gute Steuer stellen müsste, und die bis zu einem gewissen Grad auch damals schon von Städten mit höher entwickelter Steuerwirtschaft (wie z. B. Basel) erfüllt wurden. Der beiden Steuern gemeinsame Hauptfehler war, dass sie das Princip der Verhältnissmässigkeit der Steuer, der Besteuerung nach der relativen Leistungsfähigkeit wenig bzw. gar nicht berücksichtigten, denn die Steuerschuldigkeit der Einzelnen wuchs eben proportional mit ihrem Besitz an Steuereinheitswerten, d. i. mit ihrer absoluten Leistungsfähigkeit, mit ihrem Vermögen; etwas anderes kannte man gar nicht.

Auch enthielten gewisse Bestimmungen, wie z. B. die Besteuerung der Schulden, grosse und ungerechte Härten. An sich konnte man ja eventuell die Schulden als Ausdruck eines momentanen Wertzuwachses, den ein Vermögen durch geliehenes Betriebs- oder Anlagecapital erfuhr, auffassen, und in der Stadt, wo der Wirtschaftsertrag nicht in seinem vollen Umfange zur Steuer herangezogen wurde, mochte die Schuldenbesteuerung sich noch rechtfertigen lassen. Dagegen führte auf dem Lande die Schuldenbesteuerung in Verbindung mit den Vorschriften über

---

[1]) cfr. Arch. VI, 13, 353. Der Stand des Überlinger Stadthaushaltes a. 1791.

die Fatirung der Guts- und Ertragswerte thatsächlich in vielen Fällen zu einer dreifachen Besteuerung: einer Besteuerung im Gutswerte, im Ertragswerte und als Steuerobject an sich. Und solche Unbilligkeiten waren nicht ein Mal zufällig. Wir haben Beispiele, wo die Doppelbesteuerung geradezu gesetzlich angeordnet wird. Laut Ratsprotocoll v. 18. Januar 1557 muss das Heiratsgut, das die Eltern ihren Kindern gegen Zinszahlung „aufenthalten", von den Eltern und vom Kinde, von letzterem als Pfandschaft, versteuert werden; ein handgreiflicher Beleg dafür, wie sehr in der Überlinger Steuergesetzgebung das rein fiscalische Interesse alle andern Rücksichten überwog. Wirklich befriedigen kann uns somit eigentlich nur die Steuertechnik, da diese im Allgemeinen rasch, sicher, billig und ohne sonderliche Belästigung des steuerpflichtigen Publicums zum Ziele führte.

Als letzte in der Gruppe der directen Überlinger Steuern wäre noch der Abzug oder die Nachsteuer zu erwähnen. Der Abzug hatte seine Rechtsbasis in einem Privileg Karls V. vom 30. November 1526.[1]) Darin wird festgesetzt, dass jeder nicht in der Stadt oder Landschaft Überlingen ansässige Fremde, der, sei es als gesetzlicher Erbe, sei es durch Kauf oder in anderem Wege in den Besitz der Hinterlassenschaft eines Überlinger Stadt- oder Landunterthanen kommt, von solchen ererbten und überkommenen Hab und Gütern, liegenden und fahrenden, kleinen und grossen, nichts ausgenommen, den 3., 6., 8., oder 10ten Pfennig nach Willen und Wohlgefallen eines Bürgermeisters und kleinen Rates den Rechenmeistern von Überlingen zu zahlen schuldig sei, falls er nicht vorziehe, das Überlinger Bürgerrecht zu erwerben und durch 15 Jahre in Überlingen wohnhaft zu bleiben.

Seiner ursprünglichen Gestalt nach war also der Abzug eine Erbschaftssteuer von den in fremde Hand gelangenden Hinterlassenschaftsvermögen und — sofern er die Vermögen beim Übergang an dritte traf — eine Verkehrssteuer. Ihre ökonomische Berechtigung hatte diese Steuer unter anderm auch darin, dass durch den „Abzug" fahrender Vermögensbestandteile

---

[1]) cfr. J. C. Lünig. Teutsches Reichsarchiv. Lips. 1714. IV, 2, pag. 548.

aus Überlingen dieselben der städtischen Steuergewalt entzogen und dadurch die Steuercapitalien Überlingens vermindert würden. Hauptsächlich auf Grund dieser Theorie, der zu Folge der Abzug ein Entgeld sein sollte für abziehende Steuercapitalien, wurde der Competenzkreis des Abzuges später noch beträchtlich erweitert.

Das Nächste[1]) war, dass man ohne Rücksicht auf den speciellen Anlass des Abzuges die Vermögen derjenigen, die aus dem städtischen oder spitälischen Steuergebiet zu dauernder Niederlassung an fremdem Ort fortzogen, mit dem Abzug belegte. In diesem Sinne wurden abzugspflichtig ein Mal diejenigen Bürger, die das Bürgerrecht noch nicht ersessen hatten, d. h. die noch nicht die vorgeschriebene Zeit von 15 Jahren im Besitz des Bürgerrechtes waren. Wer dagegen das Bürgerrecht ersessen hatte oder wer Erbbürger, d. h. Nachkomme eines Überlinger Bürgers, war, blieb abzugfrei. Abzugspflichtig waren ferner die Nachkommen von Erbbürgern, die sich nach auswärts verheirateten oder auswärts „haushäblich" niederliessen, vorausgesetzt, dass sie ihr Bürgerrecht noch nicht angetreten hatten und ihre Bürgerrechtsgerechtigkeit officiell oder stillschweigend aufsagten. Doch durften die Kinder von Erbbürgern ein in mässigen Grenzen sich haltendes abzugsfreies Heiratsgut mitnehmen. Und ebenso wurde es bezüglich der Bürgerswittwen gehalten, die ihr Bürgerrecht auswärts „vermannten" oder sonst aufgaben. Endlich traf der Abzug noch die Vermögen der Michileute (der Satzbürger) und der übrigen nichtbürgerlichen Einwohner der Stadt und Landschaft Überlingen.

In all diesen Fällen musste das gesammte Hab und Gut, „soviel einer dessen dazumal im Vermögen hat", verabzugt werden.

Im Weitern hatte sodann der Abzug noch die Bedeutung einer reinen Immobiliarverkehrssteuer,[2]) die sich teils gleichfalls auf die angeführten steuerpolitischen Erwägungen gründete, teils als Prohibitivmassregel gegen das überhandnehmende Ausmärkertum wirken sollte.

Als Immobiliarverkehrssteuer besteuerte der Abzug den

---

[1]) cfr. Arch. I, 7, 184. Ordnung des Abzugs v. 12. April 1584.
[2]) Ausser der in Anm. 1 angeführten Quelle cfr. noch die Stadtsatzungen der J. 1600—1622 Arch. I, 51, 135.

Handelsverkehr mit Überlinger Liegenschaften, soweit ein solcher zwischen Fremden und zwischen Bürgern und Fremden stattfand. Verkaufte ein in der Überlinger Mark oder Landschaft begüterter Fremder sein Gut einem Fremden, oder kaufte ein Überlinger Bürger Immobiliarwerte von einem Fremden, so ging der Kaufschilling, den der fremde Verkäufer bezahlt erhielt, der städtischen Steuer verloren und darum musste nach der Abzugsordnung das Kaufobject verabzugt werden. Wurde der Handel zwischen Fremden abgeschlossen, so blieb es der privaten Abmachung überlassen, ob Käufer oder Verkäufer den Abzug entrichten wollte. War aber einer der beim Kaufabschluss Beteiligten ein Bürger, so fiel die Steuerpflicht eo ipso dem fremden Verkäufer zu, doch lag im letzteren Falle eine Steuerpflicht überhaupt nur dann vor, wenn der fremde Verkäufer sein Gut schon über 40 Jahre zu eigen besessen hatte. So lange liess nämlich die Gesetzgebung dem Ausmärker Zeit, sich einen bürgerlichen Käufer für sein Besitztum zu suchen, und wollte durch diese Vergünstigung eine allmälige Rückkehr der veräusserten Grundstücke in bürgerliche Hände bewirken. Wurde aber in der sicher langen Frist von 40 Jahren ein Gut nicht „rückkäufig", so musste dieser „Saumsal" durch Zahlung des Abzugs gebüsst werden. Denselben Zweck verfolgte die Abzugssteuer bei Gutsverkäufen, bei denen ein Bürger der Verkäufer war. Hier trat die prohibitive Absicht der Gesetzgebung, alle derartige die Integrität des städtischen Territoriums schädigende Liegenschaftsveräusserungen nach Möglichkeit zu erschweren, am deutlichsten zu Tage, zumal auch hier der Abzug dem fremden Käufer zugeschoben wurde. Diese sämmtlichen Bestimmungen galten übrigens auch für event. Tauschverträge und zwar mit gutem Grund, „denn da es nicht sollte sein, würden an statt eines Kaufes feile Tauschabschlüsse bestehen, welche doch einer Wirkung sind und darum auch einen gleichen Ausgang gewinnen sollen". Obschon das ksl. Privileg bezüglich des Steuersatzes den weiten Spielraum von ein Zehntel bis zu ein Drittel des Steuerwertes genehmigt hatte, begnügte man sich doch für gewöhnlich mit dem zehnten Pfennig, mit 10 %. Grössere Schwankungen zeigt nur die Erbschaftssteuer, da bei ihr einesteils die Verwandtschaftsgrade, andernteils die Steuersätze desjenigen Landes bzw. derjenigen Stadt in Anschlag kamen, der die Erbberechtigten politisch zugehörten.¹) Mit den Nachbarständen war die Frage meist vertragsmässig geregelt, so z. B. mit der Bürgerschaft von Constanz,²) der der 10., 8. und 6. Pfennig abgenommen wurde, je nachdem Kinder und Enkel, oder Geschwister, oder entferntere Verwandte die Erben waren. Erhoben wurde das Abzugsgeld eintretenden Falls sogleich. Es durfte weder Erb- noch Abzugsgut, „nichtzit gefolgert werden", bevor der Abzug auf dem Rentstüblin bezahlt war.³) Bei Käufen sollte vorher der Kaufschilling nicht ausgehändigt werden. Besonders streng nahm man es bei Todfällen.⁴) Sobald Fremde bei einem Sterbfall interessirt waren, wurde das ganze Vermögen, hauptsächlich das Fahrnis- und Pfandschaftsvermögen, „inventarisirt und verpetschiert". Ein Ratsmitglied wohnte der Testamentseröffnung bei und trug den Erbteil jedes Einzelnen in ein Verzeichnis ein; ehe aber ein Pfennig oder Heller die Stadt verliess, musste der Abzug entrichtet sein. Auf dem Lande lag die Erhebung der Abzugsgelder den Vogteibeamten und spitälischen Amtleuten ob. In den Jahresertrag der Abzugsgelder, der sich auf durchschnittlich rund 1300—1700 rh. fl. belief, (cfr. Anl. II, 1 a u. 2 a), teilten sich, soweit derselbe aus der spitälischen Landschaft einging, die Stadt und das Spital, die Stadt kraft ihrer Obrigkeitsrechte, das Spital als Gerichtsherrin.⁵)

Die finanziell wichtigste der Überlinger indirecten Steuern war das Weinungeld,⁶) eine den Wirten und „allen die vom zapfen schenken" in der Stadt und Landschaft auferlegte Weinverbrauchssteuer. Sie reichte in ihren Anfängen tief ins Mittelalter zurück. Schon a. 1358⁷) finden wir das Ungeld, ursprünglich ein Regal, von K. Karl IV. an die Stadt verpfändet, Ort und Datum seiner definitiven Erwerbung sind dagegen unsicher. Es

---

¹) So wurde dem Turgäu der 6te ℌ, der Stadt Engen und der Herrschaft Bodman der 3te ℌ abverlangt, „dieweil sie es auch also haben". cfr. die Ratsprot. v. 27. Juni 1558 und 1. und 4. Februar 1602.
²) cfr. Ratsprot. v. 7. Juli 1559.
³) cfr. Ratsprot. v. 13. Juli 1590.
⁴) cfr. Ratsprot. v. 4. Mai 1604.
⁵) cfr. Ratsprot. v. 26. April 1580.
⁶) cfr. Arch. I, 8, 189. Ordnung des Weinungelds v. 22. Dezember 1594.
⁷) cfr. Oberrh Z. Bd. 22 pag. 21. Urk. v. 29. Juni 1358.

ist möglich, dass dieselben in die Mitte des 15. Jahrhunderts fielen, da im Jahr 1451[1]) die Ungelderherren erstmals und von da ab regelmässig in den Ratswahlverzeichnissen geführt werden. In seiner ältesten Gestalt beschränkte sich das Ungeld auf die Stadt Überlingen; die Wirte und Gastgeber der Landschaft waren nur zur Zahlung eines Tafernengeldes von ein paar Schillingpfennigen jährlich verpflichtet. Erst im Jahr 1594 erhielt Überlingen auf sein Gesuch[2]) an K. Rudolf II. um Erlaubnis zur Ausdehnung des Ungeldes auf die Landschaft ein diesbezügliches Privileg,[3]) wodurch die Landschaft in Sachen des Ungeldes der Stadt gleichgestellt, d. h. gleichfalls ungeldpflichtig wurde. Trotzdem die Wirte und die übrigen mit Schankgerechtigkeit begabten Personen und Gesellschaften, wie die Gässelirer, die weinzapfenden Zünfte und Schützengesellschaften, das Ungeld bezahlen mussten, sollte doch nach der eigentlichen Absicht des Gesetzes das Ungeld die Weintrinker treffen, die Steuer sollte auf das consumirende Publicum überwälzt werden. Darum durfte das Ungeld in den Schankpreis miteingerechnet und dieser bei event. Erhöhung des Ungeldes entsprechend erhöht werden.[4]) Als Steuereinheit statuirte das Ungeld die Maass ausgeschenkten Weines. Der Satz betrug pro Maass den achten Pfennig: „was man von der maass vom zapfen lösen thut, davon ist man den achtesten Pfennig gemainer Stadt zu geben schuldig." Nimmt man nach unseren früheren Berechnungen den Durchschnittspreis des Fuder Wein in den Jahren 1550—1620 zu 42 rh. fl. an (cfr. pag. 49), so kamen auf das Fuder (960 Maass, pag. 49 Anm. 2) 5 rh. fl. 15 xr. Ungeld, 12,5 % seines Steuerwertes. Diese an sich hohe Steuer, die z. B. noch um 1,5 % über das Württembergische,[5]) 11 % des Ausschankpreises betragende Weinungeld früherer Jahrhunderte hinausging, machte in Verbindung mit dem starken Weinverbrauch der Stadt und Landschaft Überlingen das Ungeld zu der drittergiebigsten ordentlichen Finanzquelle Überlingens, die in den Jahren 1608—16 durchschnittlich 3130 rh. fl. und in

---

[1]) cfr. die Ratswahlverzeichnisse v. 1443—1500.
[2]) cfr. Arch. I, 8, 189. Bitte Überlingens an K. Rud. II. d. d. 5. Juni 1594.
[3]) cfr. Arch l. c. Ungeldprivileg vom 2. Juli 1594.
[4]) cfr. Ratsprot. v. 31. Januar 1557.
[5]) cfr. G. Schönberg Handb. der polit. Ökonomie III pag. 421.

den 20er Jahren, als die Weinpreise um mehr wie die Hälfte sich erhöhten, 4816 rh. fl. abwarf. (cfr. Anl. II, 1 a u. 2.a).

Die obersten Beamten des Ungelds (wie überhaupt der indirecten Steuern) waren 2 in Uberlingen ansässige Ungelderherren.[1]) Durch ihre Hände lief der ganze Ungeldertrag, sie hielten wöchentlich ein Mal Kasse, buchten die eingegangenen Summen und sorgten für deren wöchentliche oder vierteljährliche Ablieferung an das Rentstüblin. Unter ihrer speciellen Controlle stunden die städtischen Unterkäufer, der Ungelderknecht und die Weinschätzer der Landschaft. Zu deren Amtspflichten gehörte vor allem die Überwachung des Einkaufs und der Einkellerung von Weinen, die nur in ihrem Beisein vor sich gehen durften. Sie führten Controlllisten über Quantum, Einkaufs- und Verkaufspreis der Weine, welch letzteren sie selbst fixirten, designirten jedem Wirte und Weinausschenkenden das wöchentliche Ausschankquantum, indem sie die unter Zapf zu nehmenden Fässer — gewöhnlich 2 Fass Weisswein und ein Fass Rothwein[2]) — mit amtlicher Marke versahen; sie stachen Ende jeder Woche zur Feststellung des Weinverbrauchs die Fässer ab, sorgten für eventuelle Eichung der leergewordenen Fässer, verglichen schliesslich das Resultat ihres „beilens" mit dem Befunde des Eichmeisters oder Eichmaasses und berichteten über all diese Punkte wöchentlich den Ungelderherren. Unterstützt wurden sie hiebei auf den Trinkstuben der Zünfte und Gesellschaften von deren Christäfel oder Urttenmeistern.[3])

Durch diese ununterbrochen fortlaufenden Erhebungen und Meldungen wurden die Ungelderherren stets aufs genauste über den Weinverbrauch der Wirtschaften und Schenken orientirt und konnten darnach die Ungeldschuldigkeit der Einzelnen berechnen, die von jedem Fass, sobald es leer geworden, in der Stadt an die Ungelderherren, auf dem Land an die Weinschätzer bezahlt werden musste. Die letzteren lieferten ihre Ungeldereinnahmen vierteljährlich den Ungelderherren nach Überlingen ab. Vom Ungeld frei blieb nur der Haustrunk, soweit derselbe ein Fuder pro Jahr nicht überstieg.

---

[1]) cfr. das Überlinger Bestallungsbuch des 16. Jahrh. s. t. c.
[2]) cfr. Ratsprot. v. 21. Nov. 1552.
[3]) cfr. Ratsprot. v. 3. Septbr. 1601.

Dem Weinungeld reihten sich noch eine Anzahl anderer indirecter Aufwandsteuern an, deren Satzungen unter dem Titel „der zoll ze Uberlingen und das Grödtgeld" zusammengefasst wurden. Gleich dem Ungeld war auch der Zoll ursprünglich ein Regal, das aber von den verschiedenen Inhabern der königlichen Rechte im Laufe der Jahrhunderte teils an die Stadt, teils an Privatpersonen in und ausserhalb Überlingens verkauft oder lehensweise veräussert worden. Einen Teil des Zolles hatte Überlingen schon 1358[1]) als Pfandschaft in Händen, und die übrigen im Privatbesitz befindlichen Zollrechte kaufte die Stadt, deren naturgemässe Politik es sein musste, allmälig den ganzen Zoll in ihre Gewalt zu bekommen, während des 14. und 15. Jahrhunderts gegen Leibdingsrechte oder für den mit 4—5 % capitalisirten Zollbetrag den früheren Inhabern ab, so dass bereits in der zweiten Hälfte des 15. Jahrhunderts kein Fremder mehr am Überlinger Zollrecht Anteil gehabt haben dürfte. Von einer grösseren Anzahl diesbezüglicher Kaufurkunden wäre bemerkenswert etwa nur der älteste Zollkauf vom 1. Januar 1339,[2]) insofern derselbe die Ära der Überlinger Zollerwerbungen eröffnete, und die letzte Zollerwerbung vom 26. März 1420,[3]) die gleichsam abschliessend den Zweck des Zollkaufs mit den Worten motivirte: „damit der zoll, der an viel taile gewesen ist, zesamen kom".

Im 16. und 17. Jahrhundert bildete der Stadtetter das Überlinger Zollgebiet, auch deutet nichts darauf hin, dass es in früheren Jahrhunderten anders gewesen wäre. Die innerhalb des Stadtetters erhobenen Zölle bestunden aus Durchfuhr-, Einfuhr- und Ausfuhrzöllen. In autonomer Weise festgesetzt, dienten sie in Gestalt reiner Finanzzölle in erster Linie fiscalischen Interessen, wennschon bei einzelnen Zollsätzen der Einfluss schutzzöllnerischer Erwägungen unverkennbar ist.

Die einfachste Art der Überlinger Zölle war der sogenannte kleine Zoll.[4]) Derselbe wurde als Transitzoll von allen

---

[1]) cfr. Oberrh. Z. Bd. 22 pag. 21. Priv. K. Karls IV. v. 29ten Juni 1358.
[2]) cfr. Arch. I, 4, 73.
[3]) cfr. Arch. I, 4, 94.
[4]) cfr. Arch. I, 7, 180 a. Ordnungen des Kleinzollers (des Salzknechts) d. a. 1563 und 1604.

Waaren und Thieren erhoben, die das städtische Zollgebiet passirten. Als üblichste **Steuereinheit** kamen beim kleinen Zoll die **Transportmittel** in Anwendung. Und zwar unterschieden die Zollordnungen: geladene **Wagen**, beladene **Lastthiere** (Pferde und Esel) und **Handschubkarren**. Die ersteren mussten mit 12 ₰, die letzteren mit 3 ₰ verzollt werden. Die Thiere und Thierhäute wurden pro **Stück** versteuert: Pferde und Hornvieh mit 2 ₰, Schweine mit 1 ₰, Schafe, Lämmer, Ziegen mit 1 ₰ und Thierhäute mit 1 ₰. Daneben existirten für gewisse Waaren besondere Waarenzolleinheiten, teils Maass- teils Gewichtseinheiten. So verzollte man den Wein nach **Fuder** mit 12 ₰, das **Salz** nach **Mässlein** mit 12 ₰, die **Fische** nach **Fass** mit 12 ₰, das **Eisen** nach **Pfunden** mit 24 ₰ und die Bettgewand nach Bett- und Kissenzipfeln[1]) mit 6 bzw. 3 ₰ pro Zipfel.

Im ganzen erscheinen diese Zollsätze (die im übrigen specifische Zölle und keine Wertzölle waren) verglichen mit dem Wert der Zollobjecte niedrig. Im Verhältnis zum Durchschnittspreis eines Pferdes im 17. Jahrhundert (25 rh. fl., pag. 134 Anm. 2.) betrug der Transitzoll 0,04 %, im Verhältnis zum Preis eines Hauptviehes (11 rh. fl.) 0,09 %, eines Schweines (48 xr.) 0,6 %, eines Fuder Wein (42 rh. fl.) 0,14 %. Um so schärfer heben sich hievon der **Salz- und Eisentransitzoll** ab. Anfangs des 17. Jahrhunderts kostete die Scheibe Salz (2,5 Mässlein) durchschnittlich 4 rh. fl. 30 xr. (cfr. pag. 101), darnach das Mässlein 1 rh. fl. 48 xr. (378 ₰). Dies ergab bei einem Zoll von 12 ₰ pro Mässlein eine Zollbelastung des Salzes von 3,17 %. Für ein Pfund Eisen bezahlte man nach Hanauer (l. c. Bd. II. pag. 584) in den Jahren 1551—1625 im Durchschnitt rund 16 cent., 4,8 alte Überlinger Pfennige.[2]) Der Durchfuhrzoll betrug aber 24 ₰ pro Pfund, also gerade das

---

[1]) Davon die in Süddeutschland zur Bezeichnung habsüchtiger Gesinnung gebräuchliche Redensart: jemand will das Bett (bezw. eine Sache) an **fünf** Zipfeln heben, sich ableiten dürfte.

[2]) Hanauer l. c. Bd. I. pag. 503 setzt die Kaufkraft des rh. Gulden in den Jahren 1559—1624 auf rund 7 frcs. an. Hienach berechnete sich der Wert des Überlinger Pfundes (das sich zum rh. Gulden wie 7 : 8 verhielt, cfr. pag. 51, Anm. 1.) auf 8 frcs. Der Preis des Zentners Eisen war 16 frcs. = 2 Überl. Pfund = 480 ₰, der eines Pfund = 4,8 ₰.

Fünffache des Kaufpreises. Diese abnorm hohen Zollsätze hatten ihren Grund teils im städtischen Salzmonopol, teils in der Absicht, den einheimischen Eisenhändlern den Alleinvertrieb von Roheisen möglichst zu sichern (cfr. pag. 155). Berücksichtigt man nämlich, dass der Einfuhrzoll auf Salz sich bedeutend niederer, auf nur 6 ₰ pro Fass stellte, (cfr. pag. 153) und dass von der Salz- und Eisenausfuhr überhaupt kein Zoll erhoben wurde, so sollte durch die Höhe des Transitzolles offenbar ein Druck ausgeübt werden ein Mal auf die Salzhändler, ihre Salzvorräte lieber einzuführen und der Stadt feil zu bieten, als sie durch städtisches Zollgebiet nach fremden Orten zu verführen, und andererseits auf die Salz- und Eisenconsumenten, ihren Salz- bezw. Eisenbedarf bei der Stadt und den städtischen Eisenhändlern einzukaufen, anstatt fremde Waare durch Überlingen durchzuführen. Eine Massregel also, die sowohl in schutzzöllnerischem Sinne durch Vermehrung und Sicherung der Absatzgelegenheit dem städtischen Salz- und Eisenhandel zu gut kam, wie auch andererseits in Form einer Importprämie den Salzeinkauf der Stadt erleichterte.

Die Erhebung und Controlle des Transitzolles lag in den Händen des sog. Kleinzollers[1]) und ging in der Weise vor sich, dass von dem Kleinzoller für den bezahlten Zoll Quittungsbillete (bolete) ausgestellt wurden, die den Zollpflichtigen beim Verlassen der Stadt von den Thorhütern abzufordern waren. Ende jeder Woche wurden diese Billete von den Thorwachen dem Kleinzoller wieder zurückgegeben, derselbe nahm Rechnungsabschluss vor und lieferte den Zollertrag an die Rentstüblinsherren ab.

Der Einfuhrzoll, auch der grosse Zoll genannt, erstreckte sich nach den Zollordnungen des Jahres 1582[2]) auf folgende fünf Hauptimportartikel des Überlinger Marktes: auf Getreide, fremde Weine und Salz, auf Zinn, Kupfer, Stahl und Eisen, auf Thiere und Thierhäute. Steuersubjecte waren die fremden Importeure und zum Teil auch die fremden Käufer; Steuereinheiten die Maasse und Gewichte und die Stückzahl. Auch diese Steuern waren demnach specificirte Zölle.

---

[1]) cfr. d. Überl. Bestallungsb. d. 16. Jahrh. s. t. Kleinzoller.
[2]) cfr. Arch. III, 3, 201. Ordnung des Grosszollers d. a. 1582.

1) Dem Getreidezoll, dessen Zollsatz zwischen schwerem Getreide (Veesen, Kernen, Roggen) und leichtem Getreide (Gerste und Haber) unterschied, wurde der Maltersack als Zolleinheit zu Grund gelegt. Von schwerem Getreide betrug der Zoll pro Malter 1 ₰ 1 ₰., von leichtem 1 ₰. Fand ein Kornkauf zwischen Fremden statt, so hatte Käufer wie Verkäufer, jeder den Zoll besonders zu entrichten.[1])
2) Der Weinzoll traf ausschliesslich fremde Weine und fremde Verkäufer, sintemal die Überlinger Bürger- und Einwohnerschaft fremde Weine weder zu Handels- noch zu Privatzwecken einführen oder einkaufen durfte. (cfr. pag. 61). Der Zoll war 105 ₰ vom Fuder.
3) Beim Salzzoll nahmen die Zollordnungen als Steuereinheit das Fass an und besteuerten dieses mit 6 ₰ Zoll, den die fremden Salzverkäufer erlegen mussten. Als Käuferin trat im allgemeinen nur die Stadt auf, wenn jedoch einem Bürger oder Einwohner sich Gelegenheit bot, „mit Wein an Salz zu stechen", d. h. Salz gegen Wein einzutauschen, verzichtete die Stadt im Interesse des Weinabsatzes auf ihr Monopolrecht. (cfr. pag. 62).
4) Eingeführtes Kupfer und Zinn und Stahl wurde pro Zentner mit 4 ₰, Eisen pro Pfund mit 12 ₰ (pro Zentner mit 1200 ₰ = 5 ₰.₰) verzollt. Ausserdem musste, falls ein Eisenkauf zwischen Fremden zu Stand kam, von einem jeden halben Pfund (120 ₰) Kauferlös noch ein weiterer Zollpfennig von Verkäufer und Käufer bezahlt werden.
5) Die Thierzölle und Thierhäutezölle endlich betrugen von einem Esel 18 ₰, einem Pferd 4 ₰, von Kühen und Rindern 1 ₰, von Schafen 1 ₰., von jeder eingeführten Haut 1 ₰ 1 ₰., doch blieben Thierhäute, die lediglich des Gerbens halber den städtischen Gerbern abgeliefert wurden, zollfrei.[2])

---

[1]) Wohl eine Bestimmung jener älteren, hinsichtlich des Kaufs von Gast zu Gast engeren Marktrechtsauffassung (cfr. pag. 67), die als fiskalisch vorteilhaft beibehalten wurde.
[2]) cfr. Ratsprot. v. 5. Aug. 1604.

Dem Grosszoll trat ergänzend das Grödtgeld zur Seite. Seiner ursprünglichen Bedeutung nach war dasselbe eine Nutzungsgebühr des städtischen Kaufhauses, der Grödt, die von allen in der Grödt feilgehaltenen Waaren erhoben wurde. Grödtgeldpflichtig war und blieb dem zu Folge principiell jeder Verkäufer, der im Kaufhaus ausgestellt hatte, mochte derselbe Überlinger oder Fremder, seine Waare Überlinger Product oder fremde Importwaare sein. Auch kam dabei der wirkliche Verkauf nicht oder nur vereinzelt in Betracht. Denn nicht das Kaufgeschäft als solches, sondern lediglich das Recht zur Waarenausstellung im Kaufhause sollte im Grödtgeld besteuert werden. Dies war wenigstens, wie die älteste Grödtordnung von 1421,[1]) die mit den Worten beginnt: „der Gredmeister soll ze zins nehmen", urkundlich darthut, die anfängliche Bedeutung des Grödtgeldes. Allerdings erweiterte sich dann in späterer Zeit, zumal nachdem für bestimmte Artikel wie Korn und Wein der Grödtzwang aufgehoben, das Grödtgeld zu einem allgemeinen Marktzoll auf jede marktmässig innerhalb und ausserhalb der Grödt angebotene Waare. Und in diesem Sinne fassen die Grödtordnungen des 16. und 17. Jahrhunderts[2]) das Grödtgeld auf. Ausser den genannten Zollartikeln des Grosszolles gehörten zu den regelmässigen Überlinger Marktwaaren bestimmte Fettwaaren, wie Wachs, Schmeer, Schmalz, Unschlitt; ferner Specereien, Esswaaren der verschiedensten Art, die gewöhnlichsten Obstsorten, Seide- und Sammtstoffe und -Fabrikate, leinene und wollene Halb- und Ganzfabrikate, die Waaren der Töpfer und Blechner, Holz und Holzwaaren und so fort. Diese sämmtlichen Artikel waren teils pro Zentner und Pfund, teils pro Sack, pro Ballen oder pro Stück Steuerobjecte des Grödtgeldes, das für sie nach amtlichen, leider nur lückenhaft auf uns gekommenen Zolltarifen bezahlt werden musste. Immerhin geht aus den überlieferten Grödtgeldsätzen, die, von den Grosszollwaaren abgesehen, zwischen 1 Heller und 6 Pfennig schwankten, soviel hervor, dass lediglich das Finanzinteresse sie dictirt hatte und keine Nebenabsichten damit verbunden waren.

---

[1]) cfr. Arch. III, 3, 201. Grödtordnung d. a. 1421.
[2]) cfr. Arch. l. c. Grödtordnung d. a. 1582 und l. c. III, 3, 200. Grödtordnungen d. J. 1500—1752.

Anders dagegen die Grödtgeldsätze für Korn, Wein, Eisen, Salz etc. Diese wurden unverändert aus den Ordnungen des Grosszolles in die Grödtgeldtarife übernommen, und nicht nur dies, selbst die Einzelbestimmungen der Grödtordnungen über die Verteilung der Grödtgeldpflicht, z. B. über Grödtgeldbevorzugungen u. ä., stimmten wörtlich mit den Satzungen des Grosszolles überein. Ein Beweis wie sehr das Grödtgeld seinen gebührenartigen Charakter allmälig abgestreift und dem reinen Marktzoll sich genähert hatte. In jenen Grosszollsätzen machten sich nun aber verschiedentlich schutzzöllnerische und sonstige zollpolitische Bestrebungen geltend, die wir demgemäss auch beim Grödtgeld wiederfinden. So zunächst der bereits beim Transitzoll berührte Schutzzoll gegen die Einfuhr von Roheisen. Schon seit 1482[1]) besassen nämlich die Überlinger Eisen-, Kupfer-, Zinn- und Messingwaarenfabrikanten („die ein Gewerb mit Eisen etc. haben, ausgenommen die Schmiede") dergestalt ein Monopol auf den Verkauf von Roheisen, dass kein anderer Überlinger Gewerbetreibende ihnen darin Concurrenz machen durfte, er hätte denn „mit wein an eisen stechen", d. h. seinen Wein gegen Eisen absetzen können. Diesen einen Fall, wo das Handelsmonopol der städtischen Eisenhändler zu Gunsten der einheimischen Weinproducenten durchbrochen wurde, abgerechnet, sollte der städtische Eisenmarkt den Überlinger Händlern thunlichst reservirt bleiben, und darum musste insbesondere die auswärtige Concurrenz durch entsprechende Zollschranken erschwert werden. In dieser schutzzöllnerischen Absicht war der Einfuhrzoll für Roheisen auf 12 ₰ und das Grödtgeld gleichfalls auf 12 ₰ pro Pfund normirt und somit ein jedes Pfund Eisen mit 24 ₰, d. i. bei den damaligen Eisenpreisen (cfr. pag. 151) mit 500 % seines Kaufwertes belastet. Zugleich aber musste, wohl zum Zwecke der Kontrolle, wie weit trotz des Zolles die fremden Händler concurrenz- und absatzfähig blieben, bei Kaufabschlüssen zwischen Fremden von einem jeden halben Pfund des vereinbarten Kaufpreises (das wäre etwa von einem jeden halben Zentner verkauften Roheisens) ein weiterer Pfennig Zoll und Grödtgeld von den beiden Kaufabschliessenden, im ganzen also noch ein Zollzuschlag von 4 ₰ bezahlt werden.

---

[1]) cfr. Arch. III, 12, 114. Küferzunftbuch d. a. 1482.

Zu ähnlichem Zwecke belegte die Zollgesetzgebung die Einfuhr fremder Weine mit 105 ₰ Zoll und 105 ₰ Grödtgeld, d. i. mit einem rh. Gulden (210 ₰) pro Fuder, 2,4 % seines Kaufpreises. Wennschon dieser Zollsatz dem Eisenzoll nicht annähernd gleichkam, — was insofern auch überflüssig gewesen wäre, als durch die fast überstarke einheimische Weinproduction der Weinnachfrage an sich jeweils mehr als zur Genüge angeboten und überdies der Käuferkreis für fremde Weine auf auswärtige Kunden beschränkt war, — wirkte dieser Zoll trotzdem und besonders desswegen prohibitiv, weil die Überlinger Weinverkäufer vom Grödtgeld frei waren und somit a priori einen Vorsprung von einem rh. Gulden pro Fuder vor den fremden Weinverkäufern beim Handel voraus hatten.

Aus zwei ganz verschiedenen Elementen, einem Getreideeinfuhr- und einem partiellen Getreideausfuhrzoll, setzten sich die städtischen Kornzölle zusammen.

Als Einfuhrzoll besteuerte der Kornzoll jedes Malter eingeführten schweren und leichten Getreides mit 1 ₰ 1 ₰, bzw. 1 ₰ Zoll, und 1 ₰ 1 ₰ bzw. 1 ₰ Grödtgeld, zusammen also mit 3 bzw. 2 ₰ oder 0,31 und 0,28 % seines durchschnittlichen Marktpreises, (cfr. pag. 134) und soweit das Getreide in den Besitz der Stadt oder Einwohnerschaft überging, war damit der Zollpflicht genügt. Da aber, wie im Früheren gezeigt, der Schwerpunkt des Überlinger Kornmarktes in der Getreideausfuhr nach der Schweiz lag, die eigentlichen Handelskäufe in ihrer überwiegenden Mehrzahl zwischen Fremden abgeschlossen wurde, so machte die Überlinger Zollgesetzgebung den Kornhandel (implicite wohl die Handelsgewinnste) zum Anlass einer besonderen Steuer, des Ausfuhrzolles, indem sie die Kornausfuhr mit einem Zoll in der Höhe des Einfuhrzolles belegte, den die fremden Kornphragner zu tragen hatten, so dass mithin bei Handelskäufen der Zollsatz pro Malter sich gerade verdoppelte, 6 bzw. 4 ₰ oder rund 0,6 % des Malterpreises betrug.

Neben diesen Handelszöllen, die sich auch als Verkehrssteuern qualificiren liessen, statuirten die Überlinger Zollordnungen zu Nutz des heimischen Reb- und Bauwesens zwei eigentliche Ausfuhrzölle auf die Rebstecken- und Baumaterialienausfuhr,[1]) deren Zollsätze uns aber nicht bekannt sind; und endlich verdoppelten sich noch durch das Grödtgeld — aus rein fiscalischen Interessen — die Zollbeträge aller übrigen Zollartikel des Grosszolls.

In die Erhebung des Grosszolls und Grödtgeldes teilten sich der Grosszoller und der Grödtmeister,[2]) die mit Unterstützung 3 Marktverseher[3]) und des Grödtpersonals, der Schöpfer, Weinlader, Messer, Schütter, Trögel etc. den Marktverkehr überwachten, das Zoll- und Grödtgeld gesondert nach dem „Rotel", dem städtischen Zolltarif, einzogen und jeden Samstag mit Rechnungsablage den Stüblinsherren zustellten. In Folge der cassenmässigen Sonderung des Grödtgelds vom Zolle führen die Stadtrechnungen beide getrennt auf und ermöglichen so einen Vergleich, aus dem erhellt, dass das Grödtgeld entsprechend seinem weiteren Competenzkreis im Allgemeinen den doppelten und dreifachen Betrag vom Zoll abwarf. Es beliefen sich in den Budgetperioden 1608—16 und 1620—26 (cfr. Anl. II, 1a und 2a) die Einnahmen der Zollverwaltung — grosser und kleiner Zoll in Eins zusammengefasst — auf durchschnittlich 399 bzw. 710 rh. fl. und die Einnahmen des Grödtamtes auf durchschnittlich 1015 bzw. 1608 rh. fl., die Zolleinnahmen in summa also auf rund 1400 bis 2300 rh. fl., womit ihnen die vierte Stelle (vor dem Abzugsgelderposten) im städtischen Einnahmebudget zufiel.

Soweit die Einnahmen Überlingens aus seiner eigenen Wirtschaft und aus den Privatwirtschaften seiner Unterthanen. Nun bliebe noch über eine letzte Finanzquelle des städtischen Haushaltes zu referiren, die aber wichtiger war als fast die sämmtlichen bislang aufgezeigten, wenigstens sofern sie mit die grössten Einnahme- und Ausgabeposten zum Jahresbudget stellte, über den öffentlichen Credit Überlingens, seinen Ertrag und seine Kosten.

Nach Ausweis der Stadtrechnungen wurde der öffentliche Credit im 16. und 17. Jahrhundert von Überlingen zeitweise so regelmässig in Anspruch genommen, dass derselbe gewisser-

---

[1]) cfr. Ratsprot. v. 30. Juni 1558 u. 13. Oktober 1597.
[2]) cfr. d. Bestallungsb. d. 16. Jahrh. s. t. c.
[3]) cfr. d. Ratswahlbücher des 16. u. 17. Jahrh.

massen zu den ordentlichen Einnahmequellen zählte. Unsere Étattabellen der Jahre 1608/16 und 1620/26 kennen im Ganzen nur drei Finanzbudgets, die von der Anleihe Umgang nahmen, die Budgets der Jahre 1614/15, 1623/24 und 1625/26. Die übrigen 11 Jahresrechnungen beweisen den regelmässigen jährlichen Abschluss neuer Passivcreditgeschäfte im Gesammtbetrag von rund 40000 bezw. 17500 rh. fl., so dass durchschnittlich 6666 bzw. 3500 rh. fl. Anleihe aufs Jahr entfielen. Gleichzeitig wurden während der ersten Periode an Schuldzinsen durchschnittlich 7774 rh. fl., in summa 54417 rh. fl., während der zweiten durchschnittlich 8731 rh. fl., in summa (in 6 Jahren) 52384 rh. fl. verausgabt. Schuldheimzahlungen fanden in den Jahren 1608/16 fünf Mal, in den Jahren 1620/26 jährlich statt und erreichten die Höhe von 22667 bzw. 9007 rh. fl., was fürs Jahr eine Amortisationsquote von 4533 bzw. 1287 rh. fl. ergab.

Es frägt sich nun, auf welche Weise und zu welchem Zweck hat Überlingen Schulden contrahirt, und wie weit entsprach diese andauernde Ausnützung des öffentlichen Credits den Anforderungen einer vernünftigen und gerechten Finanzpolitik? Dabei muss unser Beweis jedoch mehr im Allgemeinen und ins grosse Ganze geführt werden, da leider die Überlieferung über das Détail der einzelnen Creditgeschäfte (über das Personale der Gläubiger, den Specialanlass, das Datum ihrer Aufnahme etc.) sehr mangelhaft ist, sintemal „mans im Rentstüblin (schon a. 1644) selbst nicht mehr recht gewusst hat."[1]

Fürs erste geht sowohl aus der Rubrik „zins aus dem Stüblin" in den Stadtrechnungen, wie aus einer Anzahl von Rats- und Missivprotocollstellen und einzelnen Notizen des Münchner Commissionsberichtes mit Sicherheit hervor, dass die gewöhnliche Form[2] der städtischen Anleihe der einfache Darlehenscredit war gegen Unterpfand oder Handschrift mit

---

[1] cfr. Münchner Commiss.-Ber. Abschn. 1.

[2] Daneben findet sich in der Ausgabenabteilung der Stadtrechnungen, aber durchweg ohne Ausgabesumme, die Rubrik „leibgeding", was immerhin darauf hindeutet, dass in früherer Zeit auch Leibrentenverkäufe zu den Anleihearten gehörten.

einem Zinsfuss von durchgängig 5 %; und dass ferner die Hauptgläubiger Überlingens die städtischen Ratsgeschlechter, Bürger und Stiftungsfonds, zumal die Spitalfonds waren und nur ausnahmsweise, meist nur wo Überlingen als Credit vermittelnder Bürge auftrat, bei benachbarten Städten und Klöstern Anlehen gemacht wurden.[1]) Unter diesen Bedingungen hatte berlingen in der Zeit von 1593—1603 gegen Verpfändung von gemeiner Stadt Gütern, Renten, Gefällen und Zinsen im Sinne einer unbeschränkten Haftbarkeit über 60000 rh. fl. für sich aufgenommen[2]) und in den Jahren 1572—1612 für weitere 56 bis 60000 rh. fl. Capital- und Zinsbürgschaft geleistet. Darnach allein schon erstreckte sich seine Zinspflicht zu Anfang des 17. Jahrhunderts auf cc. 120000 rh. fl., wozu aber noch „sonst viele gar alte Capitalia" kamen, von denen man „den Ursprung nicht zu sagen weiss".[3]) Die Zinszahlungen berlingens im ersten Drittel des 17. Jahrhunderts lassen auf eine zinsbare Gesammtschuld von ungefähr 150—170000 rh. fl. schliessen, die etwa zur Hälfte hypothekarisch gedeckt sein mochten.

Zweck der Capitalaufnahme war im 16. Jahrhundert ausgesprochenermassen die Zahlung der Reichs- und Kreiscontributionen, also die Befriedigung des damals hochgesteigerten ausserordentlichen Reichsbedarfs. Besonders waren es „die eilenden und beharrlichen Türkhilf, davon die Stadt von a. 1593 allbereit und bis dato[4]) über die ein hundert mal Tausend Gulden in die Legstätt Augsburg und Ulm erlegt, was mit Quittung und Urkund zu bescheinen, daran sie mehr denn 60000 rh. fl. um Verzinsung aufgenommen und gemainer Stadt Gefäll und Einkommen versetzt". Dazu kamen die aus Gefälligkeit, im Interesse der Bestätigung seiner vielfachen Privilegien und „weil es mit den Geldhandlungen einen solchen Weg genommen, dass man nicht bald oder leichtlich Geld kann aufbringen, es verschreiben sich dann etwelche Stätt oder andere Ständ für den Credit" von Überlingen übernommenen Bürgschafts-

---

[1]) cfr. Münchner Commiss.-Ber. Abschn. 10.
[2]) cfr. d. Ratsprot. v. 15. December 1603 u. d. Missivprot. v. 21. März 1615.
[3]) Münchn. Commiss.-Ber. l. c.
[4]) cfr. Ratsprot. v. 15. Dez. 1603.

leistungen für Kaiser und andere hochstehende Personen des Reiches,[1]) für die Überlingen trotz der ausgestellten Schadlosbriefe in den meisten Fällen selbst zinsen musste.[2]) Diese Rückbürgschaften deckten — gewöhnlich ohne hypothekarische Sicherung — ein Schuldcapital von 56 500 rh. fl., für dessen Verzinsung mit fünf Procent Überlingen wie zahlreiche Missivprotocolle darthun[3]) noch im 17. Jahrhundert aufzukommen hatte. Es fiel dies aber Überlingen auf die Länge um so beschwerlicher, als seine Bürgschaftsgläubiger durch die Bank fremde Privatpersonen und Städte waren,[4]) die wenig Geduld zeigten und bei Zinsrückständen sogleich mit dem Reichsfiskal und Reichskammergerichtsprocessen drohten.[5]) Aus diesen Gründen und weil es **unverantwortlich** erschien, gemeiner Stadt Gefäll und Nutzung zum **Nachtheil der lieben Posterität** weiter zu **versetzen**,[6]) fasste der Magistrat Anfangs des 17. Jahrhunderts den Vorsatz, fortan alle Bürgschaftsgesuche — allerhöchstgnädigste ksl. Majestät zu allerunterthänigsten Ehren ausgenommen — abzuweisen, den Reichsbedarf anstatt mit Anlehen durch ausserordentliche Steuern (d. i. Steuerzuschläge) zu decken und die Schulden abzuthun.[7]) Doch vollzog sich der hier geplante

---

[1]) Nachweisbar sind solche Bürgschaftsleistungen für K. Maximilian II. a. 1572 im Betrag von 5000 rh. fl., für Erzherzog Ferdinand a. 1593 im Betrag von 10 000 rh. fl., für K. Rudolf II. a. 1603 im Betrag von 13 000 rh. fl., für das Haus Österreich a. 1612 im Betrag von 10 000 rh. fl., für den Landcommenthur von Althausen betragend 1000 rh. fl., für Hugo Dietrich v. Hohenlandenberg, Deutsch-Ordens-Commenthur der Balei Elsass und Burgund, betragend 17 500 rh. fl., letztere beide geleistet a. 1587. cfr. die Missivprotocolle v. 9. Juli 1609, 20. Juli 1614, 9. Aug. 1616 und die Ratsprotocolle v. 17. Septbr. 1593, 29. Juni und 9. Juli 1587.
[2]) cfr. Ratsprot. v. 17. Septbr. 1593.
[3]) cfr. d. Missivprotocolle v. 23. Dezbr. 1611, 30. Juli 1614, 21. März 1615, 13. April 1615 u. 9. August 1615.
[4]) Bei den Darlehen an K. Maximilian II. und Rudolf II. z. B. die Junker Wolff Dietrich und Hans Adam Zorn zu Plopsheim und der Jkr. Hans v. Gemmingen, Pfleger der Herrschaft Oberndorf. Bei den Schuldaufnahmen des Deutsch-Ordenscommenthurs u. des Hauses Österreich die Stadt Augsburg u. ein augsburgischer Ratsherr.
[5]) cfr. Missivprot. v. 20. Juli 1614. Überl. Klageschreiben an K. Matthias.
[6]) cfr. Ratsprot. v. 15. Dez. 1603.
[7]) cfr. Ratsprot. v. 21. Febr. 1604 u. 12. November 1605.

principielle Umschwung der städtischen Finanzpolitik nur sehr allmälig. Vorerst wirtschaftete man, wie die Budgetperiode 1608/16 lehrt, ruhig im alten Stile weiter. Innerhalb 7 Jahren wurden 40000 rh. fl. neuaufgenommen, 22667 rh. fl. alter Schulden abgelöst, meist wohl convertirt, um missliebigen Drängern zu entgehen, (sichtlich im Jahr 1616/17, wo die Anleihe- und Ablösungssumme sich deckten), und die Gesammtschuld um 17333 rh. fl. vergrössert. Auf den ersten Blick erscheint ein solch widerspruchsvolles Verhalten desto unerklärlicher, als gerade in jenen 7 Jahren der Reichsbedarf ein äusserst minimaler war, keine 1000 rh. fl. pro Jahr erheischte, und überdies, mit Ausnahme der Jahre 1608 und 1611, in denen starke Schuldenconversionen und ein Ausleiheposten von c. 7000 rh. fl. Unterbilanz verursachten, das jährliche Gesammtfinanzerträgnis auch ohne Anleihegelder dem Gesammtfinanzbedarf mehr als genügte.[1]) Dies führt uns zu einem dritten, bzw., wenn wir die Capitalaufnahme zum Zwecke der Schuldenconversion als speciellen Fall ansetzen, zu einem vierten Grund der städtischen Anleihe, zu dem vorübergehenden Geldmangel, den zeitweisen Cassendeficits Überlingens, die bei einer Finanzverwaltung ohne Voranschlag und vorläufige Bilanz sich nur zu häufig einstellen mochten. Unter Umständen sah nämlich die Stadt sich genötigt, Geld aufzunehmen, nicht weil die Jahreseinnahme an sich unzureichend gewesen wäre, sondern weil die Gelder nicht richtig oder nicht zu dem Zeitpunkt eingingen, wo man sie gerade brauchte. Da aber eine Stockung im Stadthaushalt um jeden Preis zu vermeiden war, so anticipirte man eben mit Hilfe des Credits spätere Einnahmen.[2]) Und von dieser Art dürften die meisten Anleihen der Jahre 1608/16 gewesen sein; das momentane Bedürfnis wird aber jeweils die Abfindung drängender Gläubiger geschaffen haben. Einzelne Creditgeschäfte scheinen sodann lediglich ein Act der Höflichkeit gegen befreundete Capitalisten, die sichere Capitalanlage suchten, gewesen zu sein;

---

[1]) Wie ein Vergleich der einzelnen Jahresausgabe- und Einnahmegesammtsummen unter Abzug der geliehenen Gelder, die fehlenden Jahressteuererträge aber ergänzt mit der dreijährigen Durchschnittssumme von 4721 rh. fl., erweist.

[2]) cfr. Schönberg l. c. pag. 95, wo das gleiche Verfahren für Basel nachgewiesen wird.

so z. B. wenn Überlingen im Jahr 1611[1]) von dem Pater Prior und Convent zu Buxheim 3500 rh. fl. zu 5 % annimmt, „obwohl die Stadt z. Zt. keines Anlehens bedürftig, dem Convent zu besonderen Ehren und Gefallen". Wirklich Ernst hat Überlingen mit der Reform seiner Finanzpolitik erst in den 20er Jahren des 17. Jahrhunderts gemacht, nachdem die Stadt angesichts der drohenden Kriegsgefahr im März 1620[2]) der katholischen Liga beigetreten war und damit zu ganz exorbitanten Contributionen sich verpflichtet hatte. Damals hat Überlingen gezeigt, was es unter günstigen Erwerbsbedingungen bei energischem Zusammenschluss aller Finanzkräfte leisten konnte. Über 82000 rh. fl. wurden damals innerhalb 7 Jahren allein an ausserordentlichen Reichs- und Kreisabgaben und Ligageldern von Überlingen aufgebracht, darunter ein Posten von 46711 rh. fl. in einem Jahr. Und dies nicht etwa mit Hülfe von Anleihen, sondern ausschliesslich vermittelst der eigenen Steuerkraft seiner Stadt- und Landunterthanen, denn die paar Tausend Gulden Anleihe zur Deckung von Cassendeficits[3]) (nach Abzug der Heimzahlungen 8484 rh. fl.) kamen solchen Summen gegenüber nicht in Betracht.

Warum nun aber, so fragen wir und so frug schon der Münchner Commissär im Jahr 1644, hat Überlingen nicht von Anfang an diesen Weg betreten und damit einer jährlich wachsenden Schuldenlast vorgebeugt, bezüglich deren der Rat selbst im Jahr 1614[4]) gegenüber K. Matthias klagte, dass sie der Stadt „zu endlichem Untergang und Verderben" gereichen müsse?

Die Antwort des bayrischen Commissärs hierauf ist eine herbe Kritik der ganzen städtischen Finanzverwaltung.

Derselbe berichtet dem Kurfürsten Maximilian: Überlingen schulde Zinscapitalien inhalt Registers meist den Geschlechtern, Bürgern und Stiftungen, Teile auch in die Nachbarschaft und den umliegenden Klöstern und sonst viele gar alte Capitalia,

---

[1]) cfr. Missiv.-Prot. v. 25. Februar 1611.
[2]) cfr. Missiv.-Prot. v. 20. Juli 1620.
[3]) Auch in dieser 2ten Periode überstieg der Gesammteingang den Gesammtbedarf der einzelnen Jahre ganz erheblich.
[4]) cfr. Missiv.-Prot. v. 30. Juli 1614.

dass man den Ursprung nicht zu sagen weiss. Es wunderten sich viele zu Überlingen selbst über die Schuldenlast bei solch guten Jahren, bei so schönem Einkommen oder, dass man so gar nichts abzahlte. Man müsste das Kammerwesen anders administriren, fleissiger dabei sein. Das Gefäll der Stadt wäre wohl auf ein Weiteres zu bringen, wenn man getreu und fleissig gewesen und darauf gesehen hätte. Das Ungeld und der Zoll hätte bedeutend mehr ertragen können, und dergleichen Saumsal sei auch bei der Steuer vorgekommen. Wie denn auch der Nutzen aus den Vogteien und des Spitals Gerichten auch gar nicht gesucht werde. Gleich wie beim Einkommen schlecht nachgesehen, also sei auch mit den Ausgaben liederlich umgegangen worden, sonderlich in häufigen Zehrungen und Gastereien und sonst in Besoldung viel überflüssiger Diener und anderem mehr. Unfleiss, Untreue, Saumsal, Interesselosigkeit, Liederlichkeit in der Einnahmeverwaltung und Verschwendung in der Ausgabeverwaltung, das sind die schweren Vorwürfe, die ein nebenbei Überlingen wohlgesinnter[1]) Zeitgenosse den reichsstädtischen Finanzbehörden Überlingens auf Grund einer — wie wir des öftern constatiren konnten[2]) — im ganzen recht zuverlässigen Enquête, einer „gründlichen Nachfrage", wie er seine Commissionsthätigkeit selbst bezeichnet, im 17. Jahrhundert glaubte machen zu müssen, sicherlich Grund genug zu prüfen, ob dieser zeitgenössische Gewährsmann auch objectiv richtig geschaut und geurteilt hat.

Zu diesem Zweck vergleichen und berechnen wir letztmals unsere beiden Budgetperioden — deren zweite, die 20er Jahre enthaltend, nach dem eigenen Urtheil des Münchner Commissärs für gut und mustergültig befunden wurde,[3]) — und zwar an erster Stelle die privatwirtschaftlichen Einnahmebudgets in ihrem Verhältnis zum Finanzbedarf für den eigenen Haushalt. Dabei fällt sofort ins Auge, dass zwar die durchschnittlichen Jahresausgabesummen für den eigenen Haushalt bei

---

[1]) Der dem Kurfürsten z. B. vorschlug, an Stelle der von ihm geforderten 50000 rh. fl. Contribution lieber den Überlinger Rebleuten Betriebscapital vorzuschiessen und jedenfalls die kurbayrische Garnison Überlingens zu ringern.

[2]) cfr. z. B. pag. 44, 49 Anm. 2, 54 Anm. 1, 96 Anm. 2 u. 3.

[3]) cfr. Münchner Commiss.-Ber. Abschn. 1.

beiden annähernd die gleichen waren, — das eine Mal 24308 rh. fl., das andere Mal 23267 rh. fl. — dagegen das privatwirtschaftliche Einnahmebudget in den Jahren 1620/26 einen höchst beträchtlichen Mehrertrag gegenüber der ersten Periode: 24063 rh. fl. gegenüber 11749 rh. fl., aufwies. Ferner im Einzelnen, dass auch kein einziges privatwirtschaftliches Jahresertägnis der Periode 1608/16 den entsprechenden Eigenbebarf im entferntesten decken konnte, während in den Jahren 1621, 1622, 1624 und 1625, und im Durchschnitt der 2. Periode, der Jahresaufwand für den eigenen Haushalt allein schon durch privatwirtschaftliche Einkünfte gedeckt war.

Diese auffällige, anscheinend dem Münchner Kritiker günstige Thatsache erklärt sich aber aus der Natur der wichtigsten Einzelpositionen des Einnahmebudgets folgendermassen:

1) In der II. Periode ging der Geldertrag der Vogteien mit durchschnittlich 1062 rh. fl. um etwas hinaus über den Ertrag der I. Periode mit 828 rh. fl., was möglicherweise auf eine strengere Controlle der Abgabepflichtigen zurückzuführen ist. Ebenso überragte der Geldwert des Fruchtertrages der Vogteien mit durchschnittlich 3278 rh. fl. die Fruchterträge der früheren Jahre mit 1760 rh. fl. um ein Bedeutendes, eine natürliche Folge der in den 20er Jahren hochgestiegenen, fast verdoppelten Fruchtpreise, die Überlingen zu gut kam, aber schwerlich gut geschrieben werden kann. (cfr. pag. 96.)

2) Aus derselben Ursache, dank der unglaublich hohen Salzpreise in den Kriegsjahren 1622 und 1623, erzielte die Stadt in der II. Periode den doppelten Salzerlös, 10230 rh. fl. durchschnittlich an Stelle der früheren 5400 rh. fl.; gleichfalls ein günstiger Zufall, den Überlingen nicht spontan herbeigeführt hatte. Allerdings hätte die Stadt als Salzmonopolistin es jederzeit in Händen gehabt, Monopolpreise zu dictiren, und es mag für interesseloses Saumsal gelten, dass dieses Monopolrecht nicht mehr im Sinne einer indirecten Verbrauchssteuer ausgenützt und überdies dem Salzverschleiss kein neues Absatzfeld eröffnet wurde, doch gab es auch

hiefür einen Entschuldigungsgrund, den wir pag. 102 angeführt haben.

3) Die Weinkauferlöse der II. Periode im Gesammtbetrag von 30 255 rh. fl., denen nur das Jahr 1608 mit 1704 rh. fl. gegenüber stund, waren das Ergebnis vorteilhafter Marktconjuncturen und die ausgereifte Frucht der Bemühungen einer früheren Periode. Dazu stunden gewichtige volkswirtschaftliche Bedenken einer Vergrösserung des städtischen Weinhandels und der Handelsgewinnste an sich im Wege. (cfr. pag. 105.)

4) Durch die energische Eintreibung der rückständigen Schuldzinse in den Jahren 1620—22 wurde ein Versäumnis der vorhergehenden Zeit gutgemacht, hingegen die umfangreichen Capitalkündigungen zum wenigsten eine zweischneidige Massregel blieben, durch die der momentane Baarvorrat vermehrt, zugleich aber eine der ergiebigeren Finanzquellen dauernd geschwächt wurde. Wie denn thatsächlich vom Jahr 1623 ab der jährliche Zinseingang auf durchschnittlich 693 rh. fl. herabsank und damit weit unter den Durchschnittszinsertrag der I. Periode von 1461 rh. fl. zu stehen kam.

Insofern nun die Überschüsse dieser 4 Einnahmepositionen das Übergewicht des privatwirtschaftlichen Einnahmebudgets der II. Periode über das der ersten bedingten, die erzielten Überschüsse aber fast ausschliesslich das Product zufälliger Umstände und nicht ein besonderes Verdienst der Verwaltung waren, — davon abgesehen, dass sie die Gelegenheit zu nutzen wusste, — wird man umgekehrt in früheren Jahren, bei ungünstigeren Erwerbsbedingungen, wenigstens aus der geringeren Ertragsgrösse der privatwirtschaftlichen Einnahmen auch keine Nachlässigkeits- oder andere Schuld der städtischen Finanzorgane construiren dürfen.

Aber weiter. Von den gemeinwirtschaftlichen Einnahmen zeigen die Rubriken I. und II., die Einnahmen aus öffentlichen Anstalten, aus Gebühren und Strafgeldern, in beiden Perioden ziemlich gleiche Ertragssätze, 2920 bzw. 3266 rh. fl. im Durchschnitt, wobei das leichte Plus der II. Periode aus den erhöhten Strafgeldereingängen der unruhig bewegten Jahre 1621 und 1622 resultirte. (cfr. pag. 117). Rücksichtlich des

Ertrags der Steuerwirtschaft sodann wäre vorab wieder ein erheblicher Vorsprung der II. Budgetperiode vor der ersten im Verhältnis von durchschnittlich 18 855 zu 11 432 rh. fl. Einnahme zu constatiren, die sich, lassen wir ein Mal die ländliche Anlage bei Seite, auf 14 581 bzw. 10 576 rh. fl. reducirte. Ohne die Anlage stellte sich also die steuerwirtschaftliche Mehreinnahme der II. Periode auf durchschnittlich 4005 rh. fl. Dieselben ergaben sich in folgender Weise aus den einzelnen Einnahmepositionen:

1) Der Ertrag der Jahressteuer war in der I. Periode durchschnittlich 4733 rh. fl., in der II. 5759 rh. fl. Ob die hieraus resultirende Differenz von 1026 rh. fl. aber die Folge eines correcteren Steuereinzugs war, oder nicht vielmehr die auf beinahe das Doppelte gestiegenen Frucht- und Weinpreise des 3. Jahrzehntes, durch welche der Steuerwert des fahrenden Vermögens sich wesentlich erhöhte, sie verursacht haben, ist nicht mehr zu entscheiden. Vielleicht hat beides mitgewirkt. Jedenfalls aber kann, gestützt auf diese Differenz allein, der Vorwurf des Saumsals gegen die Überlinger Steuerbehörden noch nicht erhoben werden. Und dasselbe gilt

2) in Bezug auf das Ungeld, das durchschnittlich um 1686 rh. fl. zu Ungunsten der I. Periode differirte, da nach der Natur des Ungelds, das vom Schankerlös erhoben wurde, auch hier lediglich die Höhe der Weinpreise den Ausschlag geben konnte. (cfr. pag. 104.)

3) Auch der Abzug oder die Nachsteuer warf in den 20er Jahren, besonders in deren ersten Hälfte, wo viele Familien aus Furcht vor kriegerischen Ereignissen in den Schutz der Städte sich flüchteten, höhere Summen ab, durchschnittlich ca. 400 rh. fl. mehr als früher, aber gleichfalls also ohne Zuthun der städtischen Behörden.

In all diesen Fällen liess sich trotz des höheren Finanzertrages u. E. ein Anhaltspunkt nicht finden, der zu einer tadelnden Kritik der städtischen Finanzverwaltung in früheren Jahren berechtigte. Nicht so dagegen bei den weiteren Einnahmepositionen.

Die Überlinger Zölle und das Grödtgeld waren bekanntlich keine Wert- sondern Stück- und Gewichtszölle und blieben darum von den Preisschwankungen der Zollwaren unbeeinflusst. Wenn nun des ungeachtet in der II. Periode der Zollertrag sich nahezu verdoppelte, von durchschnittlich 399 rh. fl. auf 710 rh. fl. hinaufging, und auch das Grödtgeld um cc. 600 ıh. fl. zunahm, so wird man diese Erscheinung zweifelsohne auf eine schärfere Überwachung des Marktverkehrs zurückführen müssen, die damals schon der heillosen Münzwirren halber notwendig wurde, zumal an eine Zunahme des Marktverkehrs, und überdies bei der Geringfügigkeit des Zollsatzes eine so horrende, in jenen unruhigeren Zeiten der II. Periode nicht zu denken, eher das Gegenteil vorauszusetzen ist. In diesem Stück dürfte desshalb das Urteil des Münchner Commissärs schwerlich zu hart ausgefallen sein. Zolldefraudationen,[1] selbst solche, die im Einverständnis mit niederen Zollbeamten, z. B. mit den städtischen Seefuhrleuten, begangen wurden, gehörten in Überlingen keineswegs zu den Seltenheiten. Die Handhabung der Zollordnungen war während der I. Periode und schon früher eine entschieden zu laxe. Und dies verschuldete natürlich den im Blick auf das hochentwickelte Marktleben Überlingens von vornherein auffallend geringen Zolleingang der I. Finanzperiode. Und noch zutreffender war die Klage, „dass der Nutzen aus den Vogteien und des Spitals Gerichten so gar nicht gesucht werde." Wie dies auch einigermassen von den privatwirtschaftlichen Vogteieinkünften galt, wurde bereits hervorgehoben. Aber der Schwerpunkt der finanziellen Bedentung seines Landschaftsbesitzes lag für Überlingen in der Landschaftssteuer, in der Anlage, und es ist absolut kein vernünftiger Grund ersichtlich, wesshalb — nach den Worten des Commissärs — die Bauern ab und zu ein Jahr überhupft werden mussten, und warum man dieses „ab und zu" so einreissen liess, dass in den 7 Jahren der I. Periode die Landschaft nur ein Mal geschatzt wurde. Die rechtlichen und materiellen Voraussetzungen für eine ergiebige jährliche Steuer waren in der Landschaft so gut als in der Stadt vorhanden. Rühmte man sich doch des Reichthums seiner Landschaft bei passender und unpassender Gelegenheit. So soll

---

[1] cfr. d. Ratsprot. v. 22. März und 5. Juli 1604.

z. B. „das ruhmweise Sprechen von der Grafschaft, vermeinten die 3 Vogteien," bei Gelegenheit der Einschätzung in die Reichsmatrikel Überlingen seinen hohen und nachmals von der Stadt vielbeklagten[1]) Matricularanschlag eingetragen haben.[2]) Auch war der Steuerfuss der Anlage von ein halb Procent zwar etwas höher als der der Jahressteuer, aber keineswegs so drückend, um aus diesem Grund die Anlage als ordentliche Steuer in Abgang kommen zu lassen. Dass der Münchner Commissär gerade auch dieses Moment mit der Überlinger Schuldenverwaltung in Verbindung brachte, geschah sichtlich wohlüberlegt. Man hat die Schuldentilgung nicht gesucht und darum den Nutzen aus der Landschaft vernachlässigt oder, weil man den Nutzen vernachlässigt hat, hat man die Schulden nicht getilgt, war offenbar sein richtiger Gedanke. Denn hätte z. B. die Stadt in der I. Periode statt ein Mal die Anlage 7 Mal erhoben, so konnten aus den eingehenden cc. 42000 rh. fl. (den Anlageertrag des Jahres 1615 als Durchschnitt vorausgesetzt) die convertirten 22667 rh. fl. wirklich heimbezahlt werden, neue Anlehen wurden damit überflüssig oder konnten doch, wo Cassendeficits sie notwendig machten, als schwebende Schuld behandelt und am Schlusse jedes Finanzjahres abgetragen werden, und die Schuldenlast wäre nicht gewachsen, sondern erheblich verringert worden. Dass dies nicht geschah, erscheint uns angesichts der späteren Ereignisse unverantwortlich, scheint aber den lebhaften Unmut der einsichtigeren Bürgerkreise auch schon damals wachgerufen zu haben. Bequemer freilich war es, bei den städtischen Fonds und speciell beim Spital Schulden auf Schulden zu häufen, die man schlimmsten Falls mit einem Federstrich glaubte abthun zu können.

In Betreff des Spitals herrschte nämlich, wie schon erwähnt, der famose Grundsatz: dass in dringlichen Fällen gemeine Stadt und das Spital einander zu Hülf kommen und also ein Seckel sein soll. Nur Schade, dass der Entscheid über die Dringlichkeit einer Anleihe in zehn Fällen gegen einen den Creditbedürftigen

---

[1]) cfr. die fruchtlosen Supplicationen Überlingens um Ringerung des Reichsmatricularanschlages in den Jahren 1508, 1521, 1545, 1560, 1582, 1584 1613. cfr. Arch. VI, 3, No. 597, 599, 604.

[2]) cfr. Münchner Commiss.-Ber. Abschn. 10.

selbst zukam, nämlich den Ratsherren, deren Oberaufsicht die Spitalverwaltung unterstund. Und wie in praxi obiger Grundsatz gehandhabt wurde, erhellt zur Genüge aus den Beschwerden des Spitals über die Stadtverwaltung im Jahr 1644.[1]) Die Stadt sollte viele Tausend Gulden in Naturalien und in baar vom Spital entliehen haben, „wodurch man einfach einen Strich gemacht", und viele weitere Tausend Gulden, „die jedoch im Extract der Zinsgelder, welche die Stadt schuldig, nicht vorkommen, vermuthlich, dass mans nicht im Sinne zu bezahlen, denn der Spital eben des Rats guter und gemeiner Seckel gewesen", (die also zum mindesten nicht verzinst wurden). Ausserdem hatte die Stadt den Spitalkellern grosse Weinquanten entnommen, dem Spital aber nur die Steuertaxe bezahlt und den Handelsprofit — über 7000 rh. fl. — in ihre eigene Tasche gesteckt. Für die Gastereien des Rats musste das Spital „um liederliche oder gar ohne Bezahlung" stets offenen Keller halten, und überhaupt wurde mit dem Spitalvermögen also gewirtschaftet, „dass gemeine Stadt, wennschon der Krieg nicht kommen, endlich diesen herrlichen Spital verderbt hätte."

Bei solchen Verwaltungsgrundsätzen war freilich an eine geregelte Amortisation der städtischen Schulden, ja an geordnete Finanzverhältnisse überhaupt, nicht zu denken, und alles in allem wird man darum — abgesehen von den Jahren 1620/26, in denen aber der Krieg vor der Thüre stund und die Umkehr zu spät kam, — der städtischen Einnahmeverwaltung den Vorwurf des Indentaghineinwirtschaftens, trotzdem gewisse Einnahmen sich nicht, wie der bayrische Commissär meinte, forciren liessen, nicht ersparen können. Dabei war das Schlimmste vielleicht nicht so sehr der materielle Verlust und das moralische Unrecht, das durch die stiftungswidrige Verwendung der Spitalmittel dem Spital angethan wurde, als der mittelbare Schaden, der aus einem solch unökonomischen Verhalten der obersten Behörden dem Volksleben Überlingens in den breitesten und untersten Schichten der Bevölkerung erwuchs, insofern die Principien der Ratsstube, die Anlehnung des Stadthaushaltes ans Spital, natürlich auch im Privathaushalte der Bürgerschaft, zumal in den ärmeren Bürgerkreisen, raschen

---

[1]) cfr. Münchner Commiss.-Ber. Abschn. 12.

Eingang fanden und dort gleichfalls zu einem unhaushälterischen Draufloswirtschaften Anlass und Entschuldigung gaben.
Richtiger bestellt waren dagegen die Ausgabeétats. Eigentliche Verschwendung haben wir in den Ausgabeétats nirgends entdecken können,[1]) wie denn überhaupt der Umstand, dass die Unregelmässigkeiten im Stadtbudget nicht den Ausgaben für den eigenen Haushalt, sondern dem Bestreben Überlingens entsprangen, seinen Pflichten als Reichsstand und Reichsstadt zu genügen, der ganzen Finanzverwaltung in Etwas zur Entlastung dient. Gleichwohl wären auch hier Ersparnisse vornehmlich am Aufwand für Arbeitskräfte vielleicht zu machen gewesen. Dass aber der bayrische Commissär die Gastereien[2]) tadelt, dünkt uns, soweit er dabei nicht die Klagen des Spitals im Sinne hatte, unbillig, erklärlich allerdings etwa vom psychologischen Standpunkt aus, insofern die Armutei, die a. 1644 aus allen Ecken und Enden der Stadt ihm entgegenstierte, ihm die Tafelfreuden vergangener Jahre ins Ungeheuerliche vergrössert mochte erscheinen lassen. Wir urteilen: Überlingen hatte als Reichsstadt sonderliche Repräsentationspflichten und dazu gehörte von altersher ein guter Trunk und eine vollbesetzte Tafel. Und der Aufwand hiefür war kein übermässiger, in der I. Periode durchschnittlich c. 300 rh. fl., in der II., wo grössere Particular-

---

[1]) Dieselbe müsste denn gerade in der Position „gemeine Ausgaben", d. i. allerlei nicht Specificirtes, zu suchen sein. Doch waren die gemeinen Ausgaben durch die „gemeinen Einnahmen" (gleichfalls allerlei nicht Specificirtes) und die Rückstandseingänge jeweils hinlänglich gedeckt. Die I. Periode hatte an gemeinen Ausgaben durchschnittlich 1198 rh. fl. und an correspondierenden Einnahmen durchschnittlich 1611 rh. fl.; die IIte durchschnittlich 1536 bzw. 1549 rh. fl. aufzuweisen. Immerhin zeugt das ständige Mitschleppen solcher Sammelposten für die schon früher (pag. 28) von uns gerügte Systemlosigkeit der städtischen Rechnungsführung. cfr. Anl. II.

[2]) Überlingen hielt 7 officielle Gastmähler jährlich ab. Das Hauptmahl fand jeweils an Pfingsten nach Schluss der Ratswahlen statt. Der Aufwand für letzteres betrug im Jahr 1605: 76 rh. fl. 6 Batzen: für 300 Krebse 3 fl. 12 btz.; für 3 holländische Käse 4 fl.; für Fische 1 fl. 7 btz.; für die „demmine becher" (extra feine Weine, cfr. d. mhd. demmen = schwelgen) 2 fl.; für 8 Kälber und 6 Lämmer 27 fl. 8 btz.; für 13 Kapaunen 7 fl. 5 btz.; für Hennen, Tauben, Eier, Salat, Äpfel, Zibeben, Nüsse, Erdbeeren 30 fl. 4 btz. Die Kosten der übrigen Mähler stellten sich auf 20—40 rh. fl. cfr. Arch. III, 5, 213. Kostenverzeichnisse der Ratsmahlzeiten.

convente und der Durchmarsch befreundeter Truppen Überlingens Gastfreundschaft mehr in Anspruch nahmen, durchschnittlich rund 400 rh. fl.

Auch dass die Überlinger Gesandten auf Reichs-, Kreis- und Städtetagen ihre Trompeter und Reisigen mit sich führten, wodurch natürlich die Zehrungsunkosten wuchsen, wird unseres Erachtens mit Ungrund bemängelt.[1]) Eine Stadt, an die das Reich Jahr aus Jahr ein so grosse Ansprüche machte, dass sie hierin an 8ter Stelle unter sämmtlichen schwäbischen Reichsstädten kam, und selbst Städten wie Memmingen und Nördlingen weit vorausging,[2]) hatte doch wohl auch das Recht, ihre „Importanz" auch im äusseren Auftreten zum Ausdruck zu bringen.

Im einzelnen gestaltete sich endlich das Verhältnis beider Budgetperioden folgendermassen:

1) In der II. Periode überstieg der Aufwand für Besoldungen und Arbeitsleistungen die früheren Ausgaben um durchschnittlich 1616 rh. fl. Das Brot war teurer geworden, so mussten auch die Besoldungen und Arbeitslöhne in die Höhe gehen.
2) Die I. Periode hatte einen Mehraufwand für Erwerbszwecke von 1517 rh. fl. im Durchschnitt, hauptsächlich für Weinkäufe und Capitalanlagen.
3) Für Wohlfahrts-, Sicherheits- und Annehmlichkeitsinteressen gingen in den Jahren 1608/16 durchschnittlich 2493 rh. fl., später 3595 rh. fl. auf. Das Plus im 2ten Falle veranlasste die Instandsetzung des Marstalles und Zeughauses und überhaupt die Sorge für Überlingens Wehrhaftigkeit.
4) Die Hauptsummen aber, das eine Mal 51 %, das andere Mal 43 % aller Ausgaben für den eigenen Haushalt, verschlangen die Kosten des öffentlichen Credits. (cfr. zu Punkt 1—4. Anl. II, 1b und 2b.)

Wir sind mit unserer Untersuchung am End, und es bliebe nur die Schlussbilanz zu ziehen zwischen ihren positiven und

---

[1]) cfr. Münchner Commiss.-Ber. Abschn. 10.
[2]) cfr. Muchow l. c. pag. 6.

negativen Resultaten. Was wir gefunden haben, lässt sich etwa so zusammenfassen.

Um die Wende des 16. Jahrhunderts war Überlingen eine für damalige Verhältnisse volkreiche Stadt. In seinen Mauern lebten ca. 4000—5000 Personen, darunter viele alteinsässige Patrizierfamilien. Die Masse der Bevölkerung bestund aus Gewerbetreibenden, Handwerkern, kleinen Kaufleuten, Rebbauern und Taglöhnern. Seine Verfassung hielt anscheinend die richtige Mitte zwischen einseitiger Geschlechteraristokratie und absolutem Volksregiment. Die höhere Intelligenz des gebildeten Patrizierstandes und der Volkswille der Zunftgemeinde, beide hatten in ihr eine entsprechende Vertretung. Auch besass die Überlinger Verfassung den Vorzug höchster Machtvollkommenheit. Kein Fremder hatte bei der Stadtregierung etwas mitzureden, und dem Reich stund Überlingen so unabhängig gegenüber als nur irgend eine Reichsstadt. Mit voller Staatsgewalt begabt, war Überlingen jederzeit Herr im eigenen Hause und verwaltete mit grösster Selbständigkeit seine Angelegenheiten im Innern wie nach Aussen. Diese lagen im allgemeinen in guten Händen. Umsichtig und geschickt befolgte der streng conservative Rat, dem die Bürgerschaft in verfassungsmässigem Gehorsam bis zur Bevormundung sich unterordnete, die altüberkommenen Grundsätze der städtischen Ratspolitik, insbesondere den uralten Wirtschaftsplan Überlingens. Mit Hilfe eines vielköpfigen Beamtenapparats und einer in manchen Stücken musterhaften Gesetzgebung sorgte derselbe nach zünftigem Kleinbetriebsprincip in erster Linie dafür, dass beim Concurrenzkampfe der täglichen Erwerbsarbeit ein jeder Bürger seine Lebsucht finde, keiner zu viel, keiner zu wenig erhalte. Unter seiner kundigen Leitung gelangten der Weinbau und das Überlinger Marktleben zur höchsten Blüte und Entfaltung. Die Überlinger Kornschranne beherrschte den Kornhandel von ganz Oberdeutschland, und mit fast überreichen Erträgen lohnte die weit und breit berühmte Weincultur Überlingens den Arbeitsfleiss des Winzerstandes. Und in gleich erspriesslicher Weise ward für den Stadthaushalt gesorgt. Eine ausgedehnte Steuerwirtschaft und erhebliche privatwirtschaftliche Einkünfte aus dem Landschaftsbesitz und der sonstigen Eigenwirtschaft Überlingens beschafften in Verbindung mit dem öffentlichen Credit jederzeit mit Leichtigkeit das Geld, das die Stadt für ihre ordentlichen und ausserordentlichen Ausgabezwecke nötig hatte. Nach dem allem konnte Überlingen in den dem 30jährigen Krieg kurz vorauslaufenden Decennien mit Recht eine reiche Stadt genannt werden. Reich, weniger an Bürgervermögen, die in namhafter Grösse nur bei einzelnen Familien anzutreffen waren, oder durch Gewerbereichtum, sondern reich an Einnahmequellen und Erwerbsgelegenheiten und darum an täglichen Einkünften und Genüssen. Allein auf den Arbeitsertrag gestützt vermochte die Bürgerschaft auch ohne grosse Privatvermögen ein sorglos-behagliches Dasein zu führen, dem in vielen Fällen schlechthin nichts abging, als die Sicherheit der künftigen Existenz. Dies weist uns auf die Schattenseiten des Überlinger Volkslebens in wirtschaftlicher Hinsicht. Sein Grundfehler war der Mangel eines soliden, Vermögen sammelnden Sparsinns. Ökonomisch Haushalten konnte und lernte der Überlinger nicht, wenigstens war bei vielen Überlinger Bürgern das Indentaghineinwirtschaften zur Tagesordnung geworden. Daran trug der Magistrat indirect die Hauptschuld, dessen kurzsichtige finanzpolitische Maximen um so ansteckender wirken mussten, als der gemeine Mann ohnedies gewohnt war, in allen wichtigeren Fragen des Berufslebens Weisung und Richtschnur seines Handelns vom Rate zu empfangen. Für beide, die Regierung sowohl als die Regierten, lag aber die Versuchung zum Drauflosbewirtschaften in den reichen Einkünften des Überlinger Hospitals, das, wo immer Not an Mann ging, heraushelfen konnte und musste. Dadurch geriet die städtische Finanzverwaltung in immer grössere Unordnung, die Stadt in immer tiefere Schulden. Die Spitalsucht wurde bei der Bürgerschaft zum Erbübel und der gemeine Mann fand weder Antrieb noch Gewöhnung zu einem rationellen Sparsystem.[1])

---

[1]) Welch bedeutsame Rolle die Spitäler im städtischen Wirtschaftsleben früherer Jahrhunderte zu spielen vermochten, zeigt das Beispiel Überlingens. Dasselbe steht aber nicht vereinzelt da; es ist die Geschichte der ehedem Überlingen befreundeten Nachbarstädte — wie der Verf. gelegentlich seiner Archivarbeiten beobachten konnte — reich an ähnlichen Zügen. Auch dürfte ein ähnlich weitgehender Einfluss der Spitäler auf die öffentliche und private Haushaltführung zum wenigsten für die kleineren Städte unschwer allgemein nachzuweisen sein. Hier war das Spital — ganz abgesehen

Die schlimmen Folgen blieben lange, aber nicht für immer aus. Langsam aber sicher trieb mit eigener Schuld die Stadt und Bürgerschaft in eine Katastrophe, mit ihren eigenen Worten, in „einen endlichen Untergang und Verderben" hinein, die im 30jährigen Krieg hereinbrachen und von dem einst so stolzen reichsstädtischen Gemeinwesen nur noch schwache, lebensunfähige Trümmer übrig liessen.

Zur Deckung der Schulden wurde am Ende des Krieges die schönste der Vogteien, Ittendorf, verkauft und das gesammte öffentliche und private Vermögen, überhaupt schlechthin jedes Wertobject, den fremden Gläubigern verpfändet. Die Bürger mussten ihre Wertpapiere ausliefern und hafteten persönlich für die vertragsmässige Entrichtung der Zinse und Amortisationsraten. Das Stadtvermögen kam unter Sequester; fremde Wirtschaftsadministratoren überwachten in Überlingen die städtische Finanzverwaltung. Dazu gesellten sich die moralischen Übel, die das jahrelange rohe Soldatenleben in den Schoss der Bürgerschaft getragen hatte: rücksichtsloseste Selbstsucht, gepaart mit neidischem Misstrauen und grenzenloser Unbotmässigkeit und Zuchtlosigkeit. Ein durch 100 Jahre, von 1666—1765, sich hinschleppender Skandalprocess der Ratsmitglieder, der die ganz trostlose Wirtschaft der alternden Reichsstadt aller Welt vor Augen stellte, brachte Überlingen in Schande und Verruf, so dass es ein wahres Glück war, dass endlich der Luneviller Friede seine Reichsstandschaft vernichtete und die Stadt an Baden wies.[1])

---

von seinen Functionen als Armen- und Pfründnerhaus — in der Regel die capitalkräftigste und in Zeiten der Not oft die einzige Anstalt, bei der die Stadt und Bürgerschaft Credit finden konnte. So von vornherein in ihren Finanzplan als Extraordinarium verflochten — und im System einer gesunden Finanzpolitik zweifelsohne ein starker Rückhalt — musste die Spitalhilfe bei dauernd unsolider oder unglücklicher Wirtschaftsführung naturgemäss mit der Zeit immer mehr in Stadt- und Privatbudget zur ständigen Einrichtung werden und schliesslich, nachdem die wirtschaftliche Thatkraft und das sociale Ehrgefühl in weiten Kreisen erschlafft, zum gewohnheitsmässigen Spitälertum führen, das wir für ein Hauptkennzeichen der Periode des verfallenden mittelalterlichen Kleinstädtertums halten.

¹) cfr. Arch. I, 68, 733; I, 46, 445 und I, 43, 442.

Anlage I.

Vermögenstabelle des Jahres 1608.

Steuerquartiere.	I. Klasse. Vermögenslose Personen.	II. Klasse. Vermögen von 1—100 rh. fl.							III. Klasse. Vermögen von 100—300 rh. fl.						
		Liegendes.	Fahrendes.	Pfandschaft.	Gesammt-Summe.	Personen.	Personen ohne Liegendes.	Personen ohne Pfandschaft.	Liegendes.	Fahrendes.	Pfandschaft.	Gesammt-Summe.	Personen.	Personen ohne Liegendes.	Personen ohne Pfandschaft.
Viechenhäusern	16	58	293	82	433	8	7	7	1433	1113	302	2848	16	6	13
Dorf und Altdorf	9	86	272	—	358	6	5	6	1118	485	—	1603	7	1	7
Post Altdorf (Gantzengassen)	17	—	649	73	622	13	13	11	2407	898	160	3465	17	3	16
Hauloch	4	51	256	91	398	8	7	6	1488	873	41	2402	13	4	12
prima pars. (St. Christophs Thor)	7	51	693	93	786	15	13	13	1207	1001	583	2791	9	8	8
Geigers Brügglin	8	—	478	75	553	12	12	10	1035	889	279	2203	12	6	8
secunda pars. (St. Lutzenberg)	29	—	626	245	871	15	16	10	2651	1383	1417	5451	28	14	16
Rathaus	10	65	224	—	289	7	7	6	693	853	114	1660	12	9	8
Held-Thor	5	51	162	142	356	8	7	6	540	1179	443	1962	11	6	7
Kunckelgassen	19	—	377	144	521	12	12	9	4629	1838	283	6750	31	12	27
Der Spithal (Herrenmühlin u. St. Katharina)	16	—	376	74	450	8	5	7	3479	766	160	4407	21	4	2
Mühlinen und Höldt	—	—	50	265	315	5	8	—	—	273	423	696	—	7	20
Der Waysen und Verpflegten Steyr	14	139	514	—	653	14	14	3	446	302	3026	3773	21	18	3
summa:	164	311	4494	1799	6604	131	126	95	20826	11865	7230	39911	203	88	147
Ausbürger	—	—	—	—	—	—	—	—	—	343	461	804	4	—	—
Landbürger	—	—	69	43	112	2	—	—	251	96	114	461	2	—	—
Ausleute	—	449	249	277	975	18	—	—	8151	669	—	8820	46	—	—
summa totalis:	164	760	4812	2119	7691	151	126	95	29228	12963	7805	49996	255	88	147

Steuerquartiere	IV. Klasse. Vermögen von 300—700 rh. fl.							V. Klasse. Vermögen von 700—1300 rh. fl.						
	Liegendes.	Fahrendes.	Pfandschaft.	Gesammt-Summe.	Personen.	Personen ohne Liegendes	Personen ohne Pfandschaft.	Liegendes.	Fahrendes.	Pfandschaft.	Gesammt-Summe.	Personen.	Personen ohne Liegendes	Personen ohne Pfandschaft.
Vischenheusern	2352	1310	151	3813	8		6	5082	1378	599	7559	8		6
Dorf und Altdorf	—	—	320	320	1	2		2417	628	1319	4364	4	1	2
Post Altdorf (Gantzengasse) . .	6415	1758	503	8676	18	1	14	14079	1632	217	15928	17		14
Hauloch . . (St. Christophs Thor)	1774	203	—	1977	4	1	4	3426	1056	230	4712	5		4
prima pars. (St. Christophs Thor)	2260	894	599	3753	8		4	9671	3309	1168	14048	14	1	9
Geigers Brügglin	5009	1525	567	7101	15	1	11	10324	3326	732	14382	11	1	11
secunda pars. (St. Lutzenberg) .	5570	1840	1118	8528	20	3	15	8280	885	1171	10336	7	1	9
Rathaus	3035	1911	92	5038	12	3	10	5390	1280	100	6770	8	1	6
Held-Thor.	3536	1269	738	5543	12	3	7	5605	1829	201	7635	8	1	7
Kunckelgassen	4982	1703	603	7288	15		12	3718	1874	967	6559	10	9	6
Der Spithal (Herrenmühlin u. St. Katharina)	—	6829	80	6909	14	14	13	549	7958	501	9008	10	3	8
Mühlinen und Höldt	3522	715	302	4539	11		10	8377	1463	—	9840	9		10
Der Waysen und Verpflegten Steyr	3549	338	1507	5394	12	3	6	4383	912	3810	8605			4
summa:	42004	20295	6580	68879	150	31	112	81901	27530	10515	119946	125	17	96
Ausbürger	490	200	394	1084	2			2482	521	1751	4754	5		
Landbürger	1382	869	251	2502	6			4979	935	98	6012	6		
Ausleute	18291	1273	—	19564	41			17263	1495	—	18758	21		
summa totalis:	62167	22637	7225	92029	199	31	112	106625	30481	12364	149470	157	17	96

Steuerquartiere.	VI. Klasse. Vermögen von 1300—2700 rh. fl.							VII. Klasse. Vermögen von 2700—5300 rh. fl.						
	Liegendes.	Fahrendes.	Pfandschaft.	Gesammt-Summe.	Personen.	Personen ohne Liegendes	Personen ohne Pfandschaft	Liegendes.	Fahrendes.	Pfandschaft.	Gesammt-Summe.	Personen.	Personen ohne Liegendes	Personen ohne Pfandschaft
Vischenheusern	12906	4661	263	17830	10	—	7	6762	2114	4962	13838	4	—	1
Dorf und Altdorf	16209	1472	802	17483	9	—	7	19923	2153	575	22651	7	—	4
Post Altdorf (Gantzengasse)	29635	2763	997	33295	18	—	13	19563	4039	990	24592	6	—	3
Hauloch	3651	754	—	4405	2	—	2	3425	201	114	3740	1	—	1
prima pars. (St. Christophs Thor)	24896	10338	5317	40551	20	4	8	22678	3975	7029	33682	9	—	1
Geigers Brügglin	23102	5346	3913	32361	16	—	11	27603	8731	2663	38997	11	—	6
secunda pars. (St. Lutzenberg)	12162	1426	2219	15807	7	—	3	20510	3035	10134	33679	9	—	1
Rathaus	12305	1363	913	14601	7	—	4	6802	551	—	7353	2	—	1
Held-Thor	13206	3421	1077	19704	11	—	7	13693	4957	4393	24943	6	—	3
Knockelgassen	13319	3940	2123	24382	12	1	7	15171	3829	3925	22925	6	—	3
Der Spithal (Herrenmühlin u. St. Katharina)	1069	13963	150	15972	9	6	8	—	651	—	7363	2	—	1
Mühlinen und Höldt	7265	4171	489	11925	7	2	5	10882	3447	4946	19275	5	—	2
Der Waysen und Verpflegten Steyr	6411	1239	2613	10263	6	1	2	10915	1723	3527	16165	4	—	—
summa:	187386	54867	20876	258479	135	14	84	179927	38655	43258	261840	70	—	24
Ausbürger	7871	3829	2434	14134	8	2	—	22424	8073	8834	39331	11	—	—
Landbürger	3529	1223	—	4752	2	—	—	4142	1390	101	5633	2	—	—
Ausleute	18690	1081	—	19771	12	—	—	13681	1902	1349	16832	5	—	—
summa totalis:	212926	61000	23310	297136	157	14	84	220074	50020	53542	323636	88	—	24

179

Steuerquartiere	VIII. Klasse. Vermögen von 5300—10700 rh. fl.							IX. Klasse. Vermögen von 10700 rh. fl. und darüber.						
	Liegendes	Fahrendes	Pfandschaft	Gesammt-Summe	Personen	Personen ohne Liegendes	Personen ohne Pfandschaft	Liegendes	Fahrendes	Pfandschaft	Gesammt-Summe	Personen	Personen ohne Liegendes	Personen ohne Pfandschaft
Vischenhäusern	16018	2779	1591	20388	3	—	—	4633	1851	10590	17074	1	—	—
Dorf und Altdorf	15082	1634	850	17566	3	—	1	—	—	—	—	—	—	—
Post Altdorf (Grantzengassen)	27248	10709	8163	46120	7	—	2	—	—	—	—	—	—	—
Hauloch	5191	448	501	6149	1	—	2	—	—	—	—	—	—	—
prima pars. (St. Christophs Thor)	25029	10281	9995	45308	6	—	—	35479	14190	22832	72501	4	—	1
Geigers Brügglin	26027	8437	12478	46942	6	—	—	23585	3152	6615	33352	2	—	—
secunda pars. (St. Lutzenberg)	32667	5713	18230	56610	8	—	1	60079	9765	33867	103711	5	—	—
Rathaus	11246	2466	1783	15495	2	—	1	15162	1726	5714	22602	1	—	—
Held-Thor	18933	3346	6890	29169	4	—	—	9123	6069	4869	20051	1	—	—
Kunckelgassen	19317	3746	12553	35616	5	—	1	—	—	—	—	—	—	—
Der Spithal (Herrenmühlin u. St. Katharina)	3128	1662	1029	5814	1	—	—	9598	743	2112	12448	1	—	—
Mühlinen und Höldt	7241	992	715	8948	1	—	—	—	—	—	—	—	—	—
Der Waysen und Verpflegten Steyr	—	—	—	—	—	—	—	—	—	—	—	—	—	—
summa:	207122	52213	74781	334116	47	—	9	157664	37496	86599	281749	15	—	1
Ausbürger	11346	1845	5181	18372	3	—	—	6233	2816	3682	12731	1	—	—
Landbürger	12360	2814	—	15174	2	—	—	—	—	—	—	—	—	—
Ausleute	5098	258	—	5356	1	—	—	—	—	—	—	—	—	—
summa totalis:	235926	57130	79962	373018	53	—	9	163887	40312	90281	294480	16	—	1

12*

Steuerquartiere.	Liegendes.	Fahrendes.	Pfandschaft.	Gesamt-Summe.	Gesamt-Personen.	Personen mit Vermögen.	Personen ohne Liegendes.	Personen ohne Pfandschaft.
Vischenhausern	49644	15499	18540	83683	73	57	15	41
Dorf und Altdorf	53835	6644	3866	64345	46	37	8	28
Post Altdorf (Gantzengassen) . .	99247	22348	11103	132698	113	96	17	73
Hauloch	19006	3791	977	23774	38	34	11	28
prima pars. (St. Christophs Thor)	121120	44681	47619	213420	96	89	28	47
Geigers Brügglin	116686	31884	27322	175691	96	89	18	55
secunda pars. (St. Lutzenberg) .	141919	24673	68401	234993	132	103	33	55
Rathaus	39536	8668	3002	51206	56	46	15	36
Held-Thor	74626	17789	19598	112013	67	62	22	38
Kunckelgassen	76269	23376	25467	124102	110	91	21	64
Der Spithal (Herrenmühlin u. St. Katharina)	2418	29063	1419	32900	42	42	38	31
Mühlinen und Höldt	46241	13344	9113	68698	80	64	11	54
Der Waysen und Verpflegten Steyr	32945	5645	15211	53801	81	67	39	18
summa:	872481	247405	251638	1.371524	1030	876	276	568
Ausbürger	50846	17827	22737	91210	34	34	—	—
Landbürger	26643	7396	607	34646	22	22	—	—
Auslente	81523	6927	1626	90076	144	144	—	—
summa totalis:	1,031493	278855	276608	1,587456	1230	1076	276	568

Bemerkungen zu Anlage I.

Vorstehende Vermögenstabelle gründet sich auf die Vermögensangaben des Überlinger Jahressteuerbuches vom Jahr 1608, genauer vom Jahr 1607/8, da das Überlinger Finanzjahr von Sonntag Trinitatis zu Trinitatis ging und den Steuerbüchern jeweils das Jahr des Steuerbeschlusses und -Einzugs aufgeschrieben wurde. Im Ganzen existiren (soviel aus der nichtrepertorisirten alten Ratscanzlei zu ersehen war) — ungerechnet 2 Steuerbücher bzw. Steuerrollen der Jahre 1530 und 1444, die nur Namen und Steuerbetrag der Steuerzahler enthalten — aus der Zeit vor Ausbruch des 30jähr. Krieges drei solcher Steuerbücher, die der Jahre 1607/8, 1608/9 und 1609/10. Es wäre also eine Durchschnittsberechnung möglich gewesen, doch wurde, da bei Berechnung eines nur dreijährigen Durchschnittes ein genügender Ausgleich der den einzelnen Jahren eigentümlichen Schwankungen sich doch nicht erwarten liess, hier die Wiedergabe der authentischen Zahlen des Jahres 1607/8 (der Kürze halber citirt 1608) gewählt. Dasselbe ist als ein durchaus normales anzusehen, in dem weder durch Missernte noch durch kriegerische oder sonstige Ereignisse der regelmässige Gang des Überlinger Wirtschaftslebens gestört wurde, dessen Vermögenssteuerbuch darum ein zutreffendes Bild geben kann von dem normalen Stande der Überlinger Privatvermögen zu Anfang des 17ten Jahrhunderts.

Das Steuerbuch enthält die Namen der Steuersubjecte (leider in vielen Fällen ohne Berufsangabe) und den Wert ihrer Vermögensobjecte rubricirt unter die Begriffe: Liegendes (Eigen und Lehen), Fahrendes, Pfandschaft. Das Pfandbriefvermögen wird seiner Wichtigkeit halber extra aufgeführt — und ging darum auch als Specialrubrik „Pfandschaft" in unsere Tabelle über —, obwohl dasselbe steuergesetzlich unter den Begriff des fahrenden Vermögens subsummirt war.

Es sind also in dem Steuerbuche verzeichnet die Vermögenswerte sämmtlicher Vermögensobjecte mit Ausnahme des steuerfreien Nutzvermögens. Die Wertangaben folgen der

Überlinger Steuereinheit, der Mark, deren Umrechnung in Überlinger Pfund bzw. rheinische Gulden — die damals übliche Courantmünze — wir nach den pag. 121 und pag. 7 (des Gesammtwerkes) Anm. 1 aufgezeigten Grundsätzen bewerkstelligt haben. Daneben werden, vermutlich zur Controlle, auch die Namen der vermögenslosen, aber leibsteuerpflichtigen Personen angegeben; nicht notirt sind die steuer- und leibsteuerfreien Spitäler „um Gotts willen". Wie die Tabelle zeigt, zerfiel im 17. Jahrhundert die Stadt in zwölf Steuerquartiere, denen sich im Steuerbuch noch 4 besondere Abschnitte, enthaltend die Steuercapitalien der Waisen, Ausbürger, Landbürger und Ausleute, anreihen.

Aus unserer Vermögensstatistik ergiebt sich fürs erste die absolute Grösse der Überlinger Privatvermögen und deren Zusammensetzung. Die hinsichtlich der absoluten Grösse eruirten Zahlen sind aber insofern etwas ungenau, als die unter den Begriff fahrendes Vermögen subsummirten Schulden (cfr. pag. 39, Anm. 4) der einzelnen Steuersubjecte, weil unbekannt, nicht in Abzug gebracht werden konnten, und insofern weiter das steuerfreie Nutzvermögen gänzlich ausser Rechnung gelassen werden musste. Dagegen beanspruchen die im Steuerbuch eingetragenen Liegenschaftswerte, die mehr als die Hälfte des Gesammtvermögens ausmachten (cfr. pag. 40), eine das Jahr 1608 vorwärts wie rückwärts überdauernde Gültigkeit, da der für die Steuer massgebende Immobiliarwertkataster erst im Laufe einer längeren Periode im Anschluss an den Immobiliarverkehr allmälig erneuert wurde.

Wichtiger jedoch als Obiges ist der Einblick, den die Vermögenstabelle in die relative Grösse, d. h. in die Bedeutung der Privatvermögen als Ausdruck der Wohlhabenheitsverhältnisse der Überlinger Bürgerkreise und in die Verteilung der Vermögen uns eröffnet. Nur war es schwierig, den richtigen Einteilungsgrund zu finden für die Aufstellung von Vermögens- bzw. Wohlstandsclassen. Wir haben dies auf zweierlei Arten versucht.

Zunächst wurde durch Ordnung der Vermögen nach ihrer zahlenmässigen Folge[1] die Probe gemacht, ob natürliche,

---

[1] In ihrer Weitläufigkeit halber hier nicht zum Abdruck gebrachten Vorbereitungstabellen.

d. h. durch die Beschaffenheit der Vermögen selbst bedingte Vermögensgruppen sich ergäben, die einer Classificirung zur Grundlage dienen könnten. Liessen auf diesem Wege sich Vermögenscentren finden, um welche die Vermögen in besonders grosser Anzahl und Dichte gelagert waren, und denen andere Vermögen, in auf- und absteigender Linie überleitend, weniger dicht und zahlreich sich angliederten, so hätten solch natürliche Vermögensgruppen mit ihren Ausläufern nach oben und unten bei der Classificirungsfrage in erster Linie berücksichtigt werden müssen und dann nur der Taxirung noch bedurft hinsichtlich ihres wirtschaftlichen Wertes für die Vermögensbesitzer. Da aber unsere Untersuchung das Nichtvorhandensein grösserer einheitlicher Vermögenscomplexe darthat, vielmehr die Structur vornehmlich der unteren und mittleren Vermögen (Tab. Cl. II—VI, von 1—2700 rh. fl.) das Bild einer langsam und dünn aufsteigenden[1]) Vermögensskala ohne kräftigen, individuellcharakteristischen Gruppenbau aufzeigte, so wurde das in Anlage I. angewandte Classificirungsprincip den socialen Verhältnissen Überlingens, der gesellschaftlich-ständischen Gliederung seiner Einwohnerkreise entnommen. Unser Raisonnement war hiebei folgendes.

Die Verschiedenheit der Gesellschaftsstände rücksichtlich ihrer materiellen Existenzbedingungen kommt gemeinhin am sinnfälligsten zum Ausdruck in den Besoldungssätzen der Beamtenclassen; denn es ist der natürliche Grundsatz jeder vernünftigen Besoldungspolitik, das Einkommen des einzelnen Beamten so zu normiren, dass derselbe der durch sein Amt bedingten socialen Stellung in Bezug auf das Äusserliche seiner Lebensführung gerecht werden kann. Dessen Einkommen wird also ungefähr dem Durchschnittseinkommen derjenigen nichtamtlichen Kreise gleich sein müssen, auf deren Gesellschaftsumgang der Beamte von Amts wegen angewiesen ist. Folgerichtig repräsentiren die Durchschnittsgehälter der verschiedenen Beamtenkategorien eines Staates oder einer Gemeinde jeweils

---

[1]) Der durchschnittliche Abstand des nächsthöheren Vermögens vom vorhergehenden betrug jeweils nur 4,2 rh. fl.; die Vermögensdichte 1,4 Vermögen.

das Durchschnittseinkommen bestimmter Gesellschaftsclassen, das mit dem landesüblichen Zinsfuss capitalisirt das Durchschnittsvermögen dieser Classen ergibt. Natürlich hat diese Annahme nur beschränkte Gültigkeit. Man wird sie um so weniger bestreiten, je niederer das Amt und je tiefer die sociale Stellung des Beamten ist. In den höheren Gesellschaftsclassen tritt an sich die Gleichartigkeit der ökonomischen Lage als socialer Factor zurück hinter dem idealeren Momente einer gleichartigen Erziehung und Allgemeinbildung, ja in den weitaus meisten Fällen wird hier das Bildungsübergewicht des Beamten dessen geringere Aufwandfähigkeit auszugleichen haben. Aber gerade dieser einschränkende Gesichtspunkt verleiht den Überlinger Besoldungssätzen eine erhöhte Brauchbarkeit, insofern, da die höchsten Ämter unbezahlte Ehrenämter waren, die verzeichneten Diensteinkommen, von einer Classe (VI.) abgesehen, auf die mittleren und niederen Beamtenstellen sich beziehen. Auf diesem Wege wurde der Umfang der Tabellenclassen III—VI. und zwar folgendermassen construirt.

Der im 16. und 17. Jahrhundert in Überlingen gewöhnliche Zinsfuss betrug 5 %. Mit 5 % capitalisirt ergab nun z. B. das jährliche Durchschnittseinkommen von 10 rh. fl. der Beamten unterster Rangstufe ein Durchschnittsvermögen der correspondierenden Gesellschaftsclasse von 200 rh. fl. Diese 200 rh. fl. wurden für Tabellenclasse III. als Classendurchschnitt aufgestellt, und dementsprechend umfasste dieselbe die Vermögen von 100—300 rh. fl., nachdem die Vermögen von 1—100 rh. fl. aus anderen Gründen von Tabellenclasse II. bereits absorbiert worden. Bei dieser Art von Capitalberechnung wurde jedoch nur das Geldeinkommen der betr. Beamtenclassen berücksichtigt, weil deren event. Naturalcompetenz teils nicht im Détail angegeben war oder nur schwer in Geldwert sich umsetzen liess. Die hieraus entspringende Ungenauigkeit unseres Verfahrens wird aber dadurch paralysirt, dass, wie früher gezeigt, die thatsächliche Rente eines als Gewerbecapital bzw. im Weinbau nutzbar gemachten Vermögens 5 % bedeutend überschritt, so dass in Wirklichkeit der wirtschaftliche Wert einer Beamtenbesoldung von z. B. 10 rh. fl. nebst etlichen Naturalbezügen nicht grösser gewesen sein wird, als der einer von 200 rh. fl. im Wirtschaftsumtrieb bezogenen Capitalrente.

Für die einzelnen Vermögensclassen kamen nachstehende Beamte und Besoldungssätze in Betracht:
1) Für Tab. Cl. III. die unterste Beamtengruppe, der der Bettelvogt, Bannwart, die Stadtboten, Stadthirten etc. angehörten (cfr. pag. 32), mit einem durchschnittlichen Jahrlohn von 10 rh. fl., denen ein Classendurchschnitt von 200 rh. fl., ein Classenumfang von 100—300 rh. fl. entsprach;
2) für Tab. Cl. IV. die Gruppe der städtischen Knechte,. der Ungelder-, Grödt-, Bau-, Kalkknechte etc. (cfr. pag. 32) mit einem Jahresgehalt von 25 rh. fl., gleich einer Capitalrente von 500 rh. fl., die als Durchschnittsvermögen einen Classenumfang von 300—700 rh. fl. bedingten;
3) für Tab. Cl. V. die Subalternbeamten der Justiz- und Finanzverwaltung und der Gewerbepolizei (cfr. pag. 31), aus deren Durchschnittseinkommen von 50 rh. fl. sich ein Durchschnittsvermögen von 1000 rh. fl. und ein Classenumfang von 700—1300 rh. fl. berechnete;
4) für Tab. Cl. VI. die akademisch gebildeten Beamten Überlingens: der Canzleiverwalter, der Stadtmedicus, der lateinische Schulmeister etc., denen seinem militärischen Rang nach der Director des städtischen Zeughauses, der Zeugmeister, gleichkam (cfr. pag. 31), mit einer Jahresbesoldung von durchschnittlich 100 rh. fl., der Capitalrente von 2000 rh. fl., auf die der Classenumfang von 1300—2700 rh. fl. sich stützt.

Für den Ansatz der Tab. Cl. I. und II. entschieden die pag. 40 ff. angegebenen Gründe, und als Durchschnittsvermögen der Tab. Cl. VII—IX. wurde willkürlich jeweils das Dupplum des vorhergehenden Classendurchschnitts angenommen, da diese Vermögensclassen durch unsere Ausführungen pag. 44 ff. bereits hinlänglich charakterisirt sind.

Anlage II.

Étattabellen der Jahre 1608—1616 und 1620—1626.

Einnahmeetat Überlingens in den Jahren 1608—1616.

1a.	1608/9	1610/11	1611/12	1612/13	1614/15	1615/16	1616/17
	rh. fl.	rh. fl.	rh. fl.	rh. fl.	rh. fl.	rh. fl.	rh. fl.
A. Privatwirtschaftliche Einnahmen.							
I. aus Liegenschaften.							
a) Ertrag der städtischen Vogteien.							
1. Geldertrag der Vogteien Ittendorf	360	425	409	472	387	494	510
Ramsberg	206	114	198	187	106	194	123
Hohenbodman	184	217	400	199	199	160	253
2. Durchschnittsgeldwert des Fruchtertrages der Vogteien	(1760)	(1760)	(1760)	(1760)	(1760)	(1760)	(1760)
b) (Holz-) Ertrag des Waldhofes	69	49	16	26	30	80	45
II. aus privatwirtschaftlichem Erwerbsbetrieb. Ertrag							
a) des städtischen Salzhandels	(5400)	(5400)	(5400)	(5400)	(5400)	(5400)	(5400)
b) „ „ Weinhandels	1704	—	—	—	—	—	—
c) der „ Fischzucht	77	70	82	—	74	—	71
III. aus städtischen Geldgeschäften. Eingang an							
a) Capitalzinsen	1755	1546	733	987	1416	1882	1905
b) Capitalheimzahlungen	3188	555	2792	1992	1448	1800	1934
B. Gemeinwirtschaftliche Einnahmen.							
I. aus öffentlichen (d. h. gemeinnützigen Zwecken dienenden) Anstalten und Einrichtungen. Erlös aus							
a) den städtischen Kornlauben	265	1771	285	666	226	1934	133
b) dem „ Kalkhaus	523	886	1027	633	1112	1135	1381
c) „ „ Marstall	—	—	104	—	207	—	58
d) „ „ Zeughaus	—	34	210	5	—	45	95

189

II. aus Gebühren und Strafgeldern. Eingang an						
a) Gebühren.						
1. Nutzungsgebühren der städtischen Zimmerhütten, Bauchkessel und Brennöfen.	514	612	529	527	473	566	570
2. Gewerbepolizeigebühren: Erlaubnisgebühren für Gewerbebetrieb, Eicher- und Pfechten-, Schau- und Strafgelder	113	125	166	122	138	173	193
3. Bürgeraufnahmegebühren	172	134	143	246	192	186	202
b) Strafgelder.	307	163	133	184	238	315	270
III. aus Steuern und Zöllen. Ertrag							
a) der directen Steuern							
1. der Jahressteuer	4763	(4721)	4599	(4721)	4882	(4721)	(4721)
2. der Anlage	—	—	—	—	—	5991	—
3. des Abzuges	826	474	719	1337	1655	1444	2629
b) der indirecten Steuern							
1. des Weinungeldes α) in der Stadt	1974	1554	1365	2257	2023	1985	2394
β) in der Landschaft	1528	1107	1160	1373	1009	930	1254
2. des kleinen und grossen Zolles	387	389	344	318	379	464	515
3. des Grödgeldes	1138	1146	954	745	648	1010	1469
IV. aus dem öffentlichen Credit. Aufnahme an Hauptgut.	9499	1600	9000	9499	—	5800	4600
C. Gemeine (nichtspecificirte) Einnahmen und Rückstände							
I. gemeine Einnahmen	486	626	450	513	320	511	619
II. Rückstände	788	753	1272	921	612	1691	1714
D. Gesammteinnahmen. I. privatwirtsch. Einnahmen	14703	10136	11790	11023	10820	11770	12001
II. gemeinwirtsch. Einnahmen, summa I u. II	1894	3725	2597	2385	2586	4354	2902
III. „ „ III.	10616	9391	9141	10751	10596	16545	12982
IV. „ „ I–IV	22009	14716	20738	22635	13182	26699	20484
V. „ „ summa totalis	37986	26231	34250	35092	24934	40671	34816

1b. Ausgabeetat Überlingens in den Jahren 1608—16.

	1608/9	1610/11	1611/12	1612/13	1614/15	1615/16	1616/17
	rh. fl.	rh. fl.	rh. fl.	rh. fl.	rh. fl.	rh. fl.	rh. fl.
A. Ausgaben für den eigenen Haushalt.							
I. Besoldungen der städt. Beamten und Bediensteten.							
a) Beamtenbesoldungen	633	632	636	616	724	637	614
b) Bedienstetenbesoldungen	1333	932	1257	1237	1361	1289	1267
II. Ausgeschiedene Ausgaben für Arbeitsleistungen.							
Auslöhnung von Werkmeistern, Handwerkern, Taglöhnern	1609	1756	1495	1593	2016	1652	1579
III. Ausgaben für die einzelnen Verwaltungszwecke. (Grösstenteils Ausgaben für den sachlichen Bedarf.)							
a) Ausgaben für Erwerbszwecke.							
1. auf den Unterhalt der städtischen Liegenschaften.							
α) der drei Vogteien bzw. Vogteischlösser	2915	781	—	89	—	34	265
β) des Waldhofes	230	—	67	64	13	—	—
2. Ausgaben für Handels- und Gewerbebetrieb.							
α) für den städtischen Salzhandel	(4050)	(4050)	(4050)	(4050)	(4050)	(4050)	(4050)
β) „ „ „ Weinhandel	460	2274	690	801	807	585	648
γ) „ „ die städtische Fischzucht	101	32	3	5	6	2	43
3. Ausgaben für Capitalanlagen	467	184	6634	820	1694	596	489
b) Ausgaben auf die Pflege öffentlicher Wohlfahrts-, Sicherheits- und Annehmlichkeitsinteressen.							
1. Auf Wohlfahrts- und Sicherheitsinteressen.							
Ausgaben für den Unterhalt:							

191

a) der städtischen Kornlauben	—	—	—	—	—	—	800
β) des " Kalkhauses	1582	1959	1406	1325	1796	1409	957
γ) " " Marstalles	160	142	2	74	175	3	229
δ) " " Zenghauses	352	384	208	375	68	221	76
ε) der " Lateinschule	75	183	177	177	177	177	154
ζ) für die Criminalrechtspflege	74	111	—	—	—	—	—
2. auf Annehmlichkeitsinteressen. Für die Besorgung							
α) der städtischen Glocken und Uhren	36	43	39	39	39	39	39
β) für Gastmähler	351	296	303	335	312	302	273
c) Ausgaben für Rückzahlung und Verzinsung der städtischen Anleihen.							
1. für Rückzahlung	10899	—	5695	973	—	300	4600
2. für Verzinsung	7629	6130	7438	7789	8841	7734	8856
B. Bedarf für Reichszwecke.							
I. ordentliche Ausgaben: Unterhalt d. Reichskammergerichts	206	206	206	206	206	206	206
II. ausserordentliche Ausgaben:							
a) für Reichs-, Kreis-, Stadtcontributionen	—	211	—	312	—	—	—
b) Zehrung auf Reichs-, Kreis- und Städtetagen	745	—	8	—	—	—	110
c) Türkenhülfen	—	—	—	—	—	4000	—
C. Gemeine Ausgaben, (nicht specificirtes)	608	1206	2807	1102	883	755	1024
D. Gesammtausgaben: I. für den eigenen Haushalt	32956	19889	30902	20362	22077	19030	24939
II. für Reichszwecke	951	417	214	518	206	4206	316
III. summa totalis	34515	21612	33923	21982	23166	23991	26279

2a. Einnahmeétat Überlingens in den Jahren 1620—1626.

	1620/21	1621/22	1622/23	1623/24	1624/25	1625/26	1626/27
	rh. fl.	rh. fl.	rh. fl.	rh. fl.	rh. fl.	rh. fl.	rh. fl.
A. Privatwirtschaftliche Einnahmen.							
I. aus Liegenschaften.							
a) Ertrag der städtischen Vogteien.							
1. Geldertrag der Vogteien Ittendorf	445	433	343	565	527	510	515
Ramsberg	359	239	243	328	339	577	269
Hohenbodman	248	207	261	353	254	224	200
2. Durchschnittsgeldwert des Fruchtertrages der Vogteien	(3278)	(3278)	(3278)	(3278)	(3278)	(3278)	(3278)
b) (Holz-) Ertrag des Waldhofes	109	81	157	96	33	46	25
II. aus privatwirtschaftlichem Erwerbsbetrieb. Ertrag							
a) des städtischen Salzhandels	(10230)	(10230)	(10230)	(10230)	(10230)	(10230)	(10230)
b) „ „ Weinhandels	499	1902	5144	4047	10498	281	7884
c) der „ Fischzucht	88	—	—	18	—	22	17
III. aus städtischen Geldgeschäften. Eingang an							
a) Capitalzinsen	2619	5915	5304	880	602	688	603
b) Capitalheimzahlungen	1275	8898	8149	310	270	—	—
B. Gemeinwirtschaftliche Einnahmen.							
I. aus öffentlichen (d. h. gemeinnützigen Zwecken dienenden) Anstalten und Einrichtungen. Erlös aus							
a) den städtischen Kornlauben	694	—	—	—	—	—	—
b) dem „ Kalkhaus	1565	851	1215	915	620	684	475
c) „ „ Marstall	144	970	2008	—	272	—	197
d) „ „ Zeughaus	123	—	223	1	11	6	110

II. aus Gebühren und Strafgeldern. Eingang an						
a) Gebühren.						
1. Nutzungsgebühren der städtischen Zimmerhütten, Bauchkessel und Brennöfen	237	231	318	248	351	339	349
2. Gewerbepolizeigebühren: Erlaubnisgebühren für Gewerbebetrieb, Eicher-, Pfechten-, Schau- und Strafgelder	130	145	143	132	154	132	137
3. Bürgeraufnahmegebühren	165	268	511	150	180	284	212
b) Strafgelder	394	2049	2276	396	914	684	266
III. aus Steuern und Zöllen. Ertrag							
a) der directen Steuern							
1. der Jahressteuer	5129	5429	6875	5678	5930	5649	5625
2. der Anlage	—	6339	13282	—	4906	5416	—
3. des Abzugs	1253	3700	2323	2952	701	385	492
b) der indirecten Steuern,							
1. des Weinungeldes α) in der Stadt	2685	2681	5408	3731	2875	2926	2545
β) in der Landschaft	1233	1216	2814	2181	1133	1240	1050
2. des kleinen und grossen Zolles	699	692	795	566	747	893	576
3. des Grödtgelds	1864	1942	2231	1361	1464	1535	870
IV. aus dem öffentlichen Credit. Aufnahme an Hauptgut	6792	3000	6000	—	1200	—	499
C. Gemeine (nichtspecificirte) Einnahmen und Rückstände.							
I. Gemeine Einnahmen	193	607	342	270	98	95	221
II. Rückstände	1912	983	3075	559	466	1398	621
D. Gesammteinnahmen. I. privatwirtsch. Einnahmen	19150	31183	33109	20105	26031	15856	23011
II. Gemeinwirtsch. Einnahmen, summa I u. II	3442	4614	6689	1842	2602	2129	1746
III. „ „ summa III	12853	21999	33728	16469	17756	18044	11158
IV. „ „ summa I—IV	23087	29513	46417	18311	21458	20173	13403
V. „ „ summa totalis	44342	62286	82943	39245	48053	37522	37256

2b. Ausgabeetat Überlingens in den Jahren 1620—1626.

	1620/21 rh. fl.	1621/22 rh. fl.	1622/23 rh. fl.	1623/24 rh. fl.	1624/25 rh. fl.	1625/26 rh. fl.	1626/27 rh. fl.
A. Ausgaben für den eigenen Haushalt.							
I. Besoldungen der städt. Beamten und Bediensteten.							
a) Beamtenbesoldungen	814	810	995	834	850	846	836
b) Bedienstetenbesoldungen	1479	1471	1479	1512	1458	1468	1474
II. Ausgeschiedene Ausgaben für Arbeitsleistungen. Auslöhnung von Werkmeistern, Handwerkern, Taglöhnern	2305	2151	3088	3931	3295	2600	2885
III. Ausgaben für die einzelnen Verwaltungszwecke. (Grösstenteils Ausgaben für den sachlichen Bedarf.)							
a) Ausgaben für Erwerbszwecke.							
1. auf den Unterhalt der städtischen Liegenschaften.							
α) der 3 Vogteien bzw. Vogteischlösser	719	173	253	59	96	112	274
β) des Waldhofes	94	16	361	216	145	136	149
2. Ausgaben für Handels- und Gewerbebetrieb.							
α) für den städtischen Salzhandel	(4650)	(4650)	(4650)	(4650)	(4650)	(4650)	(4650)
β) „ „ Weinhandel	104	105	120	677	192	99	153
γ) „ die städtische Fischzucht	1	—	70	1	—	99	122
3. Ausgaben für Capitalanlagen	329	742	548	369	249	399	—
b) Ausgaben auf die Pflege öffentlicher Wohlfahrts-, Sicherheits- und Annehmlichkeitsinteressen.							
1. Auf Wohlfarts- und Sicherheitsinteressen.							
Ausgaben für den Unterhalt:							

a) der städtischen Kornlauben	2458	—	—	—	—	—	—
β) des „ Kalkhauses	205	2405	510	2324	1761	3008	1847
γ) „ „ Marstalles	848	1176	1137	132	104	328	445
δ) „ „ Zeughauses	113	365	54	38	1092	37	827
ε) der Lateinschule	—	102	118	123	139	139	139
ζ) für Criminalrechtspflege	—	—	—	—	—	—	—
2. Auf Annehmlichkeitsinteressen. Für die Besorgung							
α) der städtischen Glocken und Uhren	47	39	43	52	44	40	51
β) für Gastmähler	297	314	585	702	232	378	365
c) Ausgaben für Rückzahlung und Verzinsung der städtischen Anleihen.							
1. für Capitalrückzahlungen	1089	3354	619	1065	1072	893	915
2. für Verzinsung	8106	8545	8664	9418	8840	—	8811
B. Bedarf für Reichszwecke.							
I. ordentliche Ausgaben: f. d. Unterhalt des Reichskammergerichts	206	206	206	206	206	206	206
II. ausserordentliche Ausgaben							
a) Reichs-, Kreis-, Stadtcontributionen. (Kath. Liggelder)	5279	3640	44651	8135	4368	2496	6531
b) Zehrung auf Reichs-, Kreis- und Städtetagen	—	278	1954	245	—	230	263
c) Türkenhilfen	—	4088	—	—	—	—	—
C. Gemeine Ausgaben, (nicht specificirtes)	1149	1216	2684	1258	1549	1363	1633
D. Gesammtausgaben. I. für den eigenen Haushalt	23658	26418	23294	26103	24219	15232	23843
II. für Reichszwecke	5485	8212	46711	8686	4574	2932	7000
III. summa totalis	30292	35846	72689	35947	30342	19527	32676

Bemerkungen zu Anlage II.

Die Stadtrechnungen oder Jahreseinnahme- und Ausgabebücher Überlingens, (aufbewahrt in der alten Ratscanzlei), aus denen die Étattabellen der Jahre 1608/16 und 1620/26 ausgezogen wurden, sind erst vom 17. Jahrhundert ab, und lückenlos erst vom Jahre 1620 ab erhalten; vorher fehlen der eine und andere Jahrgang, wesshalb die Jahre 1608, 1610—12, und 1614—16 in eine 7jährige Periode zusammengefasst werden mussten. Dieselben — dicke Folianten — verzeichnen in den ohne System aufgeführten Einnahme- und Ausgaberubriken in den meisten Fällen die Einnahme- und Ausgabebeträge einzeln in Überlinger Pfund- oder rh. Guldenwährung.

Wir haben sämmtliche Beträge auf den rh. Gulden reducirt, der vom 17. Jahrhundert ab im Überlinger Rechnungswesen immer ausschliesslicher zur Geltung kam, und die Summen, gleichwie bei Anlage I., durch Weglassung der Schillinge und Pfennige bzw. Batzen und Kreuzer in entsprechender Weise gekürzt.

Die in Klammern in die Étattabellen zur Completirung eingesetzten Posten mangeln den Stadtrechnungen, sind aus anderweitigen Quellen berechnete Durchschnitte.

Bezüglich des „Durchschnittsgeldwerts des Fruchtertrags der Vogteien" in den Jahren 1608/16 (1760 rh. fl.) sei bemerkt, dass die Fruchterträge der 20er Jahre (cfr. pag. 96) auch für die I. Periode angenommen und mit den Fruchtpreisen der ersten Periode (cfr. pag. 97) bewertet wurden.

Die ergänzten Jahressteuererträge der I. Periode (4721 rh. fl.) sind der Durchschnitt der in den Jahresrechnungen verzeichneten drei Jahressteuererträge dieser Periode.

In Betreff der übrigen eingeklammerten Zahlen cfr. pag. 96 und 100—102, den Naturalertrag der Vogteien und den städtischen Salzhandel belangend.

Berichtigungen und Druckfehler.

Auf Seite 37. Zeile 6 von oben füge hinter Amman und Rat ein: (also dem Oberstadtgericht).
Seite 37. Anm. 1 lies: Unterstadtgericht statt Oberstadtgericht; füge hinter Unterstadtgericht ein: auch (cfr. pag. 18.).
Seite 58. Zeile 5 von oben liess: schon statt snoch.
Seite 89. Zeile 3 von unten lies: 3696 statt 4096.
Seite 96. Zeile 5 von unten lies: 3278 statt 3273.
Seite 182. Zeile 3 von oben lies: pag. 51. Anm. 1 statt pag. 7 (des Gesammtwerkes) Anm. 1.
Seite 182. Zeile 17 von oben lies pag. 83 Anm. 4 statt pag. 39 Anm. 4.
Seite 182. Zeile 15 von unten lies: pag. 84 statt pag. 40.
Seite 185.
  Zeile 5 von oben lies: pag. 76 statt 32.
  Zeile 10 von oben lies: pag. 76 statt 32.
  Zeile 15 von oben lies: pag. 75 statt 31.
  Zeile 10 von unten lies: pag. 75 statt 31.
  Zeile 5 von unten lies: pag. 84 ff. statt 40 ff.
  Zeile 2 von unten lies: pag. 88 ff. statt 44 ff.

www.ingramcontent.com/pod-product-compliance
Lightning Source LLC
Chambersburg PA
CBHW021730220426
43662CB00008B/779